제국주의론으로 본 동아시아와 한반도

이 도서의 국립중앙도서관 출판예정도서목록(CIP)은 서지정보유통지원시스템 홈페이지
(http://seoji.nl.go.kr)와 국가자료종합목록 구축시스템(http://kolis-net.nl.go.kr)에서 이용
하실 수 있습니다. (CIP제어번호 : CIP2019031763)

제국주의론으로 본 동아시아와 한반도

김영익, 김하영 외 지음

책갈피

차례

3장 정상회담과 한반도 평화

머리말

이 책은 2017년 7월에 낸 《제국주의론으로 본 트럼프 등장 이후의 동아시아와 한반도》를 전면 개정·증보한 것이다. 새로운 글을 대거 실었고, 책의 구성도 크게 바꿨다.

2년 만에 거의 새로운 책을 내야 할 만큼 그동안 동아시아와 한반도 주변 정세에 큰 변화가 있었다.

많은 사람들이 지난 2년의 변화 중에 남북·북미 정상회담을 비롯한 한반도 평화 프로세스 진전을 가장 중요한 일로 꼽을 것 같다. 진보·좌파 상당수가 남북·북미 정상회담이 한반도 정세의 중대한 전환점이었고 동아시아 전체 평화의 견인차 구실을 한다고 본다.

그러나 시야를 한반도가 아니라 그보다 훨씬 넓은 세계적 맥락으로 확대하면, 전체 그림은 전혀 다르게 보인다. 트럼프 집권 후 미국은 보호무역주의를 강화하며 미국 경제의 떨어진 지위를 만회하려고 공세를 펴고 있다. 거기에 중거리 미사일을 아시아에 배치하려 하는 등 군사적 조처를 결합하고 있다. 이 공세의 주된 타깃은 중국이고, 미국과 중국을 비롯한 강대국 간 경쟁과 갈등 때문에 오늘날 세계 자본주의에서 가장 중요한 곳이 된 아시아·태평양 지역 상황이 악화 일로에 놓여 있다.

미국은 아시아·태평양 지역에서 패권을 지키고자 인도·태평양 전략이라는 새로운 공세 전략을 고안했고, 그 전략 속에서 일본을 가장 중요한 동맹으로 규정했다. 일본은 미국의 지지 속에 대중국 견제의 선봉장 구실을 기꺼이 맡으며 "전쟁할 수 있는 나라 일본"을 향해 나아가고 있다. 일본 과거사 문제를 둘러싼 한일 갈등도 이와 같은 상황 속에 불거진 일이다.

아시아·태평양 지역은 세계화의 중심에 서서 자본의 국제적 통합이 크게 진전된 곳이다. 그러나 그 결과는 고전적 영토 분쟁 같은 강대국 간 충돌의 재현이다.

한반도 주변으로 시야를 국한해 그 바깥의 중요한 변화를 놓쳐서는 안 된다. 오히려 세계적 맥락의 불안정이 한반도 정세에 가장 결정적 변수로 작용하고 있다.

이런 상황을 잘 분석하고 대안을 모색하는 데서 고전적 마르크스주의의 제국주의론은 여전히 중요하다.

이 책에서는 고전적 마르크스주의의 제국주의론을 소개하고, 오늘의 제국주의 상황과 동아시아 불안정에 관한 다양한 분석을 담았다. 모쪼록 이 책이 제국주의에 저항하고 한반도의 항구적 평화를 실현하고자 하는 사람들에게 유용하기를 바란다.

2019년 8월 12일
지은이를 대표해 김영익

일러두기

1. 인명과 지명 등의 외래어는 최대한 외래어 표기법에 맞춰 표기했다.

2. 《 》 부호는 책과 잡지를 나타내고 〈 〉 부호는 신문, 주간지를 나타낸다. 논문은 " "로 나타냈다.

3. 본문에서 [ ]는 지은이나 편집자가 독자의 이해를 돕거나 문맥을 매끄럽게 하려고 덧붙인 것이다.

4. 본문의 각주는 지은이가 넣은 것이다.

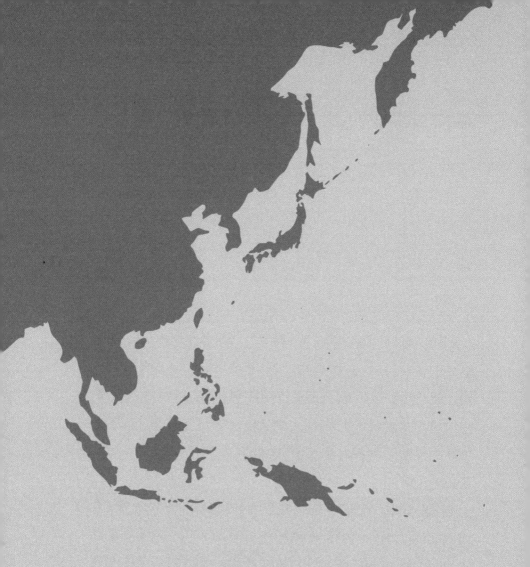

1장
고전적 마르크스주의의
제국주의론

제국주의란 무엇인가

오늘날 제국주의를 명확하게 이해하는 것만큼 중요한 일도 없다. 단순히 상식적으로 생각하더라도 오늘날 세계에서 제국주의는 눈에 띄는 현상이다. 이라크에서 발을 완전히 빼겠다고 맹세하다시피 했던 오바마 정부 하에서 미국은 어제[2014년 8월 8일] 다시 이라크를 폭격하고 나섰다. 이렇듯 상식적인 면에서조차 제국주의는 오늘날의 중요한 현실이다.

상식적 의미로 제국주의는 어떤 강대국이 깡패 짓을 하고 다니는 것을 뜻한다. 이런 의미의 제국주의는 아주 오래전부터 있었다고 할 수 있다. 계급이 등장한 뒤의 인류 역사에는 제국이라고 부를 만한 국가들이 계속 있었다. 오늘날에는 미국이 그에 해당한다. 그래서인지 많은 좌파들이 제국주의를 곧 미국으로 이해한다. 그렇지만 이것

이 글은 알렉스 캘리니코스의 2014년 8월 9일 방한 연설 '오늘날의 제국주의 이해하기'를 녹취한 것이다.

은 마르크스주의적 의미의 제국주의 개념이 아니다. 제국주의를 미국의 지배로만 보면 정치적으로 심각한 오류를 범할 수 있다.

그렇다면 마르크스주의의 관점에서 제국주의란 과연 무엇일까? 레닌의 유명한 소책자를 통해 그 개념이 잘 알려져 있어서 이미 알고 있는 사람도 많을 것이다. 그 소책자는《제국주의 — 자본주의의 최신 단계》다. 다시 강조하지만, '자본주의의 최신 단계'다. 레닌 사후에 사람들이 레닌의 논지를 잘못 읽어 그 소책자의 제목을 '자본주의의 최고 단계'라고 번역했다. 다시 말해, 마르크스주의의 관점에서 제국주의는 자본주의 경제체제 발전의 특정한 단계를 가리킨다.

이 개념을 좀 더 정교하게 이해해 보자. 이와 관련해 내가 얘기한 것이 있고, 데이비드 하비도 내 주장과 매우 비슷한 주장을 한다. 즉, 자본주의 하에서 제국주의는 경제적 경쟁과 지정학적 경쟁이 서로 만나는, 결합되는 지점이라는 것이다.

이 성격 규정을 좀 더 자세히 설명해 보겠다. 경제적 경쟁은 자본주의의 주된 동력의 하나다. 마르크스가 말했듯이, 자본은 오로지 여러 자본들('다수 자본')로만 존재할 수 있다. 자본가계급은 안을 들여다보면 경제적으로 서로 분열돼 있고, 그런 분열 때문에 서로 경쟁할 수밖에 없다.

이 경제적 경쟁이 다음과 같은 의미에서 자본주의 체제의 동력이 된다. 먼저, 경쟁 때문에 자본가들은 서로 앞다퉈 축적을 해야 한다. 달리 말해, 생산을 더 효율화하기 위해 끊임없이 이윤의 일부를 투자해야 한다. 이처럼 경제적 경쟁은 자본주의의 근간이 되는 요소다.

지정학적 경쟁은 국가들 사이의 경쟁을 뜻한다. 국가들은 자원과 영향력과 영토를 서로 더 많이 차지하려 하며, 외교적으로도 서로 대결을 벌이고 더 극단적으로는 군사적 대결을 벌인다. 지정학적 경쟁은 자본주의보다 훨씬 더 오래됐다. 예를 들어, 2000년 전 지중해에서는 로마제국이 동쪽의 페르시아제국 등과 경쟁을 벌였다. 중화제국은 동쪽의 속국들에 영향력을 행사하려 책략을 부렸고 서쪽으로는 유목민들과 대결했다. 이처럼 지정학적 경쟁은 계급의 역사만큼이나 오래됐다.

자본주의 하에서 제국주의는 국가들 사이의 지정학적 경쟁이 자본주의의 경쟁 논리에 통합되고 종속되는 현상을 뜻한다. 이런 현상은 19세기 말부터 본격화됐다. 마르크스는 축적이 계속되면 자본이 집적·집중된다고 했다. 기업들이 계속해서 이윤을 재투자하면서 덩치가 계속 커진다[집적]. 그뿐 아니라, 경제 위기를 거치며 더 크고 더 효율적인 기업들이 살아남아 더 작고 취약한 기업들을 흡수·통합한다[집중]. 그러면 갈수록 더 소수의 거대 기업들이 경제를 쥐락펴락하게 된다. 이 과정이 제국주의 등장의 배경이 된다.

먼저, 자본들이 점점 더 세계적 수준으로 활동하게 된다. 이미 19세기 말에 유럽의 자본이 엄청난 규모로 나머지 세계에 투자됐다. 그리고 그 과정에서 자본가들 사이의 경제적 경쟁이 점점 더 국제화된다. 자본들은 이 경쟁에서 우위를 차지하려고 자국에 기대게 된다. 그와 동시에, 개별 국가들은 다른 국가와의 지정학적 경쟁에서 이기려 하며 자국 자본에게 점점 더 기대게 된다. 19세기 말에 이르러서는 국가가 전쟁에서 승리하는 데 필요한 철도·대포·자동화기 등을 생산하려면 중화학공업 기반이 필요하게 됐다. 즉, 자본은 갈수록 국가가 더 필요해지고, 국가도 마찬가지로 자본이 더 필요해지는 것이다. 그 결과, 19세기 말에 이르면 경제적 경쟁과 지정학적 경쟁이 융합된다.

당시 최강의 제국주의 국가였던 영국은 경제적 측면에서나 지정학적 측면에서나 다른 경쟁자들의 도전에 직면하게 됐다. 특히 독일과 미국이라는 신흥 산업국의 부상에 직면했다. 20세기 초에 이르러 미국과 독일은 산업 생산 면에서 영국을 앞질렀다. 또한 세계 최강 수준의 해군력을 갖추게 됐다. 미국과 독일이 세계 최강 수준의 해군력을 보유하게 된 것은 영국에 특히 위협적인 일이었다. 왜냐하면 영국이 전 세계의 식민지를 계속 유지할 수 있었던 것은 바로 해군력 덕분이었기 때문이다. 20세기 전반부에 두 차례의 세계대전이 일어난 원인은 무엇보다 영국 제국에 대한 지정학적·경제적으로 융합된 도전이 제기됐기 때문이다.

현재 영국에서는 1914년 8월 개전한 제1차세계대전의 100주년을 기념하는 광풍이 불고 있다. 영국 지배자들은 '제1차세계대전이 민주주의를 지키기 위한 정의로운 전쟁이었다'는 둥 헛소리를 한다. 그러나 제1차세계대전의 본질은 제국주의 열강이 세계적 주도권을 놓고 다투면서 수없이 많은 사람들을 학살했다는 것이다.

내가 지금까지 말한 것을 통해서 분명한 결론이 하나 도출된다. 마르크스주의의 관점에서 제국주의는 어떤 강대국이 나머지 세계를 지배하는 것을 뜻하지 않는다는 것이다. 제국주의는 경쟁과 대결을 특징으로 하는 체제다. 제국주의는 주요 자본주의 국가들이 세계를 지배하려고 서로 경쟁하는 체제다. 레닌도 이 점을 그의 소책자에서 매우 힘주어 강조했다.

레닌이 강조한 것이 또 하나 있다. 레닌이 제국주의에 대해서 말한 것이 당시 현실에 모두 들어맞았던 것도 아니고, 일부는 오늘날에는 낡은 것이기도 하다. 그럼에도 레닌은 오늘날에도 들어맞는 매우 중요한 통찰을 보여 줬다. 그것은 바로 '불균등 발전'이라는 개념이다. 달리 말해, 자본주의가 모든 곳에서 똑같은 속도로 균등하게 또는 지속적으로 발전하는 것은 아니라는 뜻이다. 오히려 자본주의 발전은 특정 지역에 편중되는 경향이 있다. 자본주의 발전이 지리적으로 쏠려 있어서 그 수혜자인 강대국들이 나머지 세계에 비교적 큰 영향력을 행사할 수 있게 된다. 그런데 어느 지역의 경제 발전이 가장 앞서 가느냐는 때때로 달라진다. 자본주의가 워낙 역동적인 체제이다 보니 경제 발전의 순위도 수시로 바뀌는 것이다.

레닌은 '초제국주의론'을 반박하면서 불균등 발전 개념을 날카롭게 제기했다. '초[넘어선다는 뜻]제국주의론'은 독일 사회민주당 지도자 카를 카우츠키가 주창한 이론이다. 카우츠키 초제국주의론의 골자는 이렇다. '자본의 집적과 집중 과정이 계속되면 어느 시점에는 마침내 국경을 초월해 통합된 거대 다국적기업들이 세계를 지배하게 된다. 국경을 초월한 이런 경제 통합 과정이 정치에도 반영된 결과, 국가들 사이의 지정학적 갈등은 사라진다.' 그래서 카우츠키에게 제1차세계대전은 이해할 수 없는 일이었다. 오늘날에는 토니 네그리와 마이클 하트가 그들의 공저 《제국》에서 비슷한 사상을 개진한다.

그러나 레닌은 불균등 발전 때문에 초제국주의가 불가능하다고 주장했다. 불균등 발전으로 말미암아 경제 발전 수준이 가장 높은 지역이 계속 바뀌므로 경제적으로 가장 강력한 국가의 순위가 바뀌고, 정치적으로 강력한 국가의 순위도 바뀌기 때문이다. 레닌은 당시로부터 50~60년 전만 해도 독일은 후진국이었다고 지적했다. 그랬던 독일이 어느 순간 영국을 상대로 세계의 맹주 자리를 놓고 다투기 시작한 것이다. 이런 불균등 발전의 결과 앞으로 50~60년 뒤에는 어떤 나라가 세계적 패권 국가가 될지 누가 예상할 수 있겠는가? 이런 과정 때문에 국가들 사이에는 안정적이고 영원한 의견 일치가 유지될 수 없다.

레닌은 이런 분석을 독일과 영국의 관계에 적용했다. 오늘날 우리는 미국과 중국의 관계에 이런 분석을 적용할 수 있다.

다시 강조하건대, 제국주의를 미국의 지배로 환원할 수 없다. 그러면, 왜 많은 좌파들이 이 명백한 것을 보지 못할까 하는 의문이 떠오른다. 내가 볼 때, 이는 두 가지 착시 효과 때문이다. 첫째, 옛 소련이 사회주의였다는 오해다. 소련을 사회주의라고 보니까 냉전 시기에 일어난 소련과 미국의 지정학적 경쟁을 제국주의 간 경쟁으로 보지 못한 것이다. 그 영향이 오늘날에도 남아서 사람들이 러시아를 그래도 반제국주의적인 국가로 보는 착각이 있다.

둘째, 냉전 종식 후 한동안 세계가 단극 체제처럼 보였던 시기의 잔상이다. 당시에는 미국이 세계의 유일한 초강대국인 듯했고, 아무도 미국에 도전할 수 없을 듯했다.

그렇지만 당시 상황은 일시적이었고 또 모순됐다. 냉전 종식 후 한동안 미국은 군사적으로는 나머지 국가들을 압도했다. 미국은 나머지 국가들의 군사력을 다 합한 것보다 더 큰 군사력을 갖고 있었다.

그럼에도 미국의 상대적인 경제적 지위는 냉전기부터 계속 하락했다. 처음에는 서유럽 국가들에 견줘서 그랬고, 나중에는 일본, 마침내는 중국에 견줘서 그랬다. 오늘날 미국의 상대적인 경제적 지위가 하락하는 것은 매우 분명하게 보인다. 특히 경기 침체에서 회복되는 속도가 중국보다 확연히 느려서 더욱 그렇다.

그 결과 미국의 세계적 주도력은 갈수록 더 많이 도전받고 있다. 이것은 무엇보다 중동에서 두드러진다. 2003년 미국은 세계 패권을 더 굳히려고 이라크를 침공했다. 그러나 이라크인들의 저항에 호되게 당하고 패배해 2011년 철군했다.

게다가 2011년 아랍 혁명이 일어나면서 중동 지역 국가들은 모두 불안정해졌다. 이는 현재 미국이 이라크를 폭격하고 있는 데서도 드러난다. 지금 미국은 '이라크·시리아 이슬람 국가ISIS'를 공격하고 있다. ISIS는 강경 이슬람주의 수니파 무장 단체다. ISIS는 시리아 혁명과 내전의 결과로 시리아에서도 많은 지역을 장악했다. 이라크에서는 미국이 세운 [알말리키] 정권이 매우 부패해 사람들이 그 정권을 혐오하는데, ISIS는 그 틈을 이용해 많은 지역을 장악할 수 있었다. ISIS는 매우 종파적이고 반동적인 운동이다. 그런 ISIS가 이렇게 성장한 것은 미국이 약화되고 있음을 보여 준다.

그런데 미국의 장기적 약화는 여러분이 살고 있는 동아시아 지역에서 훨씬 더 극적으로 나타나고 있다. 이 점이 더 중요하다. 오늘날 세계에서 중국은 최대 규모의 산업국이면서 수출국이다. 그 결과 국가들 사이의 정치적·경제적 이합집산 구도가 바뀌고 있다. 예전에는 미국을 따라갈 수밖에 없었던 아프리카와 중남미의 많은 나라들이 중국과의 무역을 늘리고 중국에게서 투자를 받으며 이제 갈수록 중국으로 기울고 있다. 지난달 브릭스 국가들[브라질·러시아·인도·중국의 신흥 경제 4국]이 미국 주도 금융 질서에 대항해 자신들만의 개발은행을 설립한 것이 그런 상황을 상징적으로 보여 준다.

중국은 군비 지출도 급격히 늘리고 있다. 특히 해군력을 증강하고 있다. 중국의 해군력 증강에는 매우 구체적인 맥락이 있다. 미국 해군을 인근 해역에서 밀어내기 위한 것이다. 미국 해군은 제2차세계대전 이후로 쭉 아시아·태평양 해역을 장악해 왔다. 이것은 갈수록 중국 지배계급에 문제가 되고 있다. 중국이 물자를 수출하고 수입하는 해상 운송로는 믈라카해협을 거쳐 인도양으로 이어진다. 중국 지배계급은 이렇게 중요한 보급로를 미국의 통제에 내맡겨 두는 것을 더는 원치 않는 것이다.

물론 중국의 군사력 증강을 과장해서는 안 된다. 중국이 보유한 항공모함은 1척인데, 우크라이나에서 중고로 구입한 비교적 작은 항모다. 반면 미국은 핵항모가 11척이나 된다. 그러나 중국은 미국의 항모를 격침할 수 있는 군사적 능력을 개발하고 있다. 미국 해군을 아시아 연안 지역에서 더 멀리 밀어내기 위해서다.

또 남중국해와 동중국해에서 영유권 분쟁이 많아지고 있는데, 여기에는 베트남·필리핀·일본 등이 연관돼 있다. 그러니까, 중국뿐 아니라 동아시아의 거의 모든 국가가 군사력을 증강하고 있는 것이다.

흥미로운 사실은 이런 현상이 전통적 영토 분쟁의 모습을 보인다는 것이다. 세계화론을 주장하는 사람들은 경제적 세계화 때문에 이제 더는 국가들이 영토 분쟁을 벌이지 않는다고 주장하는데 말이다.

세계화론의 주장은 사실 일본과 중국이 지명조차 서로 의견 일치를 볼 수 없고 사람이 살 수 없는 섬[댜오위댜오 또는 센카쿠열도]을 두고 서로 다투고 있는 현실과 완전히 어긋난다. 세계 자본주의에서 가장 역동적인 지역[동아시아]에서 영토 분쟁이 벌어지고 있다. 그런데 바로 이 지역에서 세계화가 가장 큰 경제적 성공을 거뒀다. 실제로, 오늘날 이런 무인도들을 둘러싸고 전 세계에서 경제 규모가 가장 큰 세 국가가 맞붙을 수도 있다. 세계 3위 경제 대국인 일본, 2위인 중국, 1위인 미국이다. 여기에 미국이 낀 이유는 미국이 일본과 안보조약을 맺고 있기 때문이다. 나는 중국과 일본 지배계급이 무인도를 놓고 전쟁까지 벌일 정도로 분별없지는 않기를 바란다.

동아시아에서 나타나고 있는 현상은 제국주의 간 갈등이다. 세계 3대 경제 대국들이 서로 경쟁을 벌이고 있고, 거기에 한국을 포함한 다른 자본주의 국가들도 군비 증강을 통해 가세하고 있는 형국이다. 그리고 오래된 동맹 관계가 바뀌고 있다. 예컨대 베트남은 베트남전쟁 때 미국이 베트남을 폭격하려고 사용했던 기지를 이제는 미국이 중국에 맞서 사용할 수 있도록 미국에 내줄 것으로 보인다.

동아시아에서 일어나는 제국주의 간 경쟁은 또한 세계의 나머지 지역에 영향을 미친다. 푸틴이 우크라이나에서 하고 있는 일이 이를 보여 준다. 미국과 유럽연합이 다소 어리석게도 우크라이나를 서방의 영향권으로 편입시키려 했다. 푸틴은 우크라이나가 러시아의 안보에 아주 중요한 축이라고 보고 우크라이나를 다시 러시아의 영향권으로 흡수하려고 한다. 우크라이나 국민에게는 매우 비극적인 일이다. 우크라이나 국민은 제국주의 간 경쟁으로 희생을 치르고 있는 것이다. 러시아는 자기보다 훨씬 강한 제국주의 국가인 미국을 상대로 자기 목소리를 내려고 하는 비교적 약한 제국주의 국가다. 그런 러시아의 푸틴이 미국과 유럽연합에 도전장을 내밀 수 있도록 기를 살려 준 요인은 바로 미국의 약화다. 푸틴은 오바마가 우크라이나에서 일어나는 갈등에 휘말리고 싶어 하지 않는다는 것을 잘 알고 있다. 오바마는 무엇보다 중국을 견제하려고 아시아에 집중하고 싶어 했고, 그래서 중동에서 군사 활동을 줄였다. 이처럼, 동아시아에서 일어나는 제국주의 간 경쟁이 우크라이나에서의 제국주의 간 경쟁도 부추긴 것이다.

이렇듯, 제국주의가 체제로서 갖는 성격을 잘 이해하는 것이 매우 중요하다. 그러지 않으면 매우 심각한 정치적 오류를 범할 수 있다. 냉전 때 많은 좌파가 '진영 논리'를 따랐다. 진영 논리는 이렇다. '일단의 진보적인 국가들이 있고 제국주의에 대한 평형추로서 그 국가들을 지지해야 한다.' 여기서 말하는 제국주의는 미국을 뜻한다. 냉전 시대에 이 진영 논리는 미국을 견제하기 위해 소련과 그 동맹국들을 지지하는 형태로 나타났다. 소련 자신이 동유럽을 점령하고 아프가니스탄을 침공하는 등 제국주의적 행태를 보였는데도 진영론자들은 그것을 애써 무시했다.

오늘날 진영 논리는 두 가지 서로 연관된 형태로 나타난다. 하나는 우크라이나 사태에서 러시아를 편드는 것이다. 다시 말해, 미국과 유럽연합이 우크라이나를 자신들의 영향권으로 흡수하려 한 것만이 문제라는 것이다. 그러면서, 몇 달 전 러시아의 크림반도 병합을 지지했다. 물론 크림반도가 애당초 러시아의 사실상 식민지였던 것은 사실이다. 스탈린이 제2차세계대전 종전 뒤 원주민이었던 투르크계 무슬림들을 크림반도에서 쫓아냈었다. 그러나 제국주의 국가가 자신의 옛 식민지를 되찾을 권리가 있다고 말하는 것은 원칙 있는 반제국주의자가 할 말이 결코 아니다.

진영 논리가 표현되는 또 다른 방식은 시리아의 알아사드 정권을 옹호하는 것이다. 많은 좌파가 알아사드 정권을 이스라엘과 투쟁을 벌인 역사가 있는 진보적 반제국주의 정권으로 본다. 이것은 헛소리다. 알아사드 정권은 팔레스타인인들을 매우 악독하게 다룬 역사가 있다.

이런 사실을 모두 제쳐 놓더라도, 이 경우에 진영 논리는 자국민을 상대로 종파적 내전을 벌이는 정권을 지지하자는 논리다. 시리아 내전에서 알아사드는 사실상 ISIS가 성장하도록 부추겼다. 더 민주적인 혁명적 세력들이 약화되기를 바랐기 때문이다. ISIS는 시리아 동부의 유전 지대를 장악하고 있는데, 알아사드에게 석유를 주고 그 대가로 전력을 공급받았다는 보도가 있다. 그런데 ISIS가 통제를 벗어나 버리니까, 이제 와서 알아사드 정권은 미국과 함께 ISIS를 공격한다. 이른바 진보적 반제국주의 국가가 온갖 냉혹한 책략을 부리다가 결국은 '대악마' 미국과 손잡는 지경에 이른 것이다.

그래서 혁명가들은 제국주의를 체제로 보며 원칙 있게 반대해야 한다. 특정 제국주의에 맞서 다른 제국주의를 지지하는 함정에 빠지면 안 된다.

물론 혁명가들은 특정 제국주의 국가가 벌이는 일에 반대해야 할 때도 있다. 때때로 제국주의는 일방으로 행동할 수 있다. 예컨대 오늘날 이라크에서 미국은 일방으로 제국주의 세력으로서 행동하고 있다. 비록 ISIS가 반동적이지만 이 경우에 주된 악은 미국이다.

그러나 여러 제국주의들에 반대해야 하는 때도 있다. 현재 우크라이나 사태가 그런 경우다. 우크라이나 사태에서는 서방의 개입에도 반대해야 하지만 러시아의 개입에도 반대해야 한다. 여러 제국주의 국가들이 서로 책략을 벌이고 있는 동아시아의 맥락에서도 마찬가지다.

우리는 제국주의의 억압을 받고 있는 약소민족들의 투쟁에도 연대해야 한다. 현재 제국주의의 억압을 가장 심하게 받고 있는 민족은 바로 팔레스타인인들이다. 오늘 영국 런던에서는 팔레스타인인들에 연대하는 시위가 열릴 예정인데, 최대한 큰 규모로 치러지기를 바란다.[런던의 팔레스타인 연대 시위는 15만 명 규모로 크게 벌어졌음이 나중에 보도됐다.]

그러나 이런 갖가지 갈등들을 따로따로 떼어 놓고 보면 안 된다. 우리는 그런 갈등들을 레닌이 1916년 아일랜드 민족해방운동을 대한 방식으로 대해야 한다. 천대받는 민족들의 반제국주의 투쟁을 그 자체로서 목적인 것이 아니라, 제국주의 체제 전체를 끝장낼 수 있는 더 큰 투쟁에 기여하는 것으로 봐야 한다. 왜냐하면 제국주의 체제 자체가 우리의 적이기 때문이다.

토론 정리

'미국이 조금 더 민주적이면 오바마가 중동에서 좀 더 민주적으로 행동하지 않을까' 하는 질문이 있었다. 그런데 이런 질문이 제기된다. '미국은 도대체 왜 중동에 간섭하는가?'

미국은 중국이 해군력을 증강하는 것을 굉장히 모욕적으로 여기는데, 나는 언제나 이것을 희한하게 생각했다. 그러나 정작 중요한 물음은 애당초 미국이 아시아·태평양 지역에서 무엇을 하고 있느냐는 것이다. 제국주의는 본질적으로 대단히 비민주적이다. 제국주의는 지배를 본질로 하므로 결코 민주적일 수가 없다.

어떤 분은 배타성이 제국주의를 낳는다고 말했다. 나는 배타성이 왜 필연적으로 나쁜 것인지 묻고 싶다. 나는 지금 연단을 혼자서 배타적으로 차지하고 있다. 그건 내가 어떻게 할 수 없는 물리적 현실이다.

물론 통역자가 목이 말라서 죽어 가고 있는데, 내가 이 물에 대한 배타적 소유권을 주장하면서 마시지 못하게 한다면 그것은 나쁜 행동일 것이다. 그런데 그렇게 이기적인 짓을 내가 왜 해야 할까?

걸출한 마르크스주의자 프레드릭 제임슨은 이렇게 말했다. "모든 것을 역사적 맥락 속에서 보라." 즉, 어떤 사건이나 갈등이 어떻게 일어나게 됐는지 역사적 배경을 보라는 것이다. '배타성'처럼 지나치게 폭넓고 추상적인 개념만으로 무엇을 설명하려 한다면 아무것도 설명할 수 없게 된다.

다음으로, 중국과 미국 간의 경제적 경쟁이 왜 제국주의적 갈등으로 발전했을까 하는 질문이 있었다. 여러 이유가 있다. 첫째, 독일과 일본은 둘 다 제2차세계대전 종전 뒤 경제적으로는 미국과 경쟁을 하더라도 정치적으로는 미국 밑에 들어가기로 했다. 그러나 중국은 이런 합의의 틀 바깥에서 떠올랐다.

중국 지배자들이 미국의 지정학적 우세를 받아들일 용의가 없다는 것은 분명하다. 중국이 새로운 슈퍼파워니 어쩌느니 하는 얘기를 하는 책도 많다. 그러나 그런 책들의 주장과 달리 중국이 처음부터 세계 패권을 노려서 갈등이 빚어진 것은 아니다. 중국 지배계급은 세계 패권까지는 아니더라도 아시아·태평양 지역에서는 미국을 밀어내고 싶어 하는 듯하다. 그러나 미국 지배계급은 그것을 받아들일 수 없다. 아시아·태평양 지역은 그들에게 너무나 중요하다.

미국과 중국의 경제적 경쟁이 불안정한 사태를 불러올 필연적 이유는 없다. 예컨대 애플의 제품들은 대만 기업이 고용한 중국 노동자들에 의해 중국에서 조립된다. 그런데 미국 입장에서는, 중국이 세계 다른 나라들의 원자재를 흡수하는 시장이 되고, 전통적으로 미국 영향권 아래 있던 다른 나라들의 대안적 투자원이 될 수 있는 상황이 매우 위협적이다. 다른 나라들이 미국보다는 중국 쪽으로 더 기울 수 있기 때문이다.

어떤 분이 '국가들이 모두 어느 정도는 제국주의적 성격을 갖느냐'는 질문을 했는데, 나는 이 질문이 어느 정도 오해에서 비롯했다고 생각한다. 나는 우크라이나가 미국보다 더 약한 제국주의라고 말하지 않았다. 우크라이나에 대한 영향력을 둘러싸고 미국과 경쟁을 벌이고 있는 비교적 약한 제국주의는 러시아다. 진정으로 제국주의라고 할 만한 국가는 소수다.

경제적·지정학적 경쟁의 논리가 모든 지역에서 작용하는 것은 사실이다. 그래서 어느 지역에든 몇몇 국가들이 자기 주변 지역의 아류 제국주의가 되려고 애쓰는 것을 볼 수 있다. 달리 말해, 주요 제국주의 강대국들에게 그 지역의 강국으로서 인정받고 싶어 하는 것이다. 나는 아랍 국가들이 모두 나름으로 작은 제국주의라는 주장에 동의

하지 않는다. 그럼에도 중동의 일부 국가들이 아류 제국주의가 되고
자 하는 것은 사실이다. 예컨대 터키·이스라엘·사우디아라비아가 그
렇다.

나는 한국이 미국의 식민지라고 생각하지 않는다. 한국에는 한국
자본주의를 운영하는 꽤나 강력한 자본가계급이 있고 그들은 세계
적 수준에서 경쟁을 벌이고 있다. 한국이 북한과의 갈등 때문에 지
정학적으로는 미국에 묶여 있기는 하다. 북한 지배계급이 핵무기를
보유하고 있기 때문이다.

북한 지배자들이 핵무기를 실제로 사용하려고 보유하고 있는 것
은 아니다. 오히려 경제가 무너지고 있는 약소국의 지배계급이기 때
문에 그런 것이다. 약소국 입장에서, 핵무기를 개발하고 실제 사용할
것처럼 굴면 다른 강대국들을 상대로 효과적 협상 카드가 될 수 있
기 때문이다.

약소국이 제국주의를 꺾을 수 있겠는가 하는 질문도 있었다. 베트
남은 미국을 패퇴시켰다. 중요한 단서를 하나 달아야 하는데, 그에
대해서는 뒤에서 말하겠다.

베트남이 미국에 맞서 승리할 수 있었던 데는, 베트남이 프랑스의
식민지였던 시절부터 45년 동안 벌인 끈질기고 영웅적인 투쟁이 한
몫했다. 그러나 베트남 민중이 그들만의 힘으로 미국을 꺾은 것은 아
니다. 국제 연대가 사활적으로 중요했다. 그중에서도 가장 중요한 국
제 연대는 미국에서 일어났다. 베트남전쟁에 반대하는 거대한 대중
운동이었다. 그 반전운동은 미국 노동계급이 경제적으로 반란을 일
으키던 시기에 등장했다. 그와 동시에, 미국 흑인들이 인종차별에 맞

서 반란을 일으키고 있었다. 미국 내에서 일어난 이런 저항들이 베트남 민중의 항쟁과 결합되면서 미국을 패퇴시켰다.

그러나 미국 제국주의는 패퇴시켰지만 체제[자본주의 체제]를 패퇴시키지는 못했다. 오늘날 베트남은 여전히 공산당이 통치하는데, 저렴한 노동력으로 저렴한 공산품을 수출하는 나라가 됐다.

팔레스타인 해방을 어떻게 이룰 수 있을까 하는 질문도 있었다. 군사적·경제적 힘으로 볼 때 팔레스타인은 이스라엘의 상대가 안 된다. 물론 지금 가자 지구에서 일어나는 투쟁을 보면, 비록 엄청난 희생을 치르고 더디겠지만 팔레스타인인들이 이스라엘을 지치게 할 수 있음을 알 수 있다. 그러나 이런 식으로 이스라엘을 패퇴시키려면 시간이 오래 걸릴 것이고 엄청난 희생이 따를 것이다. 팔레스타인 해방에 관한 국제사회주의경향IST의 견해는 항상 다음과 같은 구호로 요약된다. "예루살렘으로 향하는 길은 카이로를 통한다." 달리 말해, 팔레스타인의 해방은 아랍 지배계급들에 맞선 사회혁명을 통해 달성될 수 있다는 것이다. 이집트 혁명은 그런 일이 어떻게 가능할지를 힐끗 보여 줬다.

그런데, 반대로 오늘날 이집트 혁명이 일시적 패배 국면에 있는 것은 그것이 역으로는 어떻게 적용되는지를 보여 준다. 이스라엘이 가자 지구를 공격할 자신감을 얻은 요인 하나는 이집트의 군부독재자 압둘팟타흐 시시가 가자 지구를 봉쇄한 것이다. 그런데 이것은 팔레스타인 해방을 위해서는 아랍 세계의 혁명이 필요하다는 것을 증명한다. 오로지 아랍 노동계급의 힘만이 이스라엘을 꺾을 수 있다.

마지막으로, 어떤 분이 신자유주의 하에서 개인주의가 팽배해 연대가 힘들어진다고 말했다. 신자유주의가 연대를 약화시킬 수 있다는 것은 사실이다. 그러나 신자유주의 시대에도 새로운 연대 운동들이 일어났다. 팔레스타인인들을 지지하는 국제 연대는 몇십 년 전과는 비교도 안 될 정도로 커졌다. 영국에서도 팔레스타인인들에 연대하는 수많은 집회들이 잇따라 일어났다.

이런 현상을 설명한다면서 이스라엘 지지자들은 모종의 유대인 배척이 뒤에서 작용하고 있는 것 아니냐고 소설을 쓰고 있다. 그러나 팔레스타인 연대 시위에는 유대인 배척을 거의 찾아볼 수 없다. 이스라엘 지배계급이 왜 온 세계가 이스라엘에 적대적이고 팔레스타인에 우호적이냐는 물음에 답을 찾고 싶으면 거울을 들여다보면 된다.

팔레스타인인들에 대한 연대는 새로운 형태로도 나타나고 있다. BDS 운동[보이콧, 투자 회수, 제재를 뜻하는 영어 낱말의 머리글자를 딴 운동]의 성장에 관해 누군가가 말했는데, 세계 곳곳에서 이스라엘과의 무기 거래를 중단하고 이스라엘을 제재하라고 요구하는 목소리가 높다. 이런 사실은 매우 중요하다. 오늘날에도 연대가 살아 있음을 보여 준다. 이런 연대는 과거 운동들의 영향을 반영하는 것이기도 하다. 지난해 영국 정부는 의회에서 시리아에 대한 군사개입안을 통과시키려다가 반대표가 많아 실패한 적이 있다. 이것은 2003년에 일어난 거대한 반전운동의 유산이기도 하다.

이런 연대는 사활적으로 중요하다. 연대가 커질수록 팔레스타인인들이 스스로 해방을 이룰 힘을 얻을 수 있을 것이고, 인류 모두가 제국주의로부터 해방될 힘이 강해질 것이기 때문이다.

알렉스 캘리니코스, 〈노동자 연대〉 132호(2014년 8월 15일).

왜 레닌의 《제국주의론》을 읽어야 하는가

중·고교 교과서는 보통 제국주의를 19세기 후반부터 20세기 중엽까지 존재한 서구 열강의 식민지 지배로 환원해 설명한다. 그러나 우리가 살고 있는 오늘날 세계에서도 제국주의는 엄연히 현실이다. 특히 동아시아에서 자본주의 강대국 간의 갈등이 점증하고, 이 때문에 한반도에서 긴장이 고조되고 있다.

그러나 한국의 많은 좌파들은 고전 마르크스주의의 제국주의론이 아니라 평화주의를 받아들인다. 얼마 전 노동당이 "20세기 초반 개념"이라며 강령에서 제국주의라는 용어를 삭제한 것은 최근 사례 중 하나다.

물론 지난 100년 동안에 자본주의는 변했다. 공식 식민지는 몇몇 예외를 빼고는 사라졌다. 그리고 레닌은 제2차세계대전에서 사용된 가공할 핵무기를 보지 못했다. 그러나 오늘날에도 제국주의의 본질은 달라지지 않았다. 우리가 레닌의 《제국주의론》을 비롯해 고전 마르크스주의자들의 제국주의 분석을 알아야 하는 이유다.

레닌은 《제국주의론》을 제1차세계대전이 한창인 1916년에 썼다. 그 책에서 그는 "자본주의의 근본적 특징의 발전이자 그 직접적 연장"이 제국주의라면서, 제국주의가 "자본주의의 최신 단계"임을 강조했다. 즉, 제국주의가 자본주의의 새로운 발전 단계라고 규정한 것이다.

레닌은 마르크스가 《자본론》을 쓸 당시 대다수 경제학자들은 자유경쟁을 '자연법칙'으로 받아들였지만, 이제는 생산과 자본의 집중이 고도로 발전하면서 독점이 자유경쟁을 대체했다고 지적했다. 자본들은 경쟁에서 살아남기 위해 이윤을 계속 재투자하면서 덩치를 키우게 됐고, 약체 기업을 더 강하고 효율적인 기업이 집어삼켰다. 이런 과정을 거치며 독점기업(거대 기업)들이 경제를 쥐락펴락하게 됐다. 그리고 산업자본과 은행자본이 융합된 '금융자본'이 전례 없이 집중된 경제력을 구축했다.

이렇게 독점자본주의가 확립됐다고 해서 경쟁이 사라지는 게 아니다. 이윤과 시장점유율을 늘리려는 독점기업들의 욕구는 자국 경제로 만족할 수 없다. 독점기업들은 시장과 원자재 등을 놓고 세계 시장에서 필사적으로 경쟁했다. 레닌은 이때 자본수출이 중요해진다고 주장했다. 아시아·아프리카 등지의 저발전 지역이 대기업들의 원자재 공급원이자 투자 기회 제공처가 돼 줬다. 강대국의 자본가들은 잉여 자본의 상당 부분을 저발전 지역으로 수출했다. 그리고 거기서 막대한 이윤을 얻었다.

이제 경쟁은 국가들 사이의 군사적·지리적 형태를 띠기 시작했다. 독점기업들과 연계를 맺은 국가들이 국익을 위해 해외에서 영향력을 확대하려고 애쓰고, 그래서 독점기업들 간의 경쟁은 세계 여러 지역을 차지하려는 국가들 간의 투쟁으로 발전했다. 그 결과, 자본주의 강대국들이 세계를 분할하게 됐다.

이렇게 자본주의 강대국들이 "자본에 비례해", "힘에 비례해" 세계를 분할하지만, 얼마 안 가 강대국들이 세계 재분할을 둘러싼 투쟁으로 나아간다고 레닌은 지적했다. 자본주의의 역동적 성격 탓에 경제 발전의 순위가 바뀔 수 있기 때문이다. 이런 불균등 발전 때문에 정치적으로 강력한 국가의 순위도 바뀌게 된다. 그러면 한때 강대국들의 힘의 차이에 조응했던 기존의 '분할'은 더는 맞지 않게 되고, 신흥 강대국이 기존 강대국이 차지한 '전리품'을 다시 나눌 것을 요구할 것이다. 따라서 국가 간 합의는 휴지 조각이 되고, 강대국 간 갈등은 다시 커진다. 레닌이 보기에, 자본주의 체제에서 평화는 결코 항구적일 수 없고 전쟁과 전쟁 사이의 휴전(무장한 평화)일 뿐이었다.

100여 년 전에 레닌은 당시로부터 50~60년 전만 해도 독일은 후진국이었다고 지적했다. 그랬던 독일이 어느 순간 영국을 상대로 세계의 맹주 자리를 놓고 다투기 시작했다. 후발 주자인 독일(그리고 미국)이 신흥 경제 대국으로 부상했지만, 지정학적으로는 영국이 해양을 지배하는 상황이었다. 근본적으로 두 차례의 세계대전은 경제적 서열과 지정학적 질서의 불일치를 폭력적으로 '해결'하는 과정이었다.

레닌의 제국주의론을 정리해 보면, 그가 제국주의를 그저 강대국의 약소국 지배로 협소하게 이해하지 않았음을 알 수 있다. 레닌이 보기에, 제국주의는 자본주의의 정상 상태에서 잠시 벗어난 일탈이 아니고 오히려 자본주의의 내재적 동학에서 비롯한 결과였다. 레닌은 제국주의를 자본주의 강대국들이 세계를 지배하려고 서로 경쟁하는 체제라고 봤다.

물론 레닌의 《제국주의론》에는 약점도 있다. 예컨대, 은행자본과 산업자본의 융합이라는 '금융자본' 개념은 당대 독일의 경제 상황에는 맞았지만, 영국 등 다른 제국주의 국가의 경제 상황에는 부합하지 않았다. 즉, 레닌은 당대의 '금융자본' 구실을 과대평가하는 경향이 있었다. 그리고 자본수출과 식민지 확장의 관계는 실제로는 레닌이 주장한 것보다 더 불균등했다. 예컨대 당대 미국, 러시아, 일본은 모두 제국주의 국가였지만, 자본 수출국이 아니라 수입국이었다.

그럼에도 우리는 여전히 거대 기업과 제국주의 국가들이 지배하는 세계에서 살고 있다. 미국은 가장 강력한 국가이지만, 중국·러시아 등 경쟁 강대국들의 도전에 직면해 있다. 그리고 그 경쟁이 세계를 불안정하게 만들고 있다. 즉, 레닌의 《제국주의론》이 나온 지 100년이 지났지만, 그가 본 제국주의의 핵심 특징은 변하지 않았다.

제국주의와 전쟁의 위협에서 벗어나려면 결국 자본주의의 무덤을 파는 사회 세력인 노동계급의 자력 해방을 촉진해야 한다. 이것이 바로 레닌의 《제국주의론》이 주는 가장 중요한 정치적 결론이며, 핵무기 경쟁의 시대에도 그 점은 여전히 유효하다.

김영익, 〈노동자 연대〉 221호(2017년 9월 6일).

부하린이 쓴 《세계경제와 제국주의》의 의의

레닌은 볼셰비키 혁명가 부하린(1888~1938)이 쓴 《세계경제와 제국주의》의 서문에서 이 책이 다루는 주제(제국주의)가 중요하고 시의적절하다고 강조했다. 부하린이 《세계경제와 제국주의》를 쓴 시기는 바로 제1차세계대전이 벌어져 인류가 참화를 당하던 때였다. 제국주의 전쟁을 끝장내려면 제국주의가 무엇인지 알아야 했다.

오늘날에도 이 책은 여전히 시의적절하다. 자본주의 강대국들이 벌이는 무역 전쟁을 비롯한 제국주의 간 경쟁이 점증하고 있다. 이처럼 다방면에서 벌어지는 강대국 간 이해관계 다툼의 승패는 결국에는 군사력의 우위에 많이 좌우된다. 오늘날 강대국 간 갈등이 조성하고 있는 불안정은 1914년이나 1939년처럼 미래에 매우 위험한 결과로 치달을 위험성이 있다. 부하린의 《세계경제와 제국주의》를 지금도 곁에 두고 읽어야 하는 까닭이다.

레닌과 마찬가지로, 부하린은 자본주의가 돌발적 변화, 파국적 격변, 갈등으로 가득 찬 체제라고 봤다. 그러므로 그 체제 하에서 영구 평화는 없다.

부하린은 제국주의가 자본주의의 서로 모순된 두 경향, 즉 자본의 국제화와 국가화(국가자본주의화)가 결합된 데서 비롯한다고 설명했다. 자본의 국가화 경향은 "자본의 집적과 집중 과정의 논리적·역사적 귀결"이다. 자본들은 경쟁에서 살아남으려고 끊임없이 이윤의 일부를 재투자해야 한다(집적). 그리고 강한 자본이 약한 자본을 흡수한다(집중). 이 때문에 갈수록 경제력이 소수의 대기업들에 집중된다. 이 과정에서 국가와 대기업들은 점차 유착하게 돼, 국가자본주의가 출현한다.

그러나 자본의 국가화는 부하린이 "세계적 규모의 생산관계 체계와 그에 따른 교환관계 체계"라고 정의한 세계경제 하에서 일어나는 경향이다. 자본주의 세계경제 하에서 생산은 갈수록 국제화하는 경향을 보인다. 이것도 자본의 집적과 집중에서 비롯하는 것이다. 대기업들의 이윤 욕구는 국내시장에서 충족되지 않는다. 자본들은 국경을 넘어 점점 더 세계적 수준에서 활동하고, 다른 국가의 자본들과 경쟁하게 된다.

자본주의의 두 경향이 빚어낸 결과는 평화와는 완전히 동떨어졌다. 자본들이 국경을 넘어 활동한다는 것은 세계경제에서 "판매 시장, 원료 시장, 투자처를 둘러싼 경쟁이 격렬"해졌음을 의미한다. "국제적 상품 교환의 증가가 언제나 서로 교환하는 집단들의 '연대' 강화로 이어지는 것은 아니다. 반대로, 필사적 경쟁과 생사를 다투는 투쟁을 낳을 수 있다."

자본의 국제화가 낳는 경쟁 격화는 국가화 경향을 더욱더 촉진할 수 있다. "세계 자본주의의 발전은 … 다른 한편으로 … 자본주의적 이해관계의 '국가화' 경향을 강화하고 협소한 '국민적' 집단을 형성한다. 이 집단은 머리끝부터 발끝까지 무장하고, 언제든 서로를 공격할 준비가 돼 있다."

이제 자본주의에서 경쟁은 단지 자본들 간의 경제적 경쟁에 그치는 게 아니라 국가들의 군사적·영토적 경쟁의 형태로 발전한다. 따라서 세계는 국가와 대기업들이 통합된 "국가자본주의 트러스트"들이 서로 경쟁하는 무대가 된다. 이 경쟁의 승패는 각 국가자본주의 트러스트가 동원할 수 있는 "힘과 결속력, 군사적·금융적 수단"에 달렸다.

제국주의 국가들의 경쟁은 때로 전쟁으로까지 이어진다. 전쟁이 끝나고 강대국들이 새로운 합의에 도달해도, 갈등은 오래지 않아 다시 커진다. "전쟁은 자연 발생적으로 발전하는 세계시장의 맹목적 법칙의 압력 아래 생겨난 사회의 내재적 법칙"이기 때문이다.

앞서 언급했듯이, 부하린의 제국주의론은 현대 자본주의와 제국주의를 분석하는 데 유용한 통찰을 제공한다.

부하린은 "전쟁과 제국주의적 전쟁 준비의 필요성" 때문에 부르주아들이 "낡은 부르주아적 개인주의"를 버리고 "생산을 국가가 조직할" 필요성에 동의할 수 있음을 포착했다. 국가자본주의 트러스트들 간의 군사적 경쟁 압력이 생산수단에 대한 국가의 "독점"을 촉진할 수 있다는 것이다.

그러나 이것은 자본주의 생산양식에서 다른 생산양식으로의 전환이 아니다. 동일한 생산양식 내에서의 변화일 뿐이다. "국가자본주의 트러스트는 국가사회주의가 아닌 국가자본주의의 최고 형태로 발전하고 있는 것이다. … 독점의 직접적 표현이 국가권력이든 '사적' 조직이든 본질적으로 차이가 없다. 어느 경우든 상품경제(무엇보다 세계시장)가 존재하고 있고, 더 중요하게는 프롤레타리아와 부르주아지 사이의 계급 관계가 존재한다."

부하린의 통찰은 1930년대 세계 자본주의에서 국가자본주의 추세가 발전하는 과정에 딱 들어맞았다. 전례 없는 대불황 때문에 각국은 국가 개입 정도를 앞다퉈 늘리고, 폐쇄적 무역 장벽을 쌓았다. 당시 나치 독일과 군국주의 일본이 국가 주도 경제의 대표적 사례였다. 물론, 다른 서구 경제들도 마찬가지였다. 경제 위기에서 탈출하고 군사력을 증대하려 강대국들은 개별 자본가들의 필요를 국가의 군사적 목적에 종속시켰다. 그 결과는 제2차세계대전이라는 끔찍한 비극이었다.

옛 소련은 1930년대 국가자본주의 추세의 극단적 사례였을 뿐이다. 당대 서방 경제와 달리, 소련은 국내에 사기업과 시장이 존재하지 않았다. 그러나 이런 양적 차이를 과장해 서방 자본주의와 소련이 질적으로 다른 체제였다고 보는 것은 부정확한 관찰이다.

국가자본주의는 지금의 서방 세계에도 해당하는 현상이다. 서방 각국 경제의 적어도 3분의 1이 국가 부문이다. 많은 좌파들의 오해와 달리, 국가 부문도 엄연히 체제 바깥의 존재가 아니라 체제의 구성 요소다.

국가는 자본주의 체제의 일부이고 군사적 경쟁도 자본주의 경쟁의 한 형태라는 부하린의 지적은 여전히 우리가 눈여겨봐야 할 점이다.

부하린의 책은 세계화 속에 경제가 성장한 동아시아가 왜 강대국 간 지정학적 경쟁의 핵심 무대가 됐는지를 이해하는 데 도움이 된다. 미국과 중국을 비롯한 각국 경제의 상호 의존이 커진 결과, 외려 경제적 경쟁이 치열해졌다. 미국은 중국의 부상에 대응해 무역 전쟁, 군비 증강 등 여러 수단을 동원하고 있다. 부하린은 "관세전쟁은 그저 부분적 공격이자 시험장에 불과하다. 궁극적으로 모순을 해결하는 것은 '현실의 힘의 관계', 즉 무력이다" 하고 지적했다. 미국과 중국 사이에는 정확히 이런 동학이 나타나고 있다. 어느 한쪽이 굴복할 때까지 동아시아에서 강대국들의 국익 충돌은 악화할 수 있다.

분명 《세계경제와 제국주의》가 나올 당시의 자본주의와 오늘날의 자본주의 사이에는 차이도 있다. 그러나 부하린을 비롯한 고전 마르크스주의자들이 포착한 자본주의의 핵심 특징은 본질적으로 변하지 않았다. 즉, 자본주의의 경쟁적 축적 논리가 제국주의의 근본 동력이다. 그러므로 궁극적 정치 대안도 노동계급의 반자본주의·반제국주의 운동 건설을 통해 가능하다.

김영익, 〈노동자 연대〉 257호(2018년 8월 29일).

레닌의 《사회주의와 전쟁》

전쟁에 대한 사회주의자의 전술

　점증하는 미·중 갈등을 배경으로 북한의 핵 개발을 둘러싼 한반도 주변 긴장이 높아지고 있다. 한반도·동아시아 긴장 고조 상황을 잘 이해하려면, 경제적 경쟁과 지정학적 경쟁의 밀접한 관계를 인식하는 마르크스주의의 제국주의론을 알아야 한다.

　레닌이 쓴 《사회주의와 전쟁》은 "전쟁과 관련한 사회민주주의의 전술을 개괄"할 목적으로 쓰인 소책자다. 전쟁에 맞선 투쟁을 어떤 전략과 전망 하에서 건설해 나갈지를 고민할 때 큰 영감을 준다. 특히 현재 국내 좌파의 일각에서 평화주의가 유행하고 있으므로, 평화주의를 철저하게 비판한 《사회주의와 전쟁》은 읽을 가치가 있다.

　레닌은 《사회주의와 전쟁》을 1915년 8월에 출판했다. 1915년 9월 스위스 치머발트에서 열린 국제반전회의를 겨냥한 것이었다. 치머발트 회의에 참석한 국제 사회주의 정당의 대표는 39명밖에 안 됐지만, 이 회의는 매우 중요한 의미가 있었다.

1914년 7월 제1차세계대전이 개전하자 국제 사회민주주의 정당들은 그 전의 다짐을 저버리고 각자 자국의 전쟁 노력과 승리를 지지했다. 당시 사회민주주의 정당들의 대표격이었던 독일 사민당도 애국주의 부추기기에 동참할 정도였다. 그러나 전쟁의 참상이 드러나면서, 1915년 여름에는 대중 정서가 바뀌고 있었다. 이를 바탕으로 사회민주주의 주류의 전쟁 지지 입장(사회주의적 애국주의)과 단절하려는 흐름이 생겼다. 치머발트 회의는 그 흐름을 표현한 사건으로 "일보 전진"이었다.

레닌은 치머발트 회의를 지지하며 참석했다. 치머발트 회의 다수파가 제출한 평화주의적 결의안에 찬성 투표를 했다. 그러나 동시에 레닌은 혁명적 마르크스주의 관점에 입각해 작성한 독자 결의안을 제출했다(이는 부결됐다). 또, 회의가 채택한 결의문을 혹독하게 공개 비판했다. 그 결의문이 담고 있던 평화주의는 사회주의적 애국주의와 명확하게 단절하지 않으려 했기 때문이다.

평화주의는 대중의 소박한 평화 염원 정서에 기반한다. 레닌은 대중의 그런 정서에 크게 공감하면서도 운동의 전략으로서 평화주의는 비판했다. 다음의 인용문은 레닌의 기본 관점을 잘 보여 준다(이하 인용은 필자가 영역본을 직접 번역한 것이다).

평화를 바라는 대중의 염원은 흔히 저항의 시작, 전쟁의 반동적 성격에 대한 분노와 자각을 드러낸다. … 사회민주주의자[혁명적 마르크스주의자]는 그런 정서가 추동하는 모든 시위에 가장 열렬한 일부로 참가할 것이다. 그러나 병합 없는 평화, 민족 억압 없는 평화, 약탈 없는 평화, 현 정부들과 지배계급들이 벌일 새로운 전쟁의 씨앗이 없는 평화가 혁명적 운동 없이도 가능하다는 관념으로 대중을 기만하지는 않을 것이다. … 항구적이고 민주적인 평화를 바라는 사람은 정부와 부르주아지에 맞서는 내전을 지지해야 한다.

평화주의는 전쟁 일체에 반대한다. 반면, 마르크스주의는 "각각의 전쟁을 (마르크스의 변증법적 유물론의 시각에서) 역사적으로 그리고 따로따로 연구하는 것이 필요하다고 여[긴다.]" "비록 전쟁이 모두 공포, 잔혹 행위, 비탄, 고통을 불가피하게 수반할지라도, 대단히 해악적이고 반동적인 제도(전제정이나 봉건제)를 파괴하는 데 일조함으로써 인류의 발전에 유익한 진보적 전쟁이 많았"기 때문이다. 1789년 프랑스 대혁명을 방어하기 위한 전쟁, 노예제 폐지를 둘러싸고 1861년 일어난 미국 남북전쟁 등이 당시의 사례다.

레닌은 마찬가지 이유로 피억압 민족이 강대국에 맞서 일으키는 전쟁도 지지해야 한다고 주장했다. "예를 들어, 내일 모로코가 프랑스에, 인도가 영국에, 페르시아나 중국이 러시아에 전쟁을 선포한다면, 그런 전쟁은 누가 먼저 공격했는지와 무관하게 '정당하고 방어적인' 전쟁일 것이다. 사회주의자는 모두, 억압당하고 종속돼 있고 불평등한 처지의 국가가 다른 민족을 억압하고 노예를 소유하고 다른 민족을 약탈하는 강대국들에 맞서 승리하기를 바랄 것이다."

그러나 강대국들끼리 벌이는 제국주의적 전쟁은 전혀 진보적이지 않으므로 그 자체를 지지할 수도, 그중 한 국가를 편들 수도 없다. 레닌은 다음과 같이 지적했다.

노예 100명을 소유한 노예 소유주가 노예 200명을 소유한 노예 소유주에 대항해 '공정'한 노예 재분배를 요구하며 전쟁을 벌인다고 상상해 보라. 이런 사례에 '방어적' 전쟁이나 '조국 방위' 전쟁이라는 말을 사용하는 것은 명백히 역사적으로 오류일 것이다. 그리고 실제로는 약삭빠른 노예 소유주가 평범하고 속물적이고 무지한 사람들을 속이는 순전한 기만일 뿐이다.

레닌은 자본주의 사회에서 전쟁은 단지 몰지각한 지배자 일부가 일으키는 잠깐의 일탈이 아니라 자본주의 체제의 동역학과 긴밀하게 얽혀 있는 현상이라고 봤다. 그래서 근본적이고 항구적으로 전쟁을 종식시키려면 자본주의 체제 자체를 뒤집는 혁명이 필요하다고 주장했다.

우리는 전쟁과 한 나라 내의 계급투쟁이 떼려야 뗄 수 없이 연결돼 있음을 이해한다는 면에서 평화주의와 … 다르다. 계급이 폐지되고 사회주의가 건설되지 않는 한 전쟁이 없어질 수 없음을 우리는 이해한다. 우리는 피억압 계급이 억압 계급에 맞서 벌이는 전쟁, 노예가 노예 소유주에 맞서 벌이는 전쟁, 농노가 지주에 맞서 벌이는 전쟁, 임금노동자가 부르주아지에 맞서 벌이는 전쟁 같은 내전을 정당하고 진보적이고 필수적인 것으로 본다는 면에서도 다르다.

제1차세계대전은 극심한 사회적 위기를 불렀다. 또, 전쟁의 진실이 점차 드러나면서, 그 전쟁으로 노동계급은 고통만 받을 뿐 이로울 것이 없다는 인식도 확산됐다. 사회주의자는 이를 이용해 "제국주의 전쟁을 내전으로 전환"시키려 애써야 한다는 것이 레닌의 결론이었다(혁명적 패배주의). 이와 달리 "교전국 각국의 사회주의자들이 모두 '자국' 정부의 패배를 바라야 한다는 생각을 '어처구니없고 이상한' 것으로 여기는" 평화주의의 관점은 사실은 "정부들이 시작한 전쟁은 정부들 사이의 전쟁으로 끝나야만 한다"는 자본가계급의 생각을 공유하는 것이라고 레닌은 날카롭게 지적했다.

레닌의 주장이 옳았음은 현실에서 입증됐다. 제1차세계대전은 결정적으로는, 1917년 (혁명의 결과로 들어섰지만 전쟁을 지속하는 등 개혁을 지체시킨) 러시아 임시정부를 타도한 10월 혁명, 자살적 작전에 투입되기를 거부하며 반란을 일으킨 해군 병사들의 투쟁으로 시작된 1918년 독일 혁명으로 끝이 났다.

물론 레닌 시절의 현실과 지금의 현실이 똑같지는 않다. 당시와 달리 현재 강대국들은 식민지 쟁탈전을 벌이고 있지는 않다. 그러나 전반적으로 레닌의 주장은 여전히 유효하다. 레닌은 사회주의자의 책무를 다음과 같이 주장했다. 이는 오늘날의 사회주의자들에게 시사하는 바가 크다.

대중이 이런 [혁명적] 정서를 의식하도록, 그 의식을 심화시키도록, 그 의식을 분명히 표현하도록 돕는 것이 우리의 과제다. 이 임무는 다음의 구호로만 정확히 표현될 수 있다. 제국주의 전쟁을 내전으로 전환시켜라. 전시에도 거듭거듭 벌어질 모든 계급투쟁, 만만찮게 일어날 '대중행동'의 모든 전술은 이 구호로 이어질 수밖에 없다. 강력한 혁명운동이 불타오를 때가 강대국들이 벌이는 제국주의 전쟁의 첫 번째 전쟁 때일지 두 번째 전쟁 때일지, 그 전쟁들의 와중일지 후일지 예언하는 것은 불가능하다. 그 어떤 경우이든 우리가 짊어진 임무는 이 방향으로 체계적이고 일관되게 활동하는 것이다.

차승일, 〈노동자 연대〉 224호(2017년 10월 11일).

"워싱턴도 모스크바도 아니다"를 오늘날에 계승하기

제국주의는 지나간 과거가 아니라 엄연한 현실이다. 요즘[2017년 8월] 국제 뉴스를 대강 훑어봐도 알 수 있다. 미국 대통령 트럼프가 아프가니스탄에 가장 강력한 재래식 폭탄을 투하하라고 명령하고, 대규모 병력을 증파하려 한다. 한반도를 비롯한 동아시아에서는 미국과 중국 등 자본주의 강대국들이 공공연하게 경쟁하며 지역 내 갈등을 키우고 있다. 8월 21일 미국과 한국이 대규모 연합훈련인 을지프리덤가디언 연습에 돌입하자 중국 측은 이를 의식한 듯 실탄 훈련하는 모습을 공개했다.

따라서 오늘날 제국주의에 맞선 운동은 노동자 운동에서 핵심적 과제로 제기돼야 한다.

혁명적 마르크스주의자들은 제국주의에 저항한 과거 경험에서 배워야 한다. 100년 전 제국주의 전쟁인 제1차세계대전이 발발하자, 레닌은 노동계급이 계급투쟁이라는 무기를 이용해 자국 지배계급의 제국주의적 전쟁에 반대해야 한다고 주장했다. 이는 제국주의 전쟁을

지배자들에 맞선 피지배자들의 혁명과 내전으로 전환하는 것이라고
했다. 그러려면 노동자들은 자국 정부의 패배를 바라야 한다. 이 점
에서 조금이라도 주저한다면 결국 노동계급은 계급투쟁 자체를 주저
하게 될 것이다. 계급투쟁이 자국의 전쟁 수행을 방해하기 때문이다.

그러나 레닌의 "혁명적 패배주의" 노선은 양대 제국주의 진영 중
어느 한쪽이 승리하는 게 더 진보라는 차악론이 아니었다. 레닌은
이렇게 주장했다. "오늘날 진정한 사회주의자는 이런저런 제국주의
부르주아지들을 편들지 않아야 하며, 교전국들의 부르주아지들을
'모두 악당'으로 규정해야 하고, 모든 나라의 제국주의 부르주아지가
패배하기를 바라야 한다."

역사는 레닌의 노선이 옳았음을 입증했다. 제국주의 국가들 간의
끔찍한 전쟁은, 시간이 갈수록 참전국들 안에서 국민적 단결을 촉진
하기보다는 오히려 계급 분단을 선명하게 드러냈다. 노동자들은 전
선에서 목숨을 잃거나 후방에서 정부의 내핍 강요에 시달려야 했다.
마침내 그 불만이 전쟁 말기에 유럽에서 노동자 혁명을 촉발시켰다.
1917년 러시아에서 혁명이 일어나 노동자들이 권력을 잡았고, 이듬
해 독일에서도 해군 수병 반란으로 시작된 노동자 혁명이 일어나 황
제(빌헬름2세)가 타도됐다. 동부전선과 서부전선 모두에서 혁명이 제
국주의 전쟁을 끝낸 것이다.

1945년 제2차세계대전의 종전은 동서 냉전으로 이어졌다. 냉전 하
에서 미국과 소련은 핵무기를 경쟁적으로 늘리는 등 광기 어린 경쟁
을 벌였다. 많은 사람들은 냉전을 '자본주의 대 사회주의'의 대결로
여겼다. 냉전이 가하는 압력 속에서 당시 서구 좌파들은 두 방향으

로 이끌렸다. 서방 제국주의에 '대항'하는 소련을(일부 좌파의 경우 심지어 소련 핵무기까지) 옹호하든지, 아니면 그 반대로 소련에 반대해 서방 진영과 자국 지배계급을(일부는 심지어 자국의 핵무기까지) 지지했다.

그러나 당시 소수의 혁명적 마르크스주의자들은 이 상식에 물음을 던졌다. 1947년 팔레스타인 출신의 혁명적 마르크스주의자 토니 클리프(본명은 이가엘 글룩스타인, 1917~2000)는 소련과 동유럽 사회의 본질이 사회주의가 아니라 자본주의의 한 변형태인 국가자본주의라고 규정했다. 즉, 동구권은 서방 자본주의와 형태만 달랐지 본질은 같은 사회였다.

국가자본주의론에 비춰 보면 냉전은 그 성격이 전혀 달라진다. 서로 다른 사회체제 간의 갈등이 아니라 제국주의 열강 사이의 갈등이었다.

미국처럼 소련도 제국주의 국가였다. 소련 지배 관료들은 자국의 자본축적 필요에 따라 동유럽 경제를 지배했고, 국내에서는 소수민족들을 억압했다. 소련 지배자들은 동유럽 지배를 위해 탱크로 동유럽 노동자 운동(특히 1956년 헝가리 혁명)을 잔인하게 짓밟았고, 아프가니스탄 침공 등 군사 강점을 위한 침략 전쟁을 벌였다.

토니 클리프의 국가자본주의론에 근거해 건설된 국제사회주의경향은 냉전에 맞서서 "워싱턴도 모스크바도 아닌 국제사회주의"라는 모토를 내놓았다. 동·서 양 진영 중 어느 하나를 따르지 않고, 제국주의 체제 전체에 반대한다는 점을 강조하는 구호였다. 그리고 이 구호는 냉전 하에서 진정한 마르크스주의 전통을 지키는 데 일조했다.

박노자 교수(이하 직함과 존칭은 모두 생략)는 "워싱턴도 모스크바도 아니다"가 일종의 "중립"론이라고 오해한다. 그러나 이 구호는 레닌의 "혁명적 패배주의" 노선을 당시 상황에 맞게 계승하려는 노력의 산물이었다. 제1차세계대전 초기에 레닌이 내놓은 "혁명적 패배주의" 노선은 "중립"론이 아니었다. 러시아에서는 러시아 노동자들이 러시아 지배계급에 맞서 싸우고, 독일에서는 독일 노동자들이 독일 지배계급에 맞서 싸우자는 것이었다. 그래서 토니 클리프는 "워싱턴도 모스크바도 아니다"라는 구호에서 워싱턴과 모스크바의 순서가 중요하다고 말했다. 서구의 혁명적 좌파는 미국 제국주의와 그 동맹인 자국 지배계급에 대항하는 게 우선적으로 중요했기 때문이다. 그래서 국제사회주의경향은 소련 지배자들을 지지하지 않으면서도 서구에서 미국 제국주의에 일관되게 반대할 수 있었다. 또 아래로부터의 사회주의를 견지하며, 노동계급의 아래로부터의 저항을 고무하려고 노력했다.

옛 소련 태생으로 18세까지 소련에서 산 박노자는 그 순서를 거꾸로 해야 했을 것이다. 즉, "모스크바도 워싱턴도 아니다." 그러나 박노자는 제국주의를 자본주의 강대국들이 경쟁을 벌이는 세계 체제로 이해하지 않고 서방만을 제국주의로 이해하는 듯하다. 그래서 '워싱턴만 아니다'라며 옛 소련과 스탈린주의의 변호론자가 돼 버렸다.

박노자를 비롯한 일부 좌파들은 냉전 당시 소련은 미국에 견줘 "열세"였고 본질적으로 방어적이었다고 변호한다. 그러나 제1차세계대전 당시 제정러시아도 독일에 견줘 열세였고, 태평양전쟁 당시 일본도 미국에 견줘 열세였다. 그러나 제정러시아나 군국주의 일본 모두 제국주의 국가였다. 제국주의 국가들 각각의 상대적 힘의 우열을 따지기 전에, 제국주의 체제 하에서 자본주의 강대국들이 필연적으로 이해관계의 충돌을 겪는다는 점을 봐야 한다.

소련 지배자들은 미국과의 냉전 경쟁에서 조금이라도 유리한 입지를 차지하려고 이집트 나세르 정권 같은 제3세계 민족주의 정권과 우호적 관계를 형성하기도 했다. 박노자는 '소련의 제3세계 연대'를 매우 긍정적으로 본다. 그러나 이것이 노동계급의 아래로부터 반제국주의 운동에 끼친 부정적 효과는 간과한다. 1940~1960년대 소련의 영향을 받은 이집트, 이라크, 시리아 등지의 공산당들은 아랍민족주의 정권으로부터 독립적인 노동자 운동을 건설하지 않고, 오히려 민족주의 정권과 그 운동 속으로 용해되는 길을 택했다.

오늘날 우리가 살고 있는 동아시아는 특히 주요 자본주의 강대국들의 경쟁이 격화하고 있다. 한쪽에는 여전히 '사회주의'를 표방하는 중국이 있고 반대쪽에는 미국이 있어, 일각에서는 신냉전의 도래라고 얘기한다. 게다가 한반도에서는 제국주의 간 경쟁의 영향 속에 남·북한이 대치하고 있다.

이런 상황은 진보·좌파에게 진영 논리나 차악론에 빠질 수 있는 유혹을 제기한다. 그러나 혁명적 마르크스주의자들은 이 유혹과 압력에 저항하고, 다른 대안을 노동계급에 제시해야 한다. 즉, 워싱턴도 베이징도 아니라, 노동계급의 자력 해방과 국제 연대라는 대안 말이다. 이것이 레닌의 혁명적 국제주의 노선을 오늘날 진정 계승하는 길일 것이다.

김영익, 〈노동자 연대〉 219호(2017년 8월 23일).

사회주의자들은 평화주의에 대해 뭐라 말하는가?

2000년대 초 미국의 이라크 침공에 반대해 반전·평화 운동이 성장했을 때, 반전·평화 운동 참가자 다수가 공유하던 정치와 정서는 평화주의였다. 당시 사회주의 단체에 가입한 사람들 중에도 평화주의적 정서와 견해를 갖고 있는 사람들이 많았다. 지금도 "평화는 평화적 수단에 의해서만" 이뤄져야 한다는 견해가 진보 진영 내에서 영향력을 키우고 있다.

물론 제주 해군기지 반대 운동이나 한·미·일 군사 협력에 반대하는 운동에서 사회주의자들은 다양한 평화주의자들과 협력해야 한다. 평화주의 운동가들은 제주 해군기지 반대 운동이나 한국 기업의 무기 수출 반대 운동 등에서 군사주의를 폭로하고 비판하며 헌신적으로 활동해 왔다.

평화주의는 스펙트럼이 넓지만 근본적 공통점이 있다. 평화주의는 모든 생명이 신성한 것이라며 일체의 폭력을 거부한다. 그리고 군사주의 문제를 자본주의 체제에서 떼어 내 따로 다루므로, "합리적 이

성" 같은 추상적·절대적 도덕에 기대고, 계급투쟁이 아니라 인류애에 호소한다.

마르크스주의자들은 폭력 없는 사회를 건설한다는 이상을 평화주의자들과 공유하지만, 궁극으로 그 이상을 실현하려면 무엇을 할 것인지를 놓고서는 그들과 분명한 차이가 있다.

제1차세계대전이 터지자, 유럽 좌파 다수는 국제 관계를 부르주아 민주주의의 논리에 따라 조정해 평화를 이뤄야 한다고 주장하기 시작했다. 트로츠키는 이것이 평화주의의 논리라고 지적했다. 1917년 트로츠키는 평화주의가 부르주아 민주주의와 마찬가지로 태생적으로 근본적 결함이 있다고 지적했다. "평화주의는 사회현상의 겉모습만을 비판할 뿐, 더 깊이 파고들어 그 현상의 근저에 놓인 경제적 원인까지 보려 하지는 않는다." 즉, 평화주의는 전쟁과 같은 극단적 폭력을 반대하지만, 그 폭력의 근원을 제대로 밝혀내지 못한다.

평화주의는 '이성의 조화에 바탕을 둔 영속적 평화'를 지향한다. 그러나 이것은 자본주의의 현실이라는 벽에 부딪힐 수밖에 없다. 개별 자본가와 개별 자본주의 국가는 나름 '합리적으로' 행동하겠지만, 그 전체의 조합은 경쟁 논리 때문에 전혀 합리적일 수 없다. 이 때문에 자본주의는 중세 시대에는 꿈도 못 꾼 엄청난 파괴 수단들을 쌓았다.

자본주의 국가들 간의 갈등과 계급 간 적대는 그 경제적 원인이 같다. 즉, 이윤 획득을 위한 경쟁적 축적의 논리가 계급 간 적대를 낳고 국가들의 관계에도 영향을 미친다. 그러나 평화주의 논리처럼 "계급투쟁을 진정시켜 점차 사라지게 할 수 있다고 보면, 당연히 국가들 사이의 갈등도 조절하고 진정시켜 점차 사라지게 할 수 있다고 보게 된다." 그래서 트로츠키는 "이론적·정치적으로 평화주의는 사회적 이해관계를 조화시킬 수 있다는 이론과 그 기초가 같다"고 비판했다.

그러나 자본주의 사회에서 자본가계급과 노동자계급의 이해관계는 근본적으로 적대적이고 서로 화해할 수 없다. 마찬가지로, 자본주의 체제가 지속되는 한 국가들 사이의 갈등과 제국주의 경쟁도 사라지지 않는다.

트로츠키는 평화주의의 핵심 계급 기반이 중간계급이라고 지적했다. 그러면서 당시 프랑스의 사례를 들어, 전쟁을 두려워하는 중간계급이 왜 제국주의 전쟁으로 나아가는 자본가들을 막지 못하는지 설명했다.

해외 차관, 식민지, 러시아·영국과의 동맹 때문에 [프랑스] 상류층은 세계 자본주의의 이해관계와 갈등에 얽히게 됐다. … 반면 프랑스 중간계급은 평생 전쟁을 엄청나게 두려워했다. … 그래서 이 중간계급은 급진당의 부르주아를 자신들의 대표로 의회에 보낸다. 그 부르주아 양반의 다음과 같은 약속을 믿고 말이다. '나는 두 가지 수단으로 평화를 지키겠다. 첫째, 국제연맹. 둘째, 러시아 카자크를 시켜 독일 황제의 목을 치게 하겠다.' … [그러나] 그 '급진당 평화주의' 의원들은 … 파리 증권거래소가 러시아·아프리카·아시아에서 가지고 있는 다양한 금융적 이해관계에 따라 프랑스 국가가 떠맡은 기존의 외교·군사적 의무에서 벗어날 수 없음을 깨닫는다. 내각과 의회는 계속해서 평화를 말하지만, 그와 동시에 프랑스를 결국 전쟁에 휘말리게 할 대외 정책을 무의식중에 수행한다.

다른 한편, 철저한 평화주의자들은 저항 과정에서 비폭력 (직접) 행동을 선호한다. 저항 자체가 지향하는 미래를 온전히 반영해야 한다고 믿기 때문이다. 반대로, 폭력을 이용한 저항은 운동을 타락시킨다고 믿는다.

물론 마르크스주의자들도 비폭력 행동을 투쟁 전술의 하나로 사용하기도 하며, 평화주의자들의 이런 행동에 함께하기도 한다. 목적을 위해서라면 어떤 수단도 정당화될 수 있다는 스탈린주의의 방식에도 반대한다.

그러나 저항 운동이 성장하는 과정에서 '비폭력'을 고수하는 게 불가능할 때가 있다. 국가와 체제가 더는 그 운동을 용인할 수 없다고 보고 무자비하게 공격할 때가 그렇다. 예컨대 2008년 6월 중순 이후 국면의 촛불 운동, 2009년 쌍용차 점거 파업, 그리고 제주 해군기지 반대 운동 때 우리는 지배자들의 무자비한 폭력을 목도했다. 이런 폭력에 맞서는 데 필요하고 적절한 저항 방식을 채택하길 주저하면 그 운동은 약해지고 주저앉게 될 것이다. 즉, 자본주의 지배자들에 맞선 폭력이 필요악일 때가 있는 것이다. 그래서 트로츠키는 1925년에 쓴 다른 글에서 이렇게 말했다. "사회주의의 목표가 폭력의 철폐인 것은 명백하다. 그러나 지금 우리는 미래 공산주의 사회의 관습과 도덕이 아니라 자본주의 폭력에 맞선 구체적 방향성과 방법을 다루고 있다."

마르크스주의자들은, 전쟁 없는 세상을 만들려는 투쟁은 결국 자본주의를 끝장내는 것과 분리될 수 없다고 본다. 오늘날 전쟁과 파괴를 낳는 제국주의가 자본주의의 최신 단계라고 보기 때문이다. 따라서 현존 제국주의 질서를 용인한 채 평화협정, 군축, 유엔UN 같은 자본주의 국제기구의 중재 등을 통해 평화에 한 발짝 다가갈 수 있다고 믿는다면, 반전·평화 운동은 여러 한계에 부딪힐 수밖에 없을 것이다.

그럼에도 마르크스주의자들은 부르주아들의 위선적인 '평화' 기조와 우리 운동 내의 평화주의를 구별하고, 미국의 제국주의적 대외정책과 한국 정부의 친제국주의 정책에 맞선 반전·평화 운동에서 평화주의자들과 함께 싸워야 한다. 트로츠키의 지적대로, 보통 사람들의 평화주의는 "제국주의에 대한 불신을 혼란스럽게 표현"한 것이기 때문이다.

그 과정에서, 마르크스주의자들은 군사주의가 자본주의의 한 측면임을 주장하며 진정으로 전쟁과 폭력을 종식시키려면 노동자들의 계급투쟁으로 자본주의를 폐지해야 함을 설득할 수 있어야 할 것이다.

김영익, 〈노동자 연대〉 146호(2015년 4월 11일).

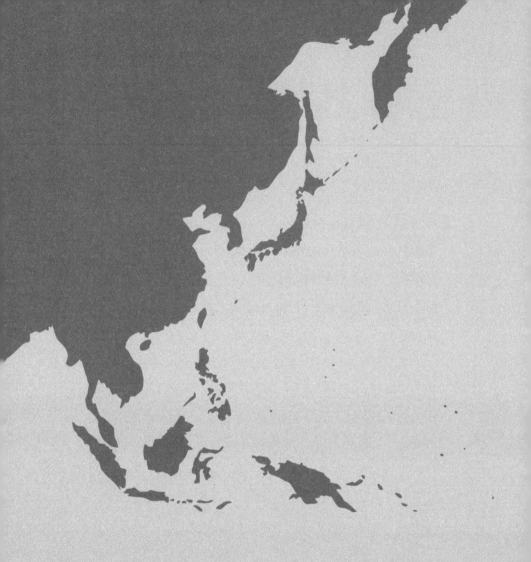

2장
오늘의 제국주의와
트럼프 등장 이후의 동아시아

오늘의 제국주의와 동아시아의 불안정

지난 2~3년 동안 동아시아는 긴장과 갈등이 증대해 왔다. 2012년에도 남중국해와 동중국해, 한반도 주변에서 이런 추세가 발전했다. 몇몇 사례를 보자.

남중국해: 중국과 필리핀이 2012년 4월 초 남중국해 난사군도(스프래틀리군도, 베트남명 쯔엉사군도)의 스카버러섬(중국명 황옌다오)에서 대치했다. 양국 해양감시선과 함정의 대치는 두 달 가까이 계속됐는데, 그 와중에 미국과 필리핀은 인근에서 '발리카탄'이라는 연합 군사훈련을 했다. 이 훈련에 일본·호주·한국이 인원을 파견했다. 당시 미국의 두에인 티센 태평양 해병대 사령관은 "스프래틀리군도에서 무력 충돌이 일어나면 미군이 개입할 수 있다"고 말했다.

서해: 2012년 6월 하순 한·미·일 해군이 제주 남쪽 해역에서, 이

이 글은 2013년 1월에 쓰였고, 영어로 번역돼 영국의 마르크스주의 계간지 *International Socialism* 138(spring 2013)에 실렸다.

어 한·미 해군이 서해에서 연합훈련을 했다. 두 가지 점이 주목할 만한데, 하나는 한·미·일이 최초로 공식 연합훈련을 했다는 것이고, 다른 하나는 미 항공모함이 2010년 연평도 사태 이후 또다시 서해에 진입했다는 것이다. 두 가지 점 모두 중국을 크게 자극하는 일이었다. 한편, 중국도 4월 하순 러시아와 함께 서해에서 '해상협력 2012'라는 대규모 연합 군사훈련을 했다. 중국 국방부는 이 훈련이 "최근 한국과 미국 태평양함대, 일본 등이 펼친 군사훈련에 대응하려는 것"이라고 그 목적을 노골적으로 밝혔다.

동중국해: 가장 두드러진 충돌은 2012년 여름부터 동중국해의 댜오위다오(일본명 센카쿠열도)를 둘러싸고 벌어졌다. 6월 중국 어업지도선과 일본 해경이 대치한 데 이어, 7월에 일본 총리 노다가 센카쿠 국유화 카드를 꺼내면서 갈등이 격화해, 8월 15일에는 중국 시위대가 댜오위다오에 상륙하기도 했다. 9월 10일 노다 내각이 댜오위다오 국유화를 공식 결정하자 중·일 갈등은 한층 첨예한 양상으로 발전했다. 중국 정부는 즉각 댜오위다오를 영해기선이라고[*] 발표하고 해양감시선을 파견했다. 그 뒤 몇 달 동안 댜오위다오 주변에서 중국과 일본의 해양감시선과 함정이 대치하면서 군사적 긴장이 높아졌다. 각종 군사훈련도 이어졌다. 일본은 동중국해 도서 지역에서 미국과 연합 상륙 훈련을 펼쳤고, 중국도 맞불 상륙 훈련을 했다. 미국은 공공연히 일본을 지지하고 나섰다. 7월에 미국 국무부는 센카쿠열도가 "미일안보조약의 적용 범위에 있다"고 밝혔고,

---

[*]   영해기선 영해의 관할권을 확정하기 위한 기준선.

12월에 미국 의회는 이를 명문화하는 내용이 포함된 국방수권법을 승인했다.

세계 자본주의 체제의 구조 변화

동아시아에서 왜 긴장과 갈등이 증대하는지를 이해하려면 먼저 오늘날 세계 자본주의의 핵심적 특징을 살펴봐야 한다. 단순화해서 표현하면, 오늘날 세계 자본주의는 장기적(1970년대 초 이래) 이윤율 위기를 겪고 있고, 그런 와중에 국가 간 상대적 경제력 비중에 중대한 변화를 보이고 있다. 이것은 중대한 지정학적 함의가 있다. 즉, 경제 위기는 협력적 경제정책 운용을 어렵게 하는 데다, 상대적 경제력 변동은 정치권력의 변동을 수반하고, 이것도 국가 간 지속적 협력의 가능성을 감소시킨다. 그래서 국제적 위계질서의 위쪽으로 올라가려는 국가와 현재 지위를 유지하려는 국가가 경쟁적으로 힘을 과시하는 일이 벌어진다.

20세기 초에 레닌은 세계경제의 불균등성과 모순을 강조했고, 자본주의의 역동적 발전 과정 자체가 이런 불균등성의 분포를 바꿔서 국가 간 힘의 균형을 끊임없이 바꿔 놓는다고 주장했다. 그래서 그는 카우츠키와 달리, 지배적 열강 간의 안정적 동맹 구축이 불가능하다고 봤다. 세계경제의 불균등성과 모순 그리고 불균등성의 분포 변화 속에 있는 정치적 함의를 이해하는 것은 오늘의 세계를 이해하는 데서 결정적으로 중요하다.

레닌 시대에 최강의 자본주의 국가인 영국이 독일과 미국의 부상에 직면했다면, 오늘날 국가 간 세력균형 변화에서 가장 두드러진 것은 미국의 상대적 쇠퇴와 "나머지의 부상", 특히 중국의 부상이라고 할 수 있다. 미국은 제2차세계대전 종결 직후 세계 산업 생산의 50퍼센트를 차지했지만, 1980년대에 그 비율은 25퍼센트로 하락했다. 1991년 냉전 종식 이후에 미국은 유일 초강대국으로 군림해 왔지만 경제적 지위는 계속 하락했다. 미국은 옛 지위를 회복하고자 이라크 전쟁을 비롯한 여러 시도를 했지만, 지위 회복에 성공하지 못했다. 미국 국가정보위원회의 세계 질서 전망 보고서인《글로벌 트렌드 2025》는 2025년까지 향후 국제 질서가 더욱 복합적으로 변할 것이고, 미국은 여전히 초강대국이겠지만 지금보다는 덜 지배적인 국가로 변모할 것이라고 내다봤다.[*]

반면, 중국은 지난 30년 동안 연평균 8~10퍼센트씩 놀라운 경제 성장을 이뤘고, 특히 1990년대 말부터 경제가 폭발적으로 성장하면서 미국의 세계 패권에 맞설 잠재적 도전자로 떠올랐다. 1978~2009년에 중국의 국내총생산GDP은 20배 가까이로 성장했다. 표1을 보면, 중국이 전 세계 GDP에서 차지하는 비율은 (시장 환율을 기준으로 했을 때) 1980년에 1.72퍼센트에 불과했는데 2010년에는 9.32퍼센트로 증가했다. 구매력평가PPP를 기준으로 하면 이 수치는 13.37퍼센트까지 올라간다. 반면 같은 기간 미국의 비중은 25.20퍼센트에서 23.13퍼센트로, 일본의 비중은 9.75퍼센트에서 8.72퍼센트로, 독일의 비중은 8.37퍼센트에서 5.25퍼센트로 하락했다. 그림1은 세계 GDP

---

[*]   미국 국가정보위원회,《글로벌 트렌드 2025》, 예문, 2009, 37~39쪽.

표1) 세계 GDP에서 각국이 차지하는 비중
(시장 환율 기준, 괄호 안은 구매력평가PPP 기준, 단위: %)

	1980년	1985년	1990년	1995년	2000년	2005년	2010년
미국	25.20 (22.86)	33.66 (23.41)	26.26 (22.75)	24.73 (23.05)	30.73 (23.95)	25.57 (22.41)	23.13 (19.21)
중국	1.72 (2.03)	2.47 (2.96)	1.63 (3.61)	2.45 (5.60)	3.72 (7.01)	4.95 (9.47)	9.32 (13.37)
일본	9.75 (8.14)	10.97 (8.80)	13.96 (9.38)	17.74 (8.96)	14.49 (7.83)	9.98 (6.96)	8.72 (5.85)
독일	8.37 (6.38)	5.70 (5.99)	7.83 (5.89)	8.50 (5.73)	5.90 (5.03)	6.11 (4.60)	5.25 (4.11)
프랑스	6.28 (4.37)	4.37 (4.09)	5.68 (4.02)	5.30 (3.78)	4.12 (3.70)	4.68 (3.30)	4.06 (2.95)
영국	4.93 (3.85)	3.73 (3.73)	4.62 (3.66)	3.90 (3.56)	4.59 (3.64)	5.00 (3.52)	3.56 (3.00)

자료: World Development Indicator를 토대로 재구성

그림1) 세계 GDP에서 미국과 중국이 차지하는 비중 (PPP 기준)

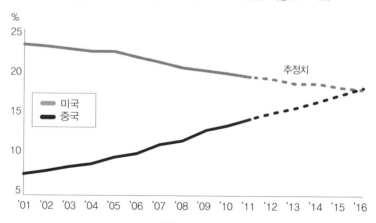

자료: IMF, World Economic Outlook Database, April 2011

에서 미국과 중국이 차지하는 비중의 격차가 빠르게 좁혀지고 있음을 보여 준다.

중국은 2005년에 경제 규모 세계 5위로 올라섰고, 2007년 독일을 추월해 세계 3위가 된 지 겨우 3년 만인 2010년에 일본을 제치고 세계 2위가 됐다. 일본은 42년 만에 2위 자리에서 밀려났다.

중국의 경제적 위상은 특히 동아시아에서 빠르게 높아졌다. 동아시아는 세계 자본주의에서 가장 역동적인 지역이다. 중국이 광대한 수출 시장을 제공하면서 역내 무역과 생산의 구심이 되자 동아시아 경제들 간 상호 의존도는 매우 높아졌다. 1990년대 이후 동아시아 역내무역은 빠르게 성장했다. 1992~2007년 동아시아 역내무역이 지역의 총무역에서 차지하는 비중은 45퍼센트에서 52.23퍼센트로 증가했다. 동아시아 역내무역은 중간재가 주요 대상인데, 이는 동아시아 경제의 분업 구조를 반영하는 것이다. 즉, 일본의 핵심 부품이 중국, 한국, 아세안 5개국(싱가포르, 태국, 말레이시아, 인도네시아, 필리핀)으로 유입되고, 한국과 아세안 5개국에서 부품이 재가공돼 중국으로 유입된다. 일본, 한국, 아세안 5개국은 모두 중국을 상대로 무역 흑자를 내고 있다. 중국은 이 부품을 조립해 완제품을 생산하고, 이는 주로 미국으로 수출된다. 중국의 대미 무역 흑자는 1995~2008년에 12.29배로 증가했다(미국의 수입 능력은 중국 등 아시아에서 빌리는 돈에 의존한다).

중국은 2008년을 기점으로 한국과 일본의 최대 무역 상대국이 됐다. 한국의 대중국 무역의존도는 2000년에 9.39퍼센트에서 2005년에 18.43퍼센트, 2010년에 21.13퍼센트로 빠르게 증가했다. 같은 기간 대

미국 무역의존도는 정반대로 2000년 20.09퍼센트에서 2010년 10.12 퍼센트로 크게 낮아졌다. 그림2는 대중국 수출이 급격히 늘어나 대미 수출을 가뿐히 따돌린 상황을 잘 보여 준다. 일본의 무역의존도도 비슷한 변화를 보인다. 일본의 대중국 무역의존도는 2000년에 9.95퍼센트에서 2005년에 16.97퍼센트, 2010년에 21.02퍼센트로 빠르게 증가했고, 같은 기간 대미 무역의존도는 2000년 24.99퍼센트에서 2010년 12.92퍼센트로 크게 낮아졌다. 전통적으로 미국과 맺은 관계 속에서 경제성장을 이뤄 온 한국과 일본에게 이것은 중요한 변화다.

전통적으로 일본 경제의 주요 파트너였던 동남아시아 경제들도 최근 대중국 교역이 급속히 증대했다. 중국과 동남아시아 나라들 사이의 교역은 1990년대 이후 연평균 약 20퍼센트씩 증가했다. 그 결과 2006년에는 대중국 교역량이 대미국 교역량과 거의 같아졌고, 2007

그림2) 한국 수출 비중: 급격하게 증가하는 대중국 수출 비중

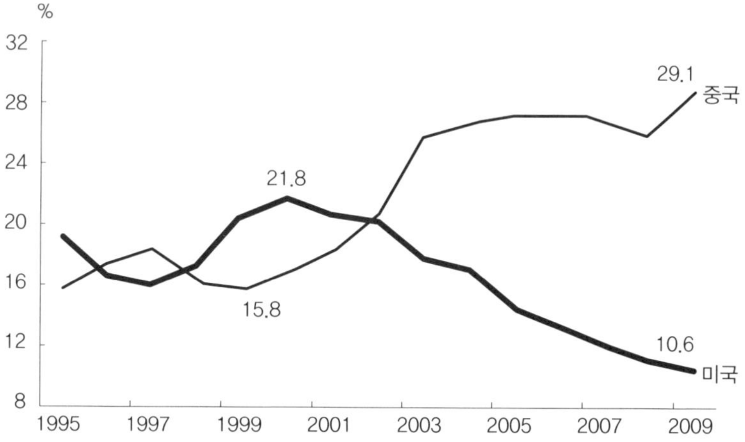

자료: 지식경제부

년부터는 중국이 아세안의 제1위 교역국이 됐다. 아세안의 대중국 무역의존도는 1993년 1.4퍼센트에서 2000년 5.6퍼센트, 2006년 13퍼센트로 (9배 이상) 증가했다. 같은 기간 대일본 무역의존도는 20.6퍼센트에서 18.4퍼센트, 15.1퍼센트로 감소했다.

세계경제 구조 변화의 지정학적 영향

이와 같은 중국의 경제성장은 지정학적 파장을 일으키고 있다. 첫째, 중국의 정치적 영향력이 증대해 미국 헤게모니가 관철되고 있던 기존 국제 질서에 점차 변화를 낳고 있다. 예를 들어, 세계의 공장으로서 중국이 중남미와 아프리카 나라들에서 막대한 원료를 수입해 이들과 긴밀한 관계를 맺기 시작하면서, 이 국가들을 미국의 영향권에서 떼어 내는 효과를 내고 있다. 2012년 4월 미주기구OAS 정상 회의에서 중남미 국가들은 쿠바 배제를 둘러싸고 미국과 신경전을 벌였는데, 이들이 "미국의 거수기 노릇을 하던 과거와 판이한 태도"를* 보인 데는 중국과의 관계도 한몫했다.

또, 중국은 막대한 외환 보유액을 이용해 아시아·아프리카·중남미 나라들에 해외직접투자와 공적개발원조를 확대하고 있는데, 이 돈이 남반구 전역으로 유입되면서 이 나라들에 중국의 영향력이 증대하고 있다. 전에 남반구 나라들은 신자유주의적 조건들의 제약을 받으며 세계은행이나 IMF에서 돈을 빌려 써야 했는데, 중국이 지원

---

* 〈한겨레〉, 2012년 4월 17일.

을 확대하면서 변화가 생기고 있다. 2007년에 앙골라는 중국이 더 나은 조건으로 대출해 주자 IMF와의 협상을 중단했다. 2008년 세계 경제 위기 이후 중국은 더욱 적극적인 대외 지원을 추진하고 있다. 아시아 6개국과 950억 달러에 이르는 통화 스와프를 체결했고, 파키스탄과 카자흐스탄 등에 경제 위기 극복 비용을 지원했고, 자메이카·앙골라·몽골·에콰도르 등에 차관을 제공했다.

중국의 부상은 러시아의 운신 폭도 넓혀 줬다. 중국과 러시아는 상하이협력기구sco를 통해 협력하고 있는데, 이 기구는 2005년 우즈베키스탄과 키르기스스탄에서 미군이 철수하라고 요구하는 등 미국의 중앙아시아 진출을 견제하는 데 어느 정도 성공을 거두고 있다. 2012년 6월에 열린 상하이협력기구 정상 회의는 첫 포괄적 계획을 내놔 동맹 강화를 과시하고, 정상 회의 이후 합동 군사훈련을 했다.

중국의 정치적 영향력 증대는 특히 아시아 국가들 사이에서 잘 드러난다. 많은 아시아 국가들은 대중국 교역이 급속하게 증대하고 흑자를 기록하자 중국과의 관계를 중시하기 시작했다. 예를 들어, 미국은 2003년 아시아태평양경제협력체APEC 정상 회의에서 중국의 환율 정책을 비판하도록 아시아 정부들을 설득했지만 성공하지 못했고, 방위 협력 증강도 이루지 못했다. 2006년 미국 맹방인 호주의 다우너 외무 장관은 중국을 봉쇄하려는 미국의 시도를 경고하고 그것과 선을 그었다.* 이는 중국으로 천연자원을 수출함으로써 호황을 누리고 있는 호주의 처지를 잘 드러낸 것이었다.

---

* 김재철, 《중국의 외교전략과 국제질서》, 폴리테이아, 2007, 165쪽.

2009년 취임한 일본 민주당 소속 총리 하토야마가 "아시아 중시"를 내세운 것도 대표적 사례다. 그는 "탈미입아脫美入亞", 즉 동맹국인 미국 의존에서 벗어나 중국을 중시하겠다고 표방했다. 그러나 후텐마의 미군 공군기지를 오키나와현 밖으로 이전하려는 계획을 추진해 미국과 갈등을 벌이던 하토야마는 한국의 천안함 침몰 사건을 계기로 미국과 타협하고 8개월 만에 총리직에서 물러났다. 당시 미국은 "일본 국민도 북한의 공격 위협에 노출돼 있다"고 일본을 압박해, 전략적 요충지인 후텐마 기지를 지키고 미·일 동맹을 회복했다.

중국을 중시하는 변화는 한국에서도 나타났다. 2004년 17대 총선에서 당선된 초선 국회의원(138명)의 55퍼센트가 미국보다 중국이 더 중요한 외교 대상이라고 답했다. 2008년 18대 국회 당선자들을 조사했을 때도 민주당 의원들은 '외교 노선을 다변화해야 한다'는 견해를 밝혔다. 2012년 민주당 소속 대통령 후보 문재인은 이명박 정부의 한미 동맹 일변도를 비판하며 한·중 협력을 중시하는 "균형 외교"를 주장했다. 균형외교론자들은 대중국 교역 규모가 대미·대일 교역 규모를 합친 것보다 더 큰 시대임을 강조한다.

이런 사례들은 중국의 영향력이 증대함에 따라 미국이 아시아 국가들을 다루기가 전처럼 쉽지 않다는 것을 보여 준다. 그러나 동아시아 지역 협력이 모순 없이 발전하는 것은 아니다. 동아시아 국가들은 중국과의 협력을 증대하면서도 중국의 경제적·군사적 부상을 크게 우려하고 있다. 이 국가들은 중국에 역사적 원한이나 국경분쟁 요인이 있고, 경제 위기로 서로 갈등이 커질 수도 있다. 미국은 바로 주변국들의 이런 우려를 이용해 "지역 균형자"를 자처함으로써 중국 포위망을 구축하려 한다.

둘째, 중국의 경제성장은 군사력 증강으로 이어지고 있다. 1996년부터 2008년까지 12년 동안 중국 정부가 발표한 국방비 예산은 매년 12.9퍼센트씩 증가했다. 실제 국방비는 더 많을 것으로 평가된다. 스톡홀름국제평화문제연구소SIPRI가 추산한 것을 보면, 2011년 중국 국방비는 1300억 달러에 이르고 세계 2위다.

중국은 2000년대부터 본격적으로 군대 현대화와 군사력 증강에 나섰다. 특히, 중국은 해군력 증강에 노력을 기울여 왔는데, 이것은 중국 지배계급의 처지에서는 지극히 합리적인 선택이다. 왜냐하면 엄청난 양의 원유를 빨아들이는 중국 경제에 안전한 원유 수송로 확보가 필수적이고, 대외무역이 많은 중국 경제에 안전한 해상 교통로 확보도 필수적이기 때문이다. 중국에는 인도양과 믈라카해협을

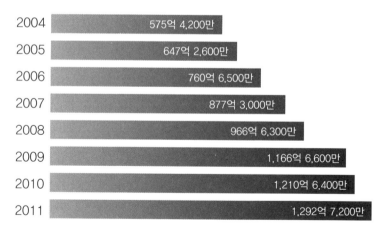

그림3) 빠른 속도로 증가하는 중국 국방비(단위: 달러)

2004	575억 4,200만
2005	647억 2,600만
2006	760억 6,500만
2007	877억 3,000만
2008	966억 6,300만
2009	1,166억 6,600만
2010	1,210억 6,400만
2011	1,292억 7,200만

자료: 스톡홀름국제평화문제연구소

거쳐 남중국해를 지나 중국 본토로 이어지는 에너지 해상 교통로가 매우 중요하다. 중국이 수입하는 원유 80퍼센트 이상이 이 길을 통과한다.

그래서 중국은 2000년대 들어 많은 투자와 지원을 통해 인도양 연안 국가들을 집중적으로 공략하는 이른바 "진주목걸이" 전략을 추진했다. '진주목걸이'는 에너지 해상 교통로를 기준으로 중국이 해상 통제권을 확보하고자 하는 기준선으로, 이에 해당하는 곳은 파키스탄의 과다르항,[註] 스리랑카의 함반토타항, 방글라데시의 치타공항, 버마의 코코군도와 휑귀, 태국의 송클라항, 캄보디아의 쿠크섬 등이다. 중국은 이곳 항구 사용을 추진하거나 새로 항구를 건설하는 데 막대한 경제적 지원을 하고 있다(그림4 참고).

또, 중국은 미국이 제2차세계대전 이후 줄곧 태평양을 주름잡고 있는 상황에 불만을 느끼며, 중국 근해에서 미군을 태평양 동쪽으로

그림4) 중국의 해상 교통로와 "진주목걸이" 전략

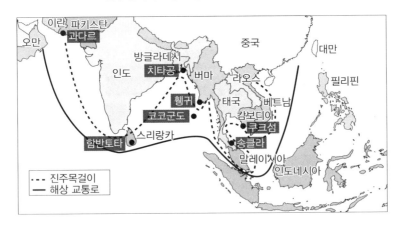

훨씬 더 밀어내고자 한다. 중국은 제1도련선(오키나와-대만-필리핀-말레이시아) 내에서, 더 나아가서는 제2도련선(오가사와라제도-사이판-괌-파푸아뉴기니) 내에서 미 해군의 작전 수행을 거부할 능력을 보유하는 것을 해군 전략의 핵심 목표로 삼고 있다(그림5 참고). 이는 특히 대만해협과 남중국해 지역의 분쟁에 미국이 개입하는 것을 차단하고, 남중국해 지역의 해상 교통로를 보호하려는 것이다. 중국은 전체 무역의 약 90퍼센트를 남중국해 항로에 의존하고 있다.

그래서 중국은 해군력을 지속적으로 확장해 왔는데, 2012년 첫 항공모함 랴오닝호가 취역에 성공함으로써 세계 열째 항공모함 보유

그림5) 미군을 제1도련선, 나아가 제2도련선 밖으로 밀어내려는 중국

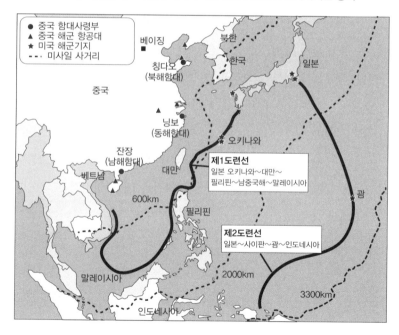

국이 됐고, 항공모함을 4척 더 건조하고 있다. 또, 탄도미사일 발사 능력을 갖춘 핵 추진 잠수함 10척을 확보한 것으로 알려졌다. 공군은 4세대 스텔스기인 젠-20을 개발해 시험비행에 성공했고, 최대 사거리 3000킬로미터에 이르는 대함 탄도미사일인 '항공모함 킬러' 둥펑-21D를 이미 실전에 배치했다. 이것은 항공모함을 군사력 투사 수단으로 사용하는 미국에 분명 큰 위협이다. 중국의 새 지도자 시진핑은 최근 공산당 중앙군사위원회 회의에서 영토와 주권 수호를 강조하며 국제적 지위에 걸맞은 강한 군대를 역설했다.

물론 중국이 특별히 호전적인 태세를 취하는 것은 아니다. 오히려 중국은 당분간 지속적 경제성장을 위해 평화로운 주변 환경이 조성되기를 바란다. 중국 정부는 2011년에 발표한 《중국 평화발전 백서》에 '평화발전론'을 재차 강조했다. 서구의 역사적 경험과 달리 중국은 패권을 추구하지 않을 것이며 평화적 부상을 실현하겠다는 것이다. 그러나 해상 교통로를 확보하려는 것일지라도 남중국해와 동중국해에서 중국 해군이 군사 활동을 확장하는 것은 주변국들의 경계심을 자극하고 있다.

무엇보다, 중국의 해군력 확장은 중국이 의도했든 안 했든 그동안 인도양과 태평양을 지배해 온 미국의 패권에 대한 직접적 도전이다. 남중국해와 동중국해는 미국에도 전략적으로 중요한 곳이다. 남중국해는 인도양과 태평양을 이어 주는 중요한 해양 통로인 동시에, 태평양 지역에서 미국의 군사 거점을 이어 주고 유지하는 생명선이다. 또, 남중국해와 동중국해는 동남아 국가들은 물론이고 일본과 한국 같은 미국의 동맹국들에도 중요한 곳이다. 일본과 한국 무역의 80퍼센트가 남중국해 항로에 의존하며, 동북아시아 국가로 향하는 원유와 천연가스의 80~90퍼센트가 남중국해를 통과한다. 따라서 미국은 자신의 해양 패권이 위협받는 상황을 그대로 방치할 수는 없다. 만약 미군이 태평양 동쪽으로 훨씬 더 밀려난다면 이 지역 동맹국들을 붙잡아 두기도 어려울 것이다. 현재 미국은 중국의 근해 방어 전략과 진주목걸이 전략을 "반접근·지역거부Anti-Access/Area Denial" 전략이라고 부르며 대응 전략을 구사하고 있다(이는 뒤에서 다루겠다).

미국과 중국의 관계 속에 담긴 모순들

미국의 상대적 쇠퇴와 중국의 부상이라는 추세는 최근 두 사건과 맞물려 더욱 속도를 내고 있다. 하나는 미국이 "테러와의 전쟁"에서 실패한 것이고, 다른 하나는 2008년 시작된 미국발 경제 위기다.

첫째, "테러와의 전쟁"은 상대적으로 쇠퇴하고 있는 미국이 옛 지위를 회복하려고 시도한 것이었다. 즉, 미국은 압도적 군사 우위를 이용해 다른 강대국들에 대한 석유 공급권을 장악함으로써 자신의 지배력을 굳히고자 했다. 이것이 실패로 끝나면서 미국의 패권은 큰 타격을 입었다. 미국이 이라크 수렁에 빠져 있는 동안 다른 국가들과 다른 나라 자본들은 미국의 약점을 이용해 자신들의 지위를 강화할 수 있었다. 중국은 동아시아에서 영향력을 확대할 기회를 맞았다.

둘째, 2008년에 시작된 경제 위기는 미국의 패권을 더욱 약화시켰다. 미국은 경제 위기의 진원지였고, 세계경제를 끌어내렸다. 반면, 중국은 경제 위기에서 빨리 탈출하면서 다른 나라 경기도 함께 회복시켰다. 경제 위기를 거치면서 중국은 세계 1위 수출국, 세계 1위 외환 보유국이 됐다. 중국의 외환 보유액은 2011년 12월 현재 약 3조 2000억 달러이고, 이 가운데 달러 비중은 60퍼센트가 넘어, 미국과 세계경제에 대한 영향력은 더욱 커졌다.

그러나 중국의 부상을 너무 과장해서는 안 된다. 일각에서는 중국이 곧 새로운 초강대국이 될 것이고 미국의 지위를 차지할 것이라고 주장하기도 한다. 여기에는 우파의 '중국 위협'론도 포함된다. 중국의 경제력이 미국을 추월할 시기를 점치는 것은 하나의 유행이 됐다. 국제기관들은 앞다퉈 예상 시기를 내놓고 있는데, 골드만삭스는 2027년, 세계은행은 2023~2029년, 유럽연합은 2021년, 글로벌인사이트는 2019년, IMF는 2016년으로 예측했다. 그러나 중국의 경제력 전망은 지금같이 높은 성장 추세가 지속될 수 있느냐는 문제를 핵심적으로 고려해야 하는데, 그 전망은 그다지 밝지 못하다. 최근 세계경제 위기는 중국까지 확산된 상황이고, 중국 경제성장 전망치는 이미 떨어지고 있다. 시진핑 시기 경제성장률은 7퍼센트대 이하에 그칠 것으로 전망된다. 경제 위기 국면에서 더욱 커진 거품이 터지면 정치적 불안정으로 이어질 수 있다. 현재 중국의 시위 건수는 연간 약 18만 건으로, 전국 곳곳에서 하루 평균 500건에 가까운 각종 시위와 항의가 벌어지고 있다.[*] 중국 경제를 수출 의존에서 내수 중심으로 바꾸는 것도 쉽지 않은 과제다. 현재 중국의 GDP에서 가계소득이 차지하는 비율은 다른 나라에 비해 매우 낮다고 평가되며, 지니계수가

---

[*] 〈조선일보〉, 2012년 11월 16일.

0.5를 넘을 정도로 빈부 격차가 크다.

　냉전 종식 이후의 세계에서 미국이 여전히 유일한 초강대국으로 군림하고 있다. IMF의 2010년 통계를 보면 미국의 GDP는 14조 6241억 달러로 2위인 중국의 5조 7451억 달러의 3배 가까이 된다. 2012년에도 미국과 중국의 GDP 격차는 (전보다 좁아졌지만) 여전히 크다(그림6). 미국과 중국의 1인당 GDP 격차는 훨씬 더 크다. 미국의 1인당 GDP는 2010년 현재 4만 7240달러로, 중국의 4260달러의 10배를 넘는다. 중국은 1인당 GDP가 세계 평균의 46.8퍼센트에 불과한 여전히 가난한 나라다. 군사력 면에서는 미국과 중국의 격차가 더욱 크다. 스톡홀름국제평화문제연구소의 2011년 통계를 보면, 미국의 국방비(1위)는 그다음 순위 15개국의 국방비를 합친 것보다도 크다(2위 중국, 3위 러시아, 4위 영국, 5위 프랑스, 6위 일본). 그림7에서 보듯이 미국과 중국의 국방 예산 규모의 격차는 매우 크다.

　중국의 부상을 일면적으로 과장한다면, 오늘날 세계 질서의 핵심 특징 중 하나로 미국과 나머지 선진 자본주의 국가들 사이에 여전히 현격한 힘의 불균형이 존재한다는 점을 간과하는 오류에 빠질 수 있다. 그렇다고 해서 미국의 헤게모니 아래 다른 선진국들이 사실상 종속돼 있다는 식으로 오늘의 세계를 이해하는 것도 잘못이다. 리오 패니치와 샘 긴딘 등이 이런 시각을 체계적으로 발전시켰는데, 이 같은 주장은 지정학적 경쟁이 과거지사라는 결론으로 나아가게 된다.[*]

---

[*] 현대 자본주의와 제국주의에 관한 현대 마르크스주의자들의 시각은 알렉스 캘리니코스, 《제국주의와 국제 정치경제》, 책갈피, 2011, 36~38쪽을 참고하시오.

미국과 다른 선진국들 사이에는 현격한 힘의 불균형이 존재하는 동시에, 상당한 이해관계 갈등도 존재한다고 봐야 한다. 강대국들 사이의 긴장과 잠재적 적대 요인을 간과해서는 안 된다. 우리는 상호의존관계를 발전시켜 온 미국 경제와 중국 경제가 최근 세계경제 위

그림6) 2012년 세계 주요국들의 GDP 비교 (단위: 1조 달러)

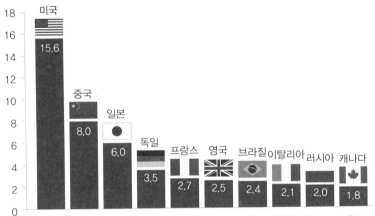

자료: IMF, World Economic Outlook

그림7) 미국과 중국의 국방예산 규모 비교

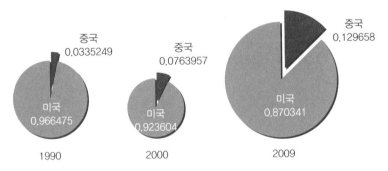

기 속에서 무역과 환율을 둘러싸고 심각한 갈등을 겪는 것을 목도하고 있다. 현재 미국의 대외무역 적자에서 중국이 차지하는 비중은 약 40퍼센트나 된다. 그래서 미국은 중국에 위안화 평가절상을 강력하게 요구하고 있다. 즉, 자국의 경제 위기를 극복할 조정 비용을 중국에 전가하려고 압력을 가하는 것이다. 그러나 중국에 대한 미국의 압력이 1970~1980년대 서독과 일본처럼 통할 가능성은 크지 않다. 또, 두 열강 사이의 이런 경제적 갈등은 지정학적 영향력을 놓고 우위를 차지하려는 움직임과 결합되고 있다. 물론 당장은 아닐지라도, 장기 침체가 지속되는 상황에서 강대국 사이의 이해관계 갈등은 주요 지정학적 충돌을 낳을 수도 있다.

미국의 대응과 그로 말미암아
더욱 불안정해지는 동아시아 지역

미국은 중국의 경제적·군사적 부상을 위협으로 느끼며 국제 서열에서 맨 꼭대기를 영원히 유지하는 일에 적극 나서려고 한다. 미국은 이미 2006년 4개년국방정책검토보고서QDR에서 이 점을 노골적으로 표명했다. 이 보고서는 "주요 신흥 강대국 가운데 중국은 미국과 군사적으로 경쟁하고 미국의 대항 전략이 없다면 장기적으로 미국의 전통적 군사 우위를 상쇄할 수 있는 획기적 군사기술을 보유할 잠재력이 가장 크다"고 우려를 나타냈다. 그런 다음 다음과 같이 서슬 퍼렇게 선언했다. "어떤 군사적 경쟁자도 지역적 헤게모니를 행사하거나 미국 또는 기타 우방국에 적대 행위를 할 수 있게 해 주는 획기적 역량 또는 여타 역량을 보유하지 못하게끔 힘쓸 것이며, 도발이나 강압 행위를 억제할 것이다. 억제가 효과가 없으면 미국은 적대국의 전략적·전술적 목표를 좌절시킬 것이다."

그런데 미국이 10년 넘게 이라크와 아프가니스탄 수렁에 빠져 있다가는 경제적·지정학적 경쟁자로 떠오르고 있는 중국에 제대로 대처할 수 없고, 세계 패권을 유지하기도 어렵다. 알렉스 캘리니코스가 지적했듯이, 미국 기성 체제 내에는 자신들이 중동과 아프가니스탄의 수렁에 빠져 있는 동안 나머지 세계가 미국을 추월하고 있다는 위기감이 존재하는 듯하다.* 그래서 오바마는 무엇보다 중국의 부상을 겨냥해 역량을 재배치하고 있다. 즉, 이라크와 아프가니스탄에서 "과잉 확장"돼 있는 군대를 철수하고 외교적·군사적 중점을 아시아·태평양으로 이동해 중국의 부상에 대응하겠다는 것이다.

바로 이것이 "아시아 중시" 또는 "아시아로의 중심축 이동Pivot to Asia" 이라는 용어가 나온 배경이다. 힐러리 클린턴은 2011년 11월 《포린 폴리시》에 "미국의 태평양 세기"라는 글을 기고했고, 오바마도 같은 시기에 9일 동안 아시아를 순방하면서 "아시아·태평양 지역이 최우선"이라고 여러 차례 강조했다. 호주 의회 연설에서 오바마는 "미국이 당면한 전쟁을 끝냄에 따라 아시아·태평양 지역 주둔과 임무를 최우선에 두라고 국가안보팀에 지시했다"며, "미국은 21세기 아·태 지역에 올인 할 것"이라고 밝혔다.

---

* "알렉스 캘리니코스 방한 강연: 제국주의와 국제 정치경제", 《마르크스21》 11호(2011년 가을), 71쪽.

그러나 아시아가 중요하다는 것은 미국의 새로운 발견이 아니다. 미국은 늘 아시아·태평양 세력임을 자임해 왔다. 소련 붕괴 직후 동아시아에 대한 군사적 개입 축소 방안을 담은 미국의 '동아시아전략구상EASI'은 그리 오래가지 못했다. 금세 미국은 이 지역에서 중추적 구실을 지속하겠다고 태도를 바꿨다. 중국 같은 잠재적 경쟁자가 떠오르는 것을 우려했기 때문이다. 1997년 미일방위협력지침은 이런 배경에서 만들어졌다. 미국은 2001년 4개년국방정책검토보고서에서도 전략의 중심을 대서양에서 아시아·태평양으로 이동할 뜻을 밝혔지만, 부시 정부가 "테러와의 전쟁"을 수행하면서 그 실행을 미룰 수밖에 없었다. 그러나 사실 네오콘의 전략도 세계적 경제 변동, 즉 미국의 지위 하락과 중국의 부상에 대응하기 위한 것이었다. 두루 알다시피, 그 고민의 산물이었던 이라크 전쟁은 미국의 패배로 끝났다.

말하자면, 오바마의 "아시아로의 중심축 이동"은 이전 전략들의 성과 위에서 추진되는 게 아니라, 오히려 실패 때문에 더 어려워진 처지를 새 출발점으로 삼고 있다. 게다가 미국은 재정 적자 탓에 향후 10년 동안 국방비를 최소 4000억 달러에서 최대 1조 달러 줄여야 하는 처지다. 국방 예산 감소라는 제약 속에서 국가 전략을 집행해야 하는 상황인 것이다. 그리고 여전히 유일 초강대국으로서 미국은 세계 전역에 걸쳐 폭넓은 능력을 발휘해야 한다. 미국은 동아시아뿐 아니라 여전히 중동과 유럽에서 헤게모니를 유지하고자 한다. 오바마는 재선 이후 버마로 향했지만, 이스라엘이 하마스와 무력 충돌 중이고 미국의 통제력이 더욱 약화된 중동에서 눈을 떼지 못했을 것이다. 요컨대 미국은 패배의 상처를 안고 경제 위기로 군비도 축소해야 하는 상황에서 중동의 불안정에 전전긍긍하며 어쩔 수 없이 아시아로 중심축을 이동하고 있는 것이다.

그러나 크리스 하먼이 맑시즘2009(서울) 연설에서 말했듯이, 야수는 상처 입었을 때 더 위험하다. 미국의 전략 조정은 동아시아 지역을 더욱 불안정하게 만들 것이 분명하다.

첫째, 경제적·외교적 영향력 제고 노력: 미국은 중국의 확대된 영향력을 견제하는 데 적극 나서고 있다. 환태평양경제동반자협정TPP 추진이 한 사례다. TPP는 경제적 중요성이 갈수록 증대하고 있는 아시아에서 미국이 경제적 이익 확대와 영향력 증대를 노리고 주도하는 자유무역협정이다. TPP에는 현재 호주·뉴질랜드·싱가포르·말레이시아·베트남·칠레 등이 참가하고 있다. 이들은 중국과 자유무역협정을 체결했거나(베트남·말레이시아·싱가포르·칠레) 협상 중인 국가로(호주·뉴질랜드), 중국과 긴밀한 경제 관계를 맺고 있던 곳들이다.

미국이 TPP 추진에 적극 나서는 이유는 무엇보다 동아시아와 태평양 지역에서 약화된 미국의 영향력을 회복하고 중국이 ASEAN+3을 통해 추진하는 동아시아자유무역협정EAFTA을 견제하려는 것이다. 미국은 이전부터 아시아 지역주의를 견제했다. 그래서 1990년대에는 아시아태평양경제협력체APEC를 주도하면서 동아시아경제그룹EAEG과 아시아통화기금AMF 구상을 좌절시키기도 했다. 그럼에도 1997년 아시아 외환 위기 이후 동아시아에서 지역주의 움직임이 본격화한 한편, 미국은 이라크 전쟁을 배경으로 아시아에 소원해지면서 APEC의 중요성도 줄었다. 그동안 ASEAN+3은 중국의 주도로 제도화에 급속한 진전을 보였다. ASEAN+3에는 미국 등 역외 국가가 전혀 포함돼 있지 않다. 미국은 TPP를 추진해 동아시아 경제통합에서 배제되지 않고 심지어 주도권을 중국에게서 뺏어 오려는 것이다.

물론 미국이 TPP를 추진하는 데는 경제적 이유도 있다. 오바마는 2010년부터 5년 동안 수출을 갑절로 늘리겠다는 목표를 담은 국가수출구상NEI을 발표했는데, 이 목표를 달성하려면 아시아에 시장을 개척하고 새로운 경제·통상 협력 체제를 구축해야 한다. 만약 미국이 배제된 채 EAFTA가 체결되면, 미국의 연간 수출이 적어도 250조 달러가 줄어들고 고소득 일자리 20만 개가 사라질 것이라는 통계도 있다.

오바마는 지금도 TPP 참여국을 확대하려 애쓰고 있다. 그는 재선 이후 2012년 11월 동남아를 순방하면서 태국에게서 TPP 협상 참가 약속을 얻어 내기도 했다. 같은 때 당시 일본 총리 노다도 TPP에 참가하겠다는 의지를 밝혔고, 이를 위한 사전 교섭에 속도를 내기로 오바마와 합의했다. 미국이 한국에 TPP 참가를 공식 요청했다는 얘기도 있다(한국 외교통상부는 〈방콕 포스트〉의 이런 보도를 부인했다).

미국이 아세안지역포럼ARF이나 동아시아정상회의EAS 등 지역 안보 기구에 적극 참가하는 것도 동아시아 지역 구도가 중국 주도로 흘러가는 것을 방지하고 자국의 주도권을 확보하려는 것이다. 미국은 2011년 처음으로 EAS에 참가했고, 중국의 반대에도 남중국해 영유권 분쟁을 다룬 다자간 토론을 주도했다.

둘째, 지정학적·군사적 영향력 제고 노력: 미국은 중국의 군사력 증강에 대응해 힘의 우위를 유지하려고 군사적 노력을 쏟고 있다. 미국의 대응 전략은 2012년 1월 발표한 새로운 국방전략지침Defense

Strategic Guidance: DSG에 잘 나타나 있다. "미국의 글로벌 리더십 유지: 21세기 국방의 우선순위"라는 제목의 이 지정학적 전략 지침서에서 오바마 정부는 아시아·태평양 지역에 집중하고 중국 견제에 초점을 맞춘다는 방향을 명확히 했다. 그러면서 중국의 해군 전략, 즉 미국이 이른바 "반접근·지역거부" 전략이라고 부르는 것을 무력화하겠다는 의지를 밝혔다. "어느 국가가 미국의 접근을 거부하는 전략을 사용한다 해도 미국은 이 지역에 군사력을 투사할 것[이다.]"

요컨대 미국은 중국이 자국의 근해에서 미군을 제1도련선, 더 나아가 제2도련선 바깥으로 밀어내려는 것에 정면으로 맞서려 한다. 즉, 아시아·태평양을 여전히 자신이 지배하겠다는 것이다. 이것은 미국이 동국중해와 남중국해 분쟁에서 보이는 태도에 잘 드러난다(동중국해와 남중국해는 모두 제1도련선 내에 있다). 앞에서도 지적했듯이, 미국은 센카쿠열도(중국명 댜오위다오)가 미일안보조약 5조의 적용 범위에 포함된다고 주장한다. 그래서 센카쿠를 둘러싸고 일본과 중국이 충돌하면 일본과 공동으로 대응하겠다는 것이다. 또, 미국은 중국이 남중국해의 몇몇 섬을 놓고 주변국들과 갈등을 빚고 있는 상황을 겨냥해, "이 지역 영유권 분쟁 해결에 관심을 둘 것"이라고 공언하고 있다. 미국 국무 장관 클린턴은 2010년 7월 ARF 연설에서 "남중국해 항행의 자유는 미국의 국익이며, 이 해역 영토 분쟁 관련국의 다자간 협의를 지지한다"고 밝혔다. 남중국해 영유권을 주장하는 중국을 압박하고, 중국과 갈등을 빚고 있는 상대국들에 보호막을 제공하려는 것이다.

미국 국방부는 "작전적 접근Operational Access" 전략을 제시하고 있는 데, 이것은 어느 국가가 미국의 접근을 거부하는 상황에서도 "임무 달성을 위해 충분한 행동의 자유를 지니고 작전지역에 군사력을 투사할 능력"을 뜻한다. 2012년 6월 미국 국방 장관 리언 패네타는 미국 해군력의 60퍼센트를 아시아·태평양 지역에 배치하겠다고 했는데(현재는 50퍼센트), 이는 이른바 작전적 접근 능력을 높이려는 노력일 것이다. 중국의 "반접근·지역거부" 능력을 무력화하는 데 가장 중요한 것 하나는 미사일방어체계MD 구축이다. 미국은 1990년대 후반부터 일본과 MD 문제에서 협력하고 있고, 한국도 여기에 참가시키려 애쓰고 있다. 또, 미국은 대만해협에서 중국의 군사력 투사 능력 강화를 경계하고자 대만의 군사력을 증강하려 한다. 미국은 중국의 반발을 무릅쓰고 2010년 1월 대만에 64억 달러어치 최신 무기를 판매하기로 결정했고, 2012년 12월에 미국 의회는 국방수권법에서 대만에 신형 전투기를 판매하라고 정부에 요구했다. 이 밖에도 미국은 이 지역 해양 패권을 유지하려고 스텔스 폭격 능력, 장거리 정밀 타격 능력, 공격용 핵잠수함, 사이버 안보 등에 투자하고 있다.

동아시아에서 먼 거리에 위치한 미국이 중국의 군사력 증강에 대응하려면 이 지역 국가들의 협력이 절실히 필요하다. 미군의 접근을 보장할 수 있는 협정, 해외기지 건설과 성능의 향상, 역내 국가들과의 연합훈련 등이 없이 미국의 전략은 달성될 수 없다. 그래서 미국은 일본·한국·호주 등과 맺은 기존 동맹을 더욱 강화하고, 베트남·싱가포르·필리핀·인도네시아 등과도 안보 협력을 강화해 나가고 있다(이것은 중국의 부상을 우려하며 중국을 견제하려는 동아시아 국가들의 이해관계와 맞아떨어지는 면이 있다).

중국 포위를 위한 미국의 아시아 동맹 구축 노력

미국의 아시아 전략은 알렉스 캘리니코스가 지적하듯이 "일본의 전략적 종속 상태를 유지하고 더 큰 틀에서는 중국을 견제할 수 있는 국가들의 동맹을 구축하는 것"이다.* 미국의 가장 중요한 아시아 동맹은 전통적으로 일본이다. 일본은 오랫동안 미국 편에 붙어 성장하는 전략을 추진해 왔다. 2000년대 후반, 특히 아시아 중시를 내세운 하토야마 총리 시절 미국과의 관계가 일시 삐거덕거렸지만, 오바마 정부는 천안함 침몰 사건을 이용해 후텐마 기지를 유지하고 미·일 관계를 '정상화'했다. 총리 하토야마가 내세웠던 동아시아 공동체 구상은 2010년 그가 퇴임하고 간 나오토가 새 총리로 취임하면서 자취를 감췄다.

일본은 동맹국들로 중국을 포위하는 미국의 전략에서 핵심 구실을 한다. 그래서 미국은 일본이 지역적 위상을 강화하기를 바란다. 즉, 지역 차원에서 안보 분담을 확대하라는 것인데, 여기에는 국방비를 감축해야 하는 미국의 처지도 일부 반영돼 있다. 최근에 이런 방향은 더욱 노골화하고 있다. 2012년 4월 30일 미·일 정상회담에서 양국은 중국이 아시아·태평양 지역에 몰고 올 불확실성에 대비하는 것으로 미·일 동맹의 성격을 다시 규정했다. 그러면서 중국을 견제하기 위해 미군과 자위대가 협력하고, 자위대의 "동적 방위력"을 강화하기로 했다. 동적 방위력은 자위대가 일본 국토방위라는 틀에서 벗

---

* 알렉스 캘리니코스, 《제국주의와 국제 정치경제》, 책갈피, 2011, 322쪽.

어나 국내외를 넘나들며 기동성 있게 방위 목적을 수행하는 것을 의미한다. '지키는 방위'에서 벗어나 외부로 진출하겠다는 것이다.

이런 조처는 한때 아시아에서 잔혹한 식민 통치를 했던 일본에 군사 대국화의 날개를 달아 주고 있다. 최근 1년 동안에만 일본은 무기 수출3원칙을 완화했고(미국 등 우방과의 무기 공동 개발·생산에 참가하기로 한 것), 원자력기본법을 고쳐 핵무장의 법적 근거를 마련했고, 총리실 산하 위원회가 '헌법 해석을 고쳐 집단적 자위권 행사를 허용해야 한다'는 보고서를 냈다. 또, 일본은 2012년 방위백서에서 노골적인 중국 위협론을 폈고, 이를 근거로 중국을 겨냥한 군사력 증강 배치에 나섰다. 미국과 일본 양국은 첨단 무인정찰기인 글로벌호크를 배치해 센카쿠열도(중국명 댜오위다오) 등 일본 주변 해역의 경계와 감시를 강화하기로 했다. 이미 일본은 2010년 센카쿠에서 벌어진 충돌을 계기로 일본 난세이南西제도에 군사력을 증강·배치해왔다. 또, 오키나와 주민들의 격렬한 반대를 무릅쓰고 후텐마 기지에 수직 이착륙 수송기인 오스프리를 배치하기로 했다. 오스프리는 고속 비행으로 병력을 적진 깊숙이 침투시키거나 기습 공격을 할 수 있는 수송기다.

이 모든 것이 일본 민주당 정권 아래서 벌어졌다. 그런데 2012년 12월 총선에서 자민당이 제1당이 되면서 이런 추세가 한층 가속화할 가능성이 크다. 신임 총리 아베 신조는 A급 전범인 기시 노부스케의 외손자이고, 그 자신이 20세기 전반기 일본의 아시아 침략과 식민지 지배와 만행을 인정하지 않는 우익이다. 아베 신조는 평화헌법 개정, 집단적 자위권 인정, 자위대의 국방군 격상과 교전규칙 제정

등을 선거공약으로 내걸었다. 새 내각 출범 첫날 그는 일본 헌법 해석상 집단적 자위권의 행사가 어디까지 가능한지 전문가들의 의견을 묻겠다고 밝혔다. 헌법 해석을 바꿔서라도 집단적 자위권을 행사하려는 것이다. 집단적 자위권이란 자국이 직접 적의 공격을 받지 않았더라도 동맹국이 군사 공격을 받으면 무력으로 개입할 수 있는 국제법적 권리를 말한다. 그동안 일본은 전쟁과 군대 보유를 금지한 평화헌법 9조에 따라 집단적 자위권을 금하고, 전수방위 개념의 자위대만을 보유해 왔다.

동아시아에서 일본 다음으로 중요한 미국의 동맹은 한국이다. 오바마는 2010년 6월 "한미 동맹이 태평양 안보에서 린치핀"이라고 말했다. 한국의 우파는 "린치핀"(핵심)이라는 표현에 고무돼 기쁨을 감추지 못했는데, 사실 이 말은 한국이 동아시아 불안정에 매여 있음을 보여 줄 뿐이다. 미국은 한국을 중국 견제 전략의 한 축으로 삼고자 한다. 실제로, 2012년 6월 한·미 외교·국방 장관 회담 이후 작성된 공동선언은 한국이 미국의 대중국 견제 전략에 적극 협조하겠다는 뜻을 명문화했고, 한·미 협력의 범위가 동북아시아를 넘어 남중국해 분쟁에 이를 수 있음을 내비치고 있다. 이것은 미국의 동아시아 이해관계에 따라 한국이 지역 갈등과 분쟁에 휘말릴 수 있음을 뜻한다.

미국은 한국이 일본과 군사 협력을 맺기를 바란다. 미국은 한국과 일본의 안보 관계를 증진시켜 한·미·일 삼각동맹 구축을 오랫동안 바라 왔지만 과거사 문제가 걸림돌이 돼 왔다. 최근 미국은 동맹국들의 안보 연계를 적극 추진하고 있는데, 이에 따라 한국과 일본은 한일 수색·구조 훈련을 실시하고 있고, 한일 군사정보보호협정과 상호군수지원협정 체결을 두고 논의하기도 했다. 이명박 정부는 군사정보보호협정을 비밀리에 추진하려다 저항 여론에 부딪혀 중단했는데, 박근혜 정부가 다시 시도할 가능성이 크다. 미국의 핵심 관심사는 한·미·일 3국이 MD 구축에 협력하는 것이다. 즉, 미사일 발사부터 요격까지 관련 군사정보를 공유하고 공동 방어하는 새로운 지휘통제 체제를 갖추려는 것이다. 미국은 MD 구축의 핑계로 북한의 '위협'을 내세우고 있지만, MD가 중국을 겨냥하고 있다는 것은 공공연한 비밀이다. 앞에서도 지적했듯이, MD는 중국의 "반접근·지역거부" 전략을 무력화하는 데서 핵심 요소다.

이와 관련해 미국의 북한 '위협' 부풀리기를 잠깐 언급해야 한다. 미국은 북한의 '위협'을 과장하면서 이를 명분으로 동아시아 패권 유지라는 자신의 전략적 이익을 추구하고 있다. 천안함 침몰을 북한 소행으로 몰면서 미·일 동맹을 강화한 것이라든지, 연평도 포격 사건 이후 중국의 반발을 거슬러 중국 코앞인 서해 훈련에 항공모함을 들여놓은 것이 그 사례다. 미국은 한·미·일 안보 협력이나 MD 협력 등이 필요한 으뜸가는 이유로도 북한의 '위협'을 든다. 사실은 중국을 겨냥한 것인데도 동북아시아에서 가장 가난하고 취약한 국가 중 하나인 북한을 핑계로 삼는 것이다. 한국에는 미국이 한반도 긴장이 좀 더 유지되기를 바라는 게 아니냐는 불만이 널리 퍼져 있다. 그럼에도 미국은 대북한 정책에서 한국이 미국과 보조를 맞추길 바란다.

한국 지배계급은 미국의 충실한 동맹이 됨으로써 정치적·경제적·군사적 이득을 얻고 국제적 지위를 높이려 해 왔다. 2000년대 들어 한미 동맹 일변도를 비판하는 주장이 대두하면서 이 문제로 정치권이 분열했지만, 2012년 대선에서 전통적으로 한미 동맹을 중시하는 새누리당 후보 박근혜가 당선했다. 1960년대와 1970년대 군사 독재자 박정희의 딸로 어머니의 죽음 이후 퍼스트레이디 구실을 했던 박근혜는 미국의 동맹 강화 정책에 적극 협력할 것이 분명하다.

미국은 다른 아시아 국가들과도 안보 협력을 강화하고 있다. 미국은 중국의 부상에 따른 동남아 국가들의 경계와 우려를 파고들어 보호막을 제공하겠다고 약속함으로써 중국 포위망을 구축하고 있다. 지난 2~3년 동안 미국 국무 장관 힐러리 클린턴, 국방 장관 리언 패네타, 그리고 대통령 오바마까지 뻔질나게 아시아를 드나들며 한 일이 바로 이것이었다.

그 결과 우선, 미국은 2012년 필리핀과 군사 협력을 강화하기로 합의했고, 6월에 필리핀 정부의 허가를 얻어 한때 세계 최대 규모의 해외 주둔 기지였던 수비크만 해군기지와 클라크 공군기지를 다시 사용할 수 있게 됐다. 수비크만 해군기지는 베트남전쟁 당시 미국의 핵심 전략 기지였다. 2012년 4월 스카버러섬에서 중국과 대치한 필리핀은 미국에 지원을 호소했고, 그 대가로 수비크만 해군기지와 클라크 공군기지를 내놓은 셈이다. 이 기지들을 사용할 수 있게 되자 미국은 아시아에서 활동 공간을 크게 넓히고 대중국 포위망을 더 촘촘히 짤 수 있게 됐다.

그리고 미국은 2011년 9월 베트남과 군사 협력을 강화하는 양해 각서를 체결했다. 베트남은 시사군도를 둘러싸고 중국과 분쟁이 벌어지자 2009년부터 미 해군의 항구 방문을 허용하기 시작했다. 2011

년 8월에는 베트남전쟁 종식 38년 만에 미 해군 함정이 깜라인만[譽]
해군기지를 방문하도록 허용했다. 2012년 깜라인만 기지를 방문한
미국 국방 장관 리언 패네타는 "미 해군 함정들의 깜라인만 접근이
양국 관계를 이루는 핵심 요소"라고 강조했고, 베트남 정부는 미국
에 깜라인만 기지 접근권을 제공할 것을 검토하고 있다. 깜라인만은
남중국해를 코앞에 두고 있는 전략적 요충지다.

또, 미국은 태국의 우타파오 해군기지에 대한 접근을 확대하려고
태국 정부와 논의하고 있다. 우파타오 해군기지는 베트남전쟁 당시
B-52 폭격기의 이착륙 기지였다. 그림8에서 보듯이, 미국은 중국 주
변국의 군사적 요충지들에 접근하고 있다.

그 밖에도 2012년 6월 싱가포르에 미 해군의 최신형 연안 전투함
을 배치하기로 싱가포르 정부와 합의했다. 또, 2011년 오바마의 호주
방문을 계기로 다윈에 미 해병대 2500명을 배치하기로 했고, 틴들

그림8) 미국이 접근하고 있는 중국 주변국의 군사 요충지

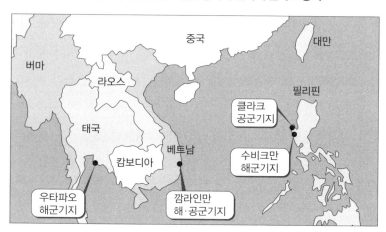

공군기지에 전투기, 스털링 기지에 잠수함과 핵무기 탑재 함정을 배치하기로 했다. 호주 다윈 기지는 인도양과 믈라카해협, 남중국해로 이어지는 중국 해상로를 감시하는 배후 전력이 될 것이다.

미국은 남중국해뿐 아니라 인도양에서도 군사 협력을 강화하고 있다. 2012년 6월 미국 국방 장관 리언 패네타는 인도 총리 만모한 싱을 만나 "공통된 안보상의 위협"을 논의했다. 그동안 인도는 중국이 파키스탄과 스리랑카의 항만 건설을 지원하는 등 인도양에서 영향력을 강화하는 것에 신경을 곤두세워 왔다. 미국은 일본과 마찬가지로 인도도 중국을 견제할 지역 강국으로 키우려 한다. 2006년, 인도의 핵무기 개발에 반대하던 오랜 방침을 접고 미국이 인도와 핵 프로그램 지원 협약을 체결한 것은 이런 정책의 일환이었다.

미국이 적극적으로 접근하는 곳 가운데는 미국과 오랫동안 적대 관계를 유지해 온 국가들도 있다. 중국의 전통적 우호국들인 버마·라오스·캄보디아가 그런 국가들이다. 2011년 클린턴은 미 국무 장관으로 1955년 이후 처음으로 버마를 방문했고, 2012년에는 57년 만에 라오스를 방문했다. 오바마는 재선 이후 첫 외교 순방국에 버마와 캄보디아를 포함했다. 미국은 이 국가들을 중국으로부터 떼어 내 미국과 협력하도록 만들려 한다. 특히 버마를 주목할 만하다. 버마는 중국에 지정학적으로 매우 중요한 나라로, 중국은 버마가 서방 국가들의 경제제재를 받던 20년 동안 경제적·외교적 후견국 구실을 해왔다. 버마는 중국이 인도양으로 진출하는 교두보다. 현재 중국은 믈라카해협을 통과하는 석유량을 줄이고 더 안정적인 석유 공급을 보장하려고 버마·중국 간 전략적 송유관을 추진하고 있다. 〈뉴욕 타임스)가 지적하듯이, 미국의 버마 '포용'은 중국에 충격일 수밖에 없었을 것이다.

이처럼 촘촘해지는 미국의 포위에 대해 물론 중국도 가만있는 것은 아니다. 중국은 경제적 영향력뿐 아니라 지정학적 영향력을 확대하려는 노력을 계속 기울이고 있고, 미국과 그 동맹들로부터 중국의 "핵심 이익"을 지키려 한다. 중국의 새 지도자 시진핑은 2012년 2월 미국을 방문했을 때 중국과 미국이 "신형 대국 관계"를 구축해야 한다고 주장했다. 상호 신뢰를 구축하고, 상대국의 핵심 이익과 중대 관심사를 존중하자는 것이다. 중국의 "핵심 이익"에는 "주권과 영토 보전"이 포함되는데, 티베트·신장 지배를 유지하는 것과 대만 문제에서 '하나의 중국' 원칙을 고수하는 것이 이에 해당한다. 그리고 2010년부터 중국은 여기에 남중국해도 포함하고 있다. 흔히 중국이 "핵심 이익"을 어떤 상황에서도 양보할 수 없고 물리력을 사용해서라도 꼭 지켜야 하는 국익이라고 천명하는 것을 감안한다면, 이 문제들을 둘러싼 갈등에서 중국은 결코 호락호락하지 않을 것이다.

맺음말

중국의 부상과 그것을 견제하고 헤게모니를 유지하려는 미국의 전략으로 동아시아 불안정이 점점 증대하고 있다. 미국이 아시아 동맹들의 군사적 구실 증대를 부추기고, 중국도 이에 맞서면서 동아시아는 화약고가 돼 가고 있다. 미국 전략국제문제연구소CSIS가 2012년 11월 15일 발표한 보고서를 보면, 중국·일본·한국·대만·인도의 국방비는 지난 10년 동안 갑절로 늘었다.

미국과 중국의 전쟁이 필연은 아니지만 우리가 매우 위험한 세계에 살고 있음은 분명하다. 많은 사람들은 중국과 미국의 경제적 상호 의존이 지정학적 충돌을 막아 줄 것이라고 믿지만, 마르크스주의의 제국주의론이 경고하듯이 무역과 투자가 평화를 가져다주지는 않는다. 제1차세계대전 전에 독일과 영국은 긴밀한 경제적 교류를 했고, 제2차세계대전 전 미국과 일본도 마찬가지였다. 무엇보다 영토분쟁, 한반도 분단 등 동아시아에 산재한 불안정화 요인들을 고려하면 이 지역의 군사적 긴장은 특정 사건을 계기로 급격하게 고조될 수 있다.

제국주의에 반대하는 것은 사회주의자들에게 매우 중요한 과제다. 우리는 세계 패권을 유지하려는 미국의 제국주의적 확장과 그것을 지원함으로써 국제적 지위를 높이려는 아시아 각국 정부의 노력에 일절 반대해야 한다. 그리고 중국 제국주의에 대해서도 착각하고 기대를 걸어서는 안 된다. 중국은 결코 인류를 위한 더 나은 모델을 제공할 수 없다. 제국주의 국가 간 갈등에서 어느 한편을 들지 말고 아래로부터의 반제국주의 운동에 의존해야 한다. 제국주의는 일부 호전적인 지배자들이 막무가내로 추구하는 일련의 정책이 아니라 자본주의 동역학에서 비롯하는 세계 자본주의의 최근 국면이다. 따라서 제국주의에 일관되게 반대하려면 결국 자본주의에도 반대해야 하고, 사회주의자들은 노동자 운동이 이렇게 반자본주의적으로 발전하도록 애써야 한다.

김하영, 〈레프트21〉 96호(2013년 1월 17일).

트럼프 집권과 세계 자본주의

　　세계 자본주의가 각종 불안정에 휩싸여 있지만 분명한 것도 있다. 먼저 눈에 띄는 것은 극도로 거만한 서방 지배자들이 자신의 말을 다른 지배자들이 따르지 않거나, 자신의 이익을 조금치라도 침해할 성싶으면 과격할 정도로 예민하게 군다는 것이다(노동자·민중에 대해서는 말할 것도 없고). 2015년 그리스에서 당선한 시리자 정부를 대하는 유럽 지배자들의 태도가 그랬고, 러시아를 대하는 미국과 유럽 지배자들의 태도도 그렇다.

　　러시아의 경우는 좀 더 들여다봐야 한다. 우크라이나와 시리아에서 러시아는 어느 정도 성공적으로 미국에 들이댔다. 이를 두고 '신냉전'이 도래했다는 일각의 관측은 터무니없는 것이다(오늘날 두 나라의 경제·군사·외교적 역량은 냉전과 비교할 수 없을 만큼 격차가

이 글은 다음 논문을 많이 원용했다. Alex Callinicos, "The neoliberal order begins to crack", *International Socialism* 154(March 2017).

크고, 러시아는 아직 세계적 패권을 두고는 미국과 경쟁하려 하지 않는다). 그러나 미국 지배자들은 지역 수준에서나마 러시아가 도전했다는 사실에 분개했다.

더욱이 러시아는 미·중 간 줄다리기가 벌어질 때 일종의 '캐스팅 보트' 구실을 하려 한다. 북한 문제에서도 최근 러시아는 미국의 "최대한의 압박" 기조를 거슬러 북한에 접근하고 있다(그래서 최근 북한은 러시아에 우호적인 자세를 취하고 있다).

이런 이유들로 미국과 유럽의 지배자들은 트럼프의 '러시아 내통' 의혹에 예민한 것이다. 물론 도널드 트럼프의 집권이 러시아의 선거 개입 때문이라는 주장은 서방 지배계급들의 자기기만이다. 오히려 40년 가까이 이어진 신자유주의와 10년에 가까운 경제 위기에 정치적 대가를 치르고 있는 것이 본질이다.

바로 이 점이 또 한 가지 분명한 점인데, 그 징후로 미국과 서방 지배자들이 수십 년 동안 구축해 온 질서에 금이 가는 소리가 여기저기서 들린다는 것이다. 그 수혜자가 모험심 강한 우익 망나니(도널드 트럼프)라는 사실은 분명 불쾌한 일이다. 그러나 그렇다고 해서 트럼프의 집권을 일회적이고 우발적인 사건일 뿐이라고 봐서는 안 된다. 그보다는 지금의 체제가 갈수록 각종 이변에 취약해지는 징후로 봐야 한다.

최상층 지배자들은 네덜란드 총선(3월 중순)에서 우익 포퓰리스트 정당인 자유당이 예상과 달리 제2당에 그치고, 프랑스 대선(4월 말부터 5월 초까지)에서 파시스트 마린 르펜의 대권 도전이 좌절한 것을 보며 대체로 안도했다. 그러나 지난해 영국의 유럽연합 탈퇴 결정과, 미국 트럼프의 부상이 낳은 불안정성은 쉽게 사라질 성격의 것이 아니다.

트럼프 내각에는 월가와 군 출신이 많다. 그렇지만 적어도 제2차 세계대전 이후의 공화당 정부들과 비교하면 명백한 차이도 있다. 트럼프는 미국이 수십 년 동안 구축한 기존 국제 질서를 해체하고 새로운 방식으로 미국의 패권을 확립하려 한다. 그러나 미국 지배자들의 다수는 트럼프의 이런 전략이 지나치게 모험주의적이고 과격하다고 우려하고 그를 견제하려 한다. 그 결과, 미국의 패권을 강화하고 노동자들을 쥐어짜야 한다는 데는 서로 이견이 없는 지배자들 사이에서 갈등이 계속돼 왔다.

단적으로, '무슬림 나라 7개 출신자 입국 금지' 등 트럼프가 지시한 행정명령들이 인종차별 자체에는 결코 반대하지 않는 사법부에 의해 기각되거나 상징적 조처에 그치는 수모를 겪었다. 또 트럼프가 국가안보회의 보좌관으로 임명했던 마이클 플린을 사퇴시키는 데 앞장선 것은 미국의 대표적 보수 언론인 〈워싱턴 포스트〉였다. 무엇보다 국가 정보기관들의 전·현직 고위 관계자 무려 9명 이상이 그것에 협조했다.

그러나 이런 견제 속에서도 트럼프 정부는 미국의 환태평양경제동반자협정TPP 탈퇴를 감행하고 G20이 "모든 보호무역주의에 반대한다"고 선언하지 못하도록 가로막았다. 그리고 이런 행보를 비난하는 주류 언론을 향해 "기업 친화적 세계화주의 언론"이라고 일갈했다. 또 4월 백악관이 '닷새 안에 북미자유무역협정NAFTA 탈퇴를 캐나다와 멕시코에 공지한다'는 행정명령을 검토했던 것으로 알려지면서 지배자들은 긴장했다.

그러나 이런 일들과 동시에, 트럼프는 특검 수사에 직면해 '탄핵 가능성'까지 거론되고 있다.

이렇듯 지난 넉 달은 트럼프가 기존 국제 질서에 칼을 대는 방향으로 발을 떼려 하고, 유력한 지배자들이 그에게 굴레를 씌우려 하면서 충돌이 계속되는 상황이다. 이 점이 중요한 까닭은 이런 모순이 체제의 불안정성을 키우기 때문이다.

지배계급 내분의 이면에 있는 전략상의 이견

트럼프를 둘러싼 미국 지배계급의 이런 내분은 미국 제국주의가 직면한 더 근본적인 문제를 반영한다. 미국의 경제력이 예전만 못하기 때문에 국제적 영향력에도 문제가 생기고 있다는 점 말이다. 그래서 많은 미국 지배자들은 뭔가 조처가 필요하다고 오랫동안 생각해 왔다(트럼프처럼 선명하지는 않아도). 2003년 조지 W 부시와 네오콘들의 이라크 침공도 바로 그런 조처의 일환이었다(그러나 실패했다).

트럼프는 이 문제에 나름의 대안을 제시한다. 미국이 그간 구축해 놓은 자유 시장 국제 질서를 해체하고 새로운 방식으로 미국의 패권을 확립하자는 것이다. 자유 시장 국제 질서란 제2차세계대전 이후 미국이 세계를 지배하려고 구축한 질서다. 과거 열강이 식민지를 거느리고 세계를 지배하던 방식에서 벗어나 미국은 자유무역을 통해 세계를 지배하겠다는 것이었다.

그런데 이런 지배 방식이 가능하려면 미국의 경제력이 뒷받침돼야 한다. 미국의 제조업이 다른 경쟁자들을 압도하던 때는 이 점이 전혀 문제되지 않았다. 그러나 오늘날 미국은 약해진 경제력 때문에 갈수록 허덕이고 있다.

트럼프가 취임 연설에서 "미국 우선"을 공세적으로 표방하며 "보호 무역주의가 우리를 번영과 강대함으로 이끌 것"이라고 천명했을 때 그는 바로 이 자유 시장 국제 질서에 대한 공개적 거부를 분명히 한 것이다. 트럼프를 오랫동안 관찰한 역사학자 찰리 레더만과 브렌던 심스는 이렇게 말했다. "자유무역 국제 질서를 거부한다는 점에서 트럼프는 제2차세계대전 이래 모든 민주당·공화당 대통령, 심지어 조지 W 부시와도 다르다." 그래서 지배자들 다수는 트럼프가 자유 시장 국제 질서를 지탱하는 각종 국제기구와 협정, 규범(예컨대, 유럽연합·북미자유무역협정·TPP·나토)을 공격하고 흔드는 것을 우려한다.

트럼프는 또한 국제 생산망을 해체하고 기업들이 생산 설비를 미국으로 옮기도록 만들려 한다. 다국적기업들이 국경을 가로질러 구축한 국제 생산망은 세계 교역량의 80퍼센트를 차지하는 걸로 추산될 정도로 자유 시장 국제 질서의 중추로 자리 잡았다. 미국 기업들은 국경 넘어 멕시코(트럼프의 또 다른 공격 대상)와 태평양 건너 중국으로 생산망을 확장했다. 2000년대 독일 자본주의도 산업을 재편하면서 저임금 숙련 노동력 인구를 노리고 생산 설비를 동유럽과 중부 유럽으로 확장했다. 영국에 본사가 있는 다국적기업들도 도버해협 건너 유럽 본토로 뻗은 생산망에 의존하고 있다. 이런 다국 간 생산 네트워크의 확장 때문에 친기업 신문 〈파이낸셜 타임스〉는 "트럼프의 무역정책이 현대 세계경제의 주요 기둥을 겨냥한다"고 강한 경계심을 드러냈다.

트럼프는 미국 기업들의 이런 생산망을 뜯어내 미국으로 돌려놓겠다며 국경세를 신설하겠다고 한다. 그뿐 아니라 사상 최대의 기업 감세, 금융과 노동 규제 완화를 추진하며 생산망 이전 과정이 촉진되길 기대한다. 예컨대 애플 같은 기업들은 법인세를 피하려고 막대한 해외 수익을 미국으로 가져오지 않고 있는데 감세로 이를 본국으로 들이겠다는 것이다. 트럼프가 나아가려는 방향에 큰 틀에서 동의하지 않는 지배자들도 감세, 규제 완화 등 트럼프가 꺼내든 일부 수단들에는 떨칠 수 없는 유혹을 느끼고 있다.

분명한 것은 트럼프의 "보호무역주의"가 신자유주의를 전면 부정하는 것은 결코 아니라는 점이다. 그는 신자유주의에 대한 반감을 이용하면서도 더 많은 신자유주의를 추진한다. 또 트럼프는 오늘날 미국이 처한 곤경을 죄다 남 탓으로 떠넘기면서, 특히 '이주민이 일자리를 빼앗고, 무슬림이 미국 문명을 위협하기 때문'이라고 주장한다. 트럼프의 이런 역겨운 인종차별도 미국 자본주의 부흥에 대한 그의 전략과 맞물려 있다.

더 불안정해지는 체제

트럼프를 미국 지배계급의 다수가 견제하려 나서면서 트럼프의 정치 위기가 생겨났다. 물론 앞서 봤듯 지금의 갈등에는 지배자들의 더 광범한 우려가 반영돼 있다.

지금 초점은 국가 정보기관들이 트럼프의 '러시아 내통' 의혹을 집요하게 파고드는 것에 맞춰져 있다. 그 배경에는 서두에서 살폈듯 러시아가 미국이 주도하는 국제 질서에 고분고분하지 않다는 것과, 지금 트럼프를 공격하는 정보기관들이 전통적으로 러시아를 견제하는 데 앞장서 온 당사자라는 점이 있다.

지난 넉 달은 트럼프를 비롯한 지배자들이 공통의 이해관계로 묶여 있는 동시에, 자기들끼리의 쟁투에 골몰하기도 한다는 것을 적나라하게 드러냈다. 소수의 지배자들이 세계를 모두 조종한다는 음모론적 시각과는 정반대다.

국가와 자본의 관계는 국가가 단순히 자본에 굽실거리며 그 비위를 맞추는 관계가 아니다. 국가는 깃털이고 자본이 몸통인 관계는 아니라는 말이다. 국가 운영자들과 자본가들의 파트너 관계는 서로 의존하되 각자 이해관계를 갖는 관계다. 그래서 국가와 자본 각각의 부문이 모두 같은 방향을 향하기까지의 과정은 결코 단순하지 않다. 이에 대해 알렉스 캘리니코스는 다음과 같이 썼다.

최종적으로 결정되는 국가정책이 아무리 결과적으로 자본에 유리하더라도 그렇게 결정되기까지의 과정은 시행착오를 통해 균형점을 찾아가는 길고 험난한 상호작용 과정일 수 있[다.] … 자본가들과 국가 운영자들 간의 실랑이는 제도와 정책 구성 면에서 당초 출발점과는 현격히 다른 지점으로 균형점을 이동시킬 수 있[다.] … 이를테면 1930년대와 1940년대에 자유방임주의에서 케인스주의로 전환이 일어난 것과 1970년대와 1980년대에 신자유주의가 채택된 것과 같은 중대한 경제정책 수립 방식의 변화를 이런 식으로 이해할 수 있다. 그런 전환은 부분적으로는 맹목

적이고 부분적으로는 이데올로기에 의해 추동되는 모색과 발견의 과정
으로서, 자본축적에 유리한 조건을 복원하려는 의도에서 시작되지만, 결
과적으로 축적 과정 자체의 성격을 적잖이 바꿔 놓을 수 있다.[*]

지금 미국 지배자들은 미국 경제를 부흥시킬 방안이 딱히 없는
상황에서 일치된 입장을 정하지 못하고 있다. 트럼프는 이 점을 노리
고 자신이 가려는 방향으로 다른 지배자들을 끌어당기려 한다.

전략상의 방향 전환을 주장하는 트럼프의 등장은 세계 자본주의
를 불안정하게 만들고 있다. 트럼프 정부가 미국의 더 넓은 지배계급
과 모종의 균형점에 도달하는 것도, 또 어쩌면 백악관 내부 세력들끼
리 균형점을 찾는 것도 쉽지 않을 수 있다.

미국 지배자들의 이런 갈등으로 인한 불안정이 세계경제의 추가적
위기나 유럽연합의 내파 위기, 중국의 부상 등 다른 국제적 요인과
맞물리면 세계 자본주의의 불안정이 더 커질 수 있다. 이미 트럼프
당선으로 체제가 각종 이변에 취약해졌음이 드러났는데, 앞으로도
작은 변화가 의도한 것보다 커다란 결과를 낳거나 전혀 예상치 못한
변화가 나타날 가능성이 큰 것이다.

지배자들이 이처럼 기본적 방향을 놓고 서로 다투는 상황에서 아
래로부터 대중적 저항이 일어난다면 트럼프와 지배자들의 취약점이
커질 수 있다. 트럼프 취임 때 미국뿐 아니라 각국에서 벌어진 시위
들이 그런 대중적 저항의 잠재력을 보여 줬다. 특히 미국의 시위는 반

---

[*]　알렉스 캘리니코스, 《제국주의와 국제 정치경제》, 책갈피, 2011, 135~136쪽.

전운동 이래 최대 규모였다. 자본주의 최강 국가에서 이런 운동이 또다시 분출하면 체제의 불안정성을 더 키울 뿐 아니라 전 세계에서 미국의 동맹과 그들의 질서에 맞서는 사람들의 투쟁을 고무할 것이다.

물론 지난 넉 달 동안 지배자들이 그나마 서로 화기애애했을 때가 언제였는지 잊지 말아야 한다. 바로 트럼프가 시리아에 토마호크 미사일 59발을 퍼붓고, 한반도에 항공모함을 보내고 언론을 동원해 전쟁 위기설을 조장하고, 아프가니스탄에 '핵폭탄 다음으로 강력하다'는 초대형 폭탄을 투하했을 때였다. 이 점은 이자들이 얼마나 미친 살인마인지 적나라하게 보여 줄 뿐 아니라, 트럼프가 국내 정치에서 어려움을 겪을 때 군사적 모험을 감행할 수도 있다는 것을 보여 준다.

김종환, 〈노동자 연대〉 209호(2017년 5월 27일).

트럼프 등장 이후의 동아시아와 한반도

2017년 1월 20일 미국 대통령 취임식에서 트럼프는 대선 기간에 내세웠던 "미국 우선America first" 노선을 미국과 전 세계에 다시 한 번 강력하게 천명했다. 이 연설로 그는 "미국 우선" 노선이 단지 선거용이 아님을 대내외에 보여 줬다.

트럼프는 오늘날 미국이 겪는 어려움은 모두 미국이 세계의 '짐'을 전부 짊어져 왔기 때문이라고 주장했다. "우리는 미국의 인프라가 엉망이 되는 와중에 해외에 수조 달러를 써 왔다. 우리 나라의 부·힘·자신감이 소진되는 상황에서 우리는 다른 나라들을 부유하게 만들어 줬다." 사실상 오늘날 미국 자본주의의 위기가 중국을 비롯한 다른 나라들 탓이라는 연설이었다.

이는 미국 역대 대통령들의 노선과 다소 결이 다른 것이다. 그동안 미국 대통령들은 세계 질서를 관장하는 책임이 미국에 있다고 공언

이 글은 트럼프 취임 직후에 썼다.

해 왔다. 그 질서를 책임지는 구체적 방식이 일방주의라는 맨주먹일지, 다자주의라는 비단 장갑을 낀 주먹일지는 행정부마다 달랐을지라도 말이다.

그렇다면 트럼프의 "미국 우선" 노선은 어떤 변화를 반영하는 것일까?

제2차세계대전에서 승리한 후, 미국은 자국이 주도하는 국제 질서를 구축·유지하려고 노력했다. 미국 지배자들은 자유 시장 자본주의 국제 질서가 미국 자본의 이윤 획득과 미국 국가의 패권에 유리하다고 믿었다. 미국은 항상 다른 선진 자본주의 국가들과의 경쟁에 직면해 있었기 때문에, 선진 자본주의 세계 전체를 관리하고 주요 자본주의 국가들을 자국이 주도하는 질서 안으로 규합하는 것은 미국 지배자들에게 중요한 과제였다.

그러나 이 일에는 언제나 부담이 따랐다. 예컨대 냉전 초기 미국은 소련에 맞서 서유럽에 대한 지도력을 강화하려고 마셜플랜, 나토 창설, 미군 기지 건설 등 엄청난 물자를 유럽에 투여해야 했다. 제2차세계대전 이후 장기 호황 속에 미국이 압도적 경제력을 갖춘 상황에서 이는 감수할 만한 비용이었다.

때로 미국이 다른 주요 자본주의 나라들에 어느 정도 이익을 보장해 줘야 할 때도 있었다(물론 미국 자본의 이익이 언제나 최우선이었다). 이를 위해 유엔·세계은행·WTO·IMF 등 자본주의 국제기구들을 유지하며 주요 국가들의 갈등을 조율하고 합의를 이끌어 내야 했다.

그러나 오늘날 미국 경제의 상대적 지위가 그때에 비해 하락하면서 미국과 다른 주요 경제들의 격차가 줄어들었다. 이런 상황에서 미국이 세계 주요 지역들에서 제기되는 도전들에 대응하는 것은 갈수록 버거운 일이 되고 있다. 그렇다고 해서 자국의 패권적 지위를 포기할 순 없다. 결국 미국 지배자들은 딜레마에 빠졌다. 게다가 세계경제 위기로 미국이 세계 질서를 관장해 얻는 이익은 더 불확실해졌다.

미국 지배자들 중에 아무도 이 딜레마의 해법을 딱 부러지게 제시하지 못하는 가운데, 트럼프가 등장했다. 트럼프는 '이제 미국이 세계 질서 관장에 따른 부담을 혼자서 짊어질 수는 없다'고 선언했다. 그러면서 나토, 유럽연합 등 지금까지 미국 패권 유지에 중요하게 여겨지던 기구들을 흔들고 있다.

물론 트럼프의 등장이 세계 질서의 질적 변화를 보여 준다고 단언하는 것은 아직 섣부르다. 미국의 지위가 상대적으로 하락했지만, 다른 선진국들에 대한 미국의 우위는 여전히 유지되고 있다. 그리고 트럼프 정부가 보호무역 정책을 전임 정부들보다 더 강화하고 있지만, 미국이 신자유주의와 결별하고 보호무역주의로 단숨에 회귀하는 것은 쉽지 않은 일이다.

그럼에도 트럼프의 행보는 국제 정세에 커다란 불확실성을 낳을 것이다. '위기는 네 탓'이라는 트럼프의 공격은 국가 간 갈등을 부추길 요인이다. 중국과 '무역 전쟁'이 벌어질 가능성이 있다. 게다가 트럼프 정부는 일본·독일 등 미국에 큰 무역 적자를 안겨 주는 서방 선진국들에게도 환율 문제를 제기하고 있다.

미국 지배자들 내에서도 불협화음이 커질 것이다. 많은 지배자들이 트럼프가 70년 동안 미국 패권의 근간이 돼 온 자유 시장 자본주의의 국제 질서를 흔드는 것을 크게 우려하고 있다. 트럼프 내각 안에서도 주요 대외 정책을 놓고 견해차가 존재한다. 따라서 대외 정책상의 이견 때문에 미국 지배자들 내 갈등이 더욱 심화할 수 있다.

트럼프의 등장은 지배자들이 장기화된 경제 위기의 해결책을 확실하게 제시하지 못하는 상황을 이용한 것이다. 그러나 트럼프의 '대안'도 위기를 해결하기는커녕 세계경제를 더욱더 불안정에 빠뜨릴 수 있다. 이 또한 국제 정세의 불확실성을 키울 것이다.

동아시아에서 제국주의 간 갈등이 악화한다

트럼프 정부의 등장은 동아시아에서 제국주의 간 갈등을 악화시킬 것이다.

트럼프 정부의 외교·안보 라인을 보면, 국방 장관 제임스 매티스, 국무 장관 렉스 틸러슨, 백악관 국가무역위원장 피터 나바로 등 모두 중국의 부상에 미국이 단호하게 대처해야 한다고 주장하는 자들이다. 새 백악관 보좌진에는 '중국과 이슬람 때문에 서방의 유대교와 기독교가 후퇴하고 있다'고 떠드는 스티브 배넌(백악관 수석 전략가) 같은 작자도 있다.

물론 이미 미국 지배자들 사이에는 중국의 부상이 미국 패권에 큰 위협이라는 초당적 합의가 있다. 즉, 미국 지배자의 다수는 중국의 부상에 대처하는 것을 미국 대외 정책의 중요한 과제로 여긴다. 이런 맥락에서 오바마 정부는 일련의 동아시아 정책들을 추진했고

(아시아로의 중심축 이동), 이 때문에 동아시아에서 불안정이 증대했다. 따라서 중국의 부상을 제어하려는 트럼프 정부의 구상은 분명 전임 오바마 정부의 정책과 연속선 상에 있다.

그러나 오바마 정부와 차이도 있다. 트럼프는 "미국 우선" 노선을 내걸며, 오바마가 추진한 환태평양경제동반자협정TPP에서 탈퇴했다. 트럼프는 무역 적자를 악화시킬 다자 무역협정에서 미국이 발을 빼야 한다고 봤다.

그런데 TPP는 오바마가 아시아·태평양에서 동맹을 강화하는 맥락에서 추진한 일이었고, 미국의 탈퇴는 TPP 협상에 참여해 온 일본·호주 등 동맹국들을 당혹스럽게 하는 조처다. 트럼프는 TPP 대신에 미국에 유리한 양자 무역협정을 선호하고(한국의 경우에는 한미FTA 재협상), 일본·한국 등이 환율, 시장 개방 등에서 양보하기를 바란다. 또, 트럼프의 보호무역 강화는 '안보 분담' 요구와 맞물려, 역내 미국 동맹국들의 부담을 가중시킬 것이다. 이런 점들도 역내 질서에 불확실성을 키우는 요인이 될 수 있다.

트럼프의 동아시아 정책에는 오바마보다 한 걸음 더 나아가려는 측면도 있다.

첫째, 트럼프 정부는 군비 증강에 박차를 가하려 한다. 2008년 경제 위기로 미국은 한동안 군비 지출을 줄여야 하는 처지였으나, 최근 들어 오바마 정부는 군비 지출을 늘리는 추세로 돌아섰다. 트럼프는 이 추세를 더욱 강화할 참이다.

대선 기간에 트럼프는 국방 예산을 증액하겠다고 여러 차례 말했다. 2015년 11월에 출간된 그의 저서 《불구가 된 미국》을 보면, "군사력을 키우는 것은 민간에 자금을 투입해 수많은 사람을 일할 수 있게 하는 것"이라며 군비 증강의 경기 부양 효과(군사적 케인스주의)까지 언급하는 구절이 있다.

취임식 직후 백악관 웹사이트에 공개된 트럼프 정부의 주요 국정 수행 과제에도 이 같은 내용이 반영돼 있다. 1980년대 레이건의 모토였던 "힘을 통한 평화"가 "미국 외교정책의 중심이 될 것"이라며 군사력을 강화하겠다고 했다. "1991년 500척이었던 해군 함정이 2016년 275척으로 줄어들었다. 우리의 공군력 역시 1991년에 비해 대략 3분의 1 수준으로 축소됐다. … 이 같은 경향을 되돌리는 데 주력할 것이다."

트럼프는 1월 27일 국방부에 핵전력과 미사일방어체계MD 강화를 중심으로 한 새로운 군사 계획을 제출하라고 지시했다. 재정 적자를 줄이기 위한 예산 삭감 노력을 중지하고, 국방비를 대폭 증액하는 방향의 새 계획을 의회에 제출하려는 것이다.

군비 증강이 노리는 대상 중에는 예상대로 중국이 있다. 피터 나바로는 2016년 11월 트럼프의 아시아·태평양 정책을 설명하는 글에서 "아시아의 안정을 위해" 해군력을 중심으로 군비를 증강하겠다고 밝혔다.

둘째, 트럼프의 대만 접근은 트럼프 하에서 미국의 동아시아 정책에 변화가 있을 것임을 보여 주는 신호탄이었다. 당선 후 트럼프가 대만 총통 차이잉원과 통화를 하자, 일각에서는 이것을 트럼프의 독불장군식 스타일이 낳은 실수로 여겼다. 그러나 차이잉원과의 통화는 트럼프 측이 공화당 우파 인사들과 수개월 전부터 준비한 대만 정책의 일환이었음이 나중에 드러났다.

더 나아가 2016년 12월 트럼프는 중국과의 협상이 안 되면 '하나의 중국' 원칙까지 재고하겠다고 공언했다. '하나의 중국' 원칙은 중국 지배자들이 군사행동을 불사해서라도 지키려고 하는 '핵심 이익'의 하나다. 그래서 트럼프의 발언 직후 한동안 대만해협과 그 주변에서 긴장이 높아졌다(최근 트럼프는 '하나의 중국' 문제에서는 일단 한발 물러섰다).

셋째, 남중국해 문제가 있다. 국무 장관 틸러슨은 인준 청문회에서 남중국해의 해상 교통로를 중국이 좌우하는 것은 "세계경제에 대한 위협"이라고 규정하며 다음과 같이 말했다. "중국에 분명한 신호를 보낼 것이다. 이는 [남중국해] 인공섬 건설을 중단하라는 것과 중국의 [인공]섬 접근은 불허된다는 것이다."

트럼프 정부가 당장 중국과 전쟁을 불사할 것 같지는 않지만, 남중국해를 계속 미국의 영향력 하에 두기 위해, 물러서지 않겠다는 의지를 피력한 것은 분명하다. 이는 오바마 정부가 남중국해에서 진행해 온 '항행의 자유' 작전이 중국의 해양 확장을 저지하는 데 불충분하다고 보는 것이기도 하다.

넷째, 트럼프 정부의 보호무역 정책은 중국을 향한 칼날이기도 하다. 트럼프는 자국의 경제 위기 극복을 위한 비용을 중국에 전가하고자 한다. 미국 경제의 문제 해결과 중국에 대한 미국의 지정학적 우위를 확인하는 것을 더 노골적으로 결합하면서, 양국의 경제적 경쟁이 지정학적 경쟁과 교차하는 양상이 전보다 더 발전할 듯하다.

미국과 중국 간의 '무역 전쟁'이 실제로 불거진다면, 지정학적 갈등과 맞물려 동아시아에서 불안정이 증대할 것이다.

앞서 언급했듯, 중국은 트럼프의 대만 접근 이후 항공모함을 동원해 무력시위를 벌이는 등 예민하게 반응했다. 그리고 미국에 협조하는 아시아 국가들에 대한 반응도 점차 날카로워지고 있다. 사드 배치를 놓고 한국에 경제 보복 조처를 한 것이 그 한 사례다. 중국도 트럼프의 동아시아 정책에 순순히 물러서지 않을 것이다.

트럼프가 차기 한국 정부에 내밀 청구서들

한때 국내 일각에서는 트럼프의 '고립주의'가 한반도에 이로울 수 있다는 관측이 있었으나, 당선 후 그의 행보는 그 기대를 물거품으로 만들고 있다.

트럼프 정부도 '북한 위협론'을 대중국 견제의 고리로 삼으려 한다. 2017년 초 신년사에서 김정은이 대륙간탄도미사일의 시험 발사를 시사하자, 트럼프는 북핵 문제를 중국 비난으로 연결했다. "중국은 미국과의 일방적 무역으로 엄청난 돈과 부를 빼 간다. 그런데도 북한 문제 [해결을] 돕지 않는다. 팔자 좋구먼!"

트럼프 정부도 '북한 위협'을 실제보다 크게 과장해 중국을 견제하는 자국의 군사행동을 정당화하고, 일본과 한국 등 동맹을 규합하고 강화할 것이다. 이미 주요 국정 수행 과제에 이렇게 적시해 놨다. "우리는 이란이나 북한 등의 공격에서 미국을 방어하는 최신 미사일방어체계를 구축할 것이다." 트럼프 정부가 사드 한국 배치를 예정대로 추진할 것임을 보여 주는 대목이다. 이 점은 2017년 2월 2일 한국을 방문한 매티스가 확인해 줬다(CNN 보도).

틸러슨은 인준 청문회에서 "중국이 [대북 압박에서] 과거에 했던 것을 넘어서도록" 하는 새 접근법을 거론했다. 중국이 대북 제재를 제대로 이행하지 않으면 중국 기업을 대상으로 '세컨더리 보이콧'(북한과 거래하는 중국 기업도 제재)을 강행할 것임을 시사한 것이다.

트럼프 정부가 대북 제재 이행 촉구를 중국 압박용으로 명확히 사용한다면, 미·중 갈등은 더 악화하고 한반도도 더 불안정해질 것이다.

트럼프는 동아시아 지역에서 군비 부담을 더 확실히 나누고 싶어 한다. 이것은 비단 트럼프뿐 아니라 틸러슨·나바로 등도 강조하는 바다. "일본은 GDP가 4조 달러가 넘는 세계 3위의 경제 대국이고, 한국은 GDP 1조 3000억 달러가 넘는 세계 11위의 경제다. … 이 국가들이 비용 분담을 충분히 하는 게 공정한 것이다."(피터 나바로) 미국은 이전에도 비용 부담을 한국에 요구해 왔지만, 이제 그 강도가 더 세질 듯하다. 무기 수입 증액, 방위비 분담금 인상 등 미국의 요구 사항은 줄줄이 나올 것이다.

그리고 한국에 이어 일본을 방문한 매티스는 아베 정권의 군비 증강 방침을 두고 힘을 실어 줬다. "[일본이] 올바른 노선을 걷고 있다." 이런 점에서 일본의 역할이 더 많이 요구될 것으로 보인다. 일본 자신도 군사 대국화로 가는 보폭을 넓히고 있다. 이 과정에서 미국은 한일 군사 협력의 수준을 높이라고 한국을 더 압박할 것이다.

이처럼 트럼프 정부는 이전 정부들처럼 한국에 한일 관계를 개선하고 미국의 동아시아 정책에 기여하라고 촉구할 것이다. 이미 매티스가 제주 해군기지에 미국의 스텔스 구축함 줌왈트를 배치하자고 제안하는 등 한국을 대중국 전초기지로 강화하며 대중국 견제에 더 깊숙이 끌어들이려는 의도를 드러냈다.

즉, 사드 배치 강행, 국방비 증액, 무기 수입, 한일 군사 협력 강화 등 트럼프 측은 한국에 굉장히 비싸고 처리하기 까다로운 청구서들을 들이밀려 한다.

미국과 일본이 동맹을 더 강화하라는 압력을 가하는 한편으로 중국은 사드 배치 결정에 경제 보복으로 대응하는 상황에서, 한국 지배자들의 고민은 더 깊어질 수밖에 없다. 주변 제국주의 국가들 간 갈등의 파고가 높아지는 상황에서, '한미 동맹을 굳건히 하면서 중국과도 협력적 관계를 유지'하려는 노력은 점차 모순에 봉착했다. 일본의 역할이 더 빨리 강화될수록 일본의 한반도 영향력도 높아질 것이다. 그 과정에서 일본의 침략 역사 문제가 불거지는 등 한국 지배자들의 정치적 부담도 커질 것이다.

따라서 변하는 질서에 어떻게 대처하는 것이 '국익'에 더 부합하는지를 놓고 지배자들의 견해차가 계속 불거질 것이다. 때로는 이로 인해 지배자들 내에서 큰 정치적 파열음이 발생할 수 있다. 황교안·유승민 등은 중국과의 관계를 의식하지만 대체로 한미 동맹을 더 우선시하고 있다. 특히 황교안은 대통령 권한대행의 직위를 이용해 사드 배치, 한일 군사협정, '위안부' 합의 등 박근혜의 대표적 적폐들을 보호하고 있다. 그에 반해 문재인을 비롯한 야권 주자들은 대체로 대외정책에서 범여권과는 다소 결을 달리한다. 특히, 남북 화해·협력 면에서 그렇다.

그러나 주류 야당 내 대선 주자들의 한계도 크다. 예컨대 문재인은 최근 발간한 대담집 《대한민국이 묻는다》(21세기북스, 2017)에서 남북 화해를 강조하면서도 "이제 한국은 미국과 진정한 동반자 관계로 위치를 격상시켜야 합니다" 하고도 말한다. 한미 동맹을 통해 국가의 지위 격상을 계속 추구하겠다고 해석될 만한 대목이다. 문재인은 자신의 싱크탱크인 '정책공간 국민성장' 포럼에서 아예 "한미 동맹은 우리 외교의 근간이자 우리 안보의 핵심 이익"이고 미국은 한국의 "혈맹"이라고 표현했다. 이러면서 중국까지 아우르는 "동북아책임공동체 구축"을 얘기하는 것은 분명 모순이다. 이런 생각 때문에 문재인은 사드와 한일 군사협정 문제 등에서 분명한 반대 입장을 내놓기를 한사코 회피한다. 국회 논의와 주변국과의 협상 과정에서 사드 배치 여부를 결정하자는 수준이다.

문재인은 대담집에서 노무현 정부 시절에는 국방 예산 증가율이 연평균 9퍼센트로 높았음을 부각하며 자주국방을 강조한다. 최근에는 국내총생산GDP 대비 현 2.4퍼센트 수준에서 3퍼센트로 국방비를 늘린다는 구체적 목표를 제시했다. 부르주아 민족주의 지향을 드러낸 것이다. 문제는 이런 구상과 트럼프의 '안보 분담 요구'가 맞물려서 낳을 결과다. 한미 동맹 하에서의 '자주국방'이 미국 제국주의의 이해관계에 부합하는 방향으로 귀결될 공산이 크다.

노무현도 처음에는 '동북아균형자론' 등을 내놓으며 한국의 친미 일변도 대외 정책에 변화를 주려고 했었다. 그러나 얼마 안 가 후퇴해, 이라크 파병, 한미FTA 체결, 평택 미군 기지 확장 등으로 나아간 바 있다. 그런데 지금은 그때보다 대외 환경이 더 나빠졌다. 북한이 핵실험을 거듭하고, 무엇보다 미국과 중국의 갈등이 직접적으로 불거진 상태에서 한국 국가의 처지에서는 운신의 폭이 많이 좁아진 상태다.

따라서 다음 대선에서 누가 대통령이 되든, 차기 한국 정부는 중국과의 관계 악화 방지와 트럼프의 대외 정책 협력 사이에서 고심하다가 결국 미국에 타협할 공산이 크다. 야당이 집권해도 그 한계가 꽤 일찍 드러날 것이다. 그 정부가 미국에 타협하면, 평화를 바라는 민중의 실망과 분노를 자아낼 것이다.

이런 불만, 그리고 지배자들의 갈등과 분열로 생길 기회를 놓치지 않아야 한다. 특히, 지정학적 갈등 심화가 낳을 이데올로기적·정치적 문제들에 효과적으로 개입해야 한다. 사회변혁을 바라는 사람들이 제국주의 문제를 잘 알고 적절히 분석해야 하는 이유다.

김영익, 〈노동자 연대〉 196호(2017년 2월 10일).

동아시아의 "새로운 그레이트 게임"

"우리는 역설paradox의 시대를 살고 있다." 2017년 초 미국 국가정
보위원회가 내놓은 보고서인 《글로벌 트렌드 2035》의 첫 문장이다.
이 문장은 신자유주의 세계화를 주도해 온 결과 여러 모순과 도전
에 직면하게 된 미국 지배자들의 착잡한 심정을 드러내는 듯하다.

레닌은 자본주의의 역동적 성장 때문에 세계경제의 불균등한 경
제력 분포가 계속 변한다고 지적했다. 이에 따라 국가들 간의 힘의
균형도 변하기 마련이다. 그래서 새로 떠오른 강대국들이 기존 강대
국들의 이점을 상쇄하고 능가하려 들고, 기존 국제 질서를 자국에
유리하게 바꾸려고 한다. 레닌이 말한 "세계 재분할의 압력"이 끊임
없이 되살아나는 까닭이다.

레닌의 분석은 오늘날 미국과 중국의 관계를 이해하는 데 유용
하다. 동아시아는 그간 세계화 과정에서 경제적으로 크게 성공한
지역이다. 특히, 중국 경제가 가장 큰 이점과 혜택을 누려 무섭게
성장했다. 중국의 부상은 국제 질서에 상당한 변화를 낳았고, 이로

인해 미국 지배자들은 자국의 패권이 중장기적으로 위협받을 것이라고 보기 시작했다. 특히, 2008년 세계경제 위기 이후 동아시아에서 지정학적 불안정이 악화했고 각국은 군사력을 경쟁적으로 키워 왔다.

그럼에도 자본주의 변호론자들 중에는 여전히 세계화 덕분에 동아시아에서 강대국 간 전쟁이라는 파국은 피할 수 있다고 주장하는 자들이 있다(좌파 중에도 이와 비슷한 주장을 하는 사람들이 있다). 미국·중국·한국·일본 등 주요 국가들이 경제적으로 상호 의존하기 때문에, 서로 전쟁하기를 주저한다는 것이다(이런 주장의 효시는 100여 년 전쯤 개혁주의를 주장하고 실천한 독일 사회민주당 지도자 카를 카우츠키였다).

그러나 지난 역사에서 경제적으로 밀접한 제국주의 국가들끼리 전쟁을 치른 사례가 있는 데다가(대표적으로 1914년 당시 영국과 독일), 친밀한 경제적 관계가 오히려 불안정 악화의 요인이 된 사례도 있었다(1941년 미국과 일본).

미국과 중국은 경제적으로 서로 의존한다. 중국을 비롯해 동아시아 경제들은 미국에 많은 공산품을 수출해 왔다. 이 때문에 미국은 커다란 경상수지 적자를 감수해야 했지만, 그 대신에 동아시아 경제들이 비축한 달러의 일부를 빌려와 미국의 적자를 메웠다. 미국과 중국을 중심으로 한 이런 순환 구조가 2000년대 세계경제를 이끌어 간 핵심 동력이었다. 일본·독일·한국 등은 중국에 중간재를 수출하는 쪽으로 산업을 재편했고, 중국은 아프리카와 라틴아메리카 원료

생산국들의 통 큰 고객이 됐다.[*]

그러나 한때 세계경제 성장을 이끈 이 상호 의존 구조는 결코 안정적인 체제가 아니고 (앞서 논의한 불균등 발전으로 인한 세력 관계의 변화 때문에) 오히려 오늘날의 지정학적 불안정을 악화시키는 요인이 될 위험을 품고 있었다.

미국과 중국 모두 2008년 이후의 경제 위기에서 제대로 헤어 나오지 못했고, 다시 한 번 심각한 위기에 빠질 가능성마저 있다. 마르크스주의 경제학자 마이클 로버츠는 지난해 미국 경제의 특징을 이렇게 꼽았다. "제조업 산출 감소, 기업 활력 감소와 자본재 주문의 부진, 기업 이윤의 하락."[**] 그래서 미국의 실질 국내총생산GDP 성장률은 여전히 부진하다. 2016년 말과 2017년 초 사이에 미국 경제가 회복하는 듯하지만 기업 투자가 여전히 바닥을 기는 등 근본적 문제는 여전하다. 트럼프 정부도 올해 경제성장률 목표치를 슬쩍 낮췄다.[***]

중국 경제도 점점 불안정의 진원지가 돼 가고 있다. 위기에서 탈출하려고 중국 정부가 은행들을 독려해 대대적으로 돈을 푼 것이 점차 큰 부담이 돼 돌아오고 있는 것이다.

장기화하는 경제 불황 속에서 각국은 서로 다른 형태의 문제에 대응해 상이한 전략을 펼칠 수 있다. 이는 경제적 상호 의존이 높은

---

[*]   알렉스 캘리니코스, 《제국주의와 국제 정치경제》, 책갈피, 2011, 307~309쪽.

[**]   조셉 추나라, "부진, 취약성, 불확실성 ― 세계경제의 여전한 특징", 〈노동자 연대〉 169호에서 재인용.

[***] Michael Roberts, "Trump's 100 days", 2017년 3월 2일(https://thenextrecession. wordpress.com/2017/03/02/trumps100-days/).

국가들 간의 협력적 경제 운용을 어렵게 만들고, 각국의 경쟁과 갈등을 키우는 원인이 될 수 있다. 예컨대 최근 미국의 금리 인상은 즉각 중국을 비롯한 신흥국들에서 자금이 유출되는 결과를 낳았다.

트럼프는 수입 상품을 규제하겠다고 하고, 미국의 가장 중요한 무역 상대국들인 중국·멕시코 등에 징벌적 제재를 가하겠다고 공언해 왔다. 누적된 무역 적자(특히, 대중국 적자)를 더는 용인할 수 없고(그림1), 미국 패권을 위해 국제화한 생산 사슬을 미국으로 되돌려, 약화된 미국 제조업을 되살려야 한다는 것이다. 그런 정책을 추진하는 과정에서 독일 등 기존 동맹국들과의 갈등도 불사할 태세다.

트럼프의 정책 노선은 미국 경제라는 중환자가 앓는 병에 대한 나름의 처방전이다(그러나 이것 때문에 미국 지배계급 내에서 쟁투가 벌어지고 있다). 미국의 보호무역 정책 강화는 주요 서방 경제들과의

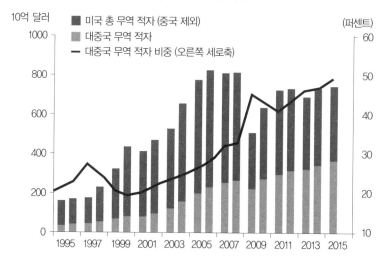

그림1) 미국의 무역 적자

갈등을 키울 것이다. 물론 이것이 그들 사이의 주요 지정학적 충돌로까지 이어지지는 않을 것이다.

그러나 중국의 경우는 사뭇 다르다. 중국은 미국의 동맹 구조 바깥에서 성장했고, 가장 위협적인 지정학적 경쟁자다. 따라서 미국과 중국의 '무역 전쟁'이 미래에 벌어질 수 있다(중국과 미국 자본가 양측 모두에게 재앙이 될 수 있지만 말이다). 만약 그런 일이 실제 벌어진다면 이는 지정학적 갈등에도 큰 악영향을 줄 것이다.

미국이 '보호무역' 카드를 치켜들고 있는 와중에 아이러니이게도 중국의 시진핑은 "자유무역의 수호자"를 자처한다. 개혁·개방의 결과로 중국이 미국의 신자유주의 세계화의 먹잇감이 됐다는 일부 좌파들의 주장이 무색하게도 말이다.

트럼프가 환태평양경제동반자협정TPP에서 탈퇴하자, 시진핑은 바로 중국이 세계화의 수호자이고 아시아·태평양 국가들한테 TPP의 대안이 될 만한 다자 무역협정을 제공할 수 있다고 주장했다. 트럼프 정부가 G7이나 G20 회담에서 '보호무역'을 역설하는 동안, 시진핑 정부는 일대일로 포럼을 대대적으로 열어 20개국 정상을 비롯해 100개국 이상의 정부 인사들을 참석케 하는 데 성공했다. '일대일로'는 유라시아를 중국 중심의 인프라로 연결하겠다는 중국의 야심 찬 개발 프로젝트다(그림2). 이 계획은 중국 경제의 위기를 해소할 뿐 아니라, 더 나아가 주요 경제 지형을 중국에게 좀 더 유리하게 재편하겠다는 구상도 깔려 있다.

중국 경제의 지리적 확장과 시진핑의 역내 경제 질서 재편 시도는 미국 패권에 위협이 된다. 단지 동아시아뿐 아니라 중동·유럽 등지

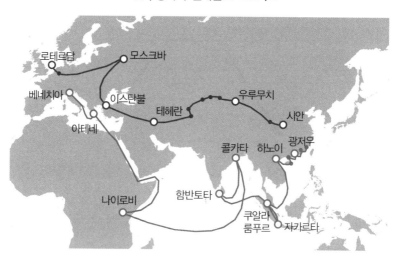

그림2) 중국의 '일대일로' 프로젝트

에서 미국의 통제력 약화를 초래하기 때문이다.

이처럼 주요 강대국들은 장기 경제 침체에서 탈출하지 못한 채 상이한 대응 전략을 추진하고 있다. 이것은 패권 국가 미국의 상대적 지위 하락과 맞물려 있을 뿐 아니라, 정세의 불확실성을 키우고 제국주의 간 갈등과 경쟁을 악화시키는 요인이 된다.

제국주의 간 경쟁 강화는 핵군비 경쟁을 포함한 군국주의 강화를 수반한다(평화주의를 수용한 일부 좌파들은 핵군비 경쟁과 같은 군국주의 문제가 자본주의의 군사적 측면임을 간과한다). 중국 제국주의의 군비 증강은 이제 상수로 여겨질 만큼 지속돼 왔는데, 이는 중국 자본주의가 무역과 투자의 큰손으로 변모해 온 것과 관련 있다(해외에서의 자국 이익을 군사력으로 보호해야 한다).

트럼프도 군비 증강에 박차를 가하고 있다. 핵무기 현대화와 미사

그림3) 미국 국방예산 추세 (단위: 10억 달러)

트럼프의 새 국방예산안

자료: 미국 국방부

일방어체계MD 구축을 비롯한 대대적 국방비 증액을 추진하고 있다 (그림3). 이 주된 타깃이 중국인 것은 물론이다. 사드의 성주 배치는 중국을 겨냥한 군사력 전진 배치 계획의 일부로 자리매김됐다.

군비 증강은 단지 미국과 중국만의 일이 아니다. 두 제국주의 국가의 경쟁에 자극받은 다른 동아시아 국가들도 경쟁적으로 군사력을 강화하고 있다(그림4). 그래서 동아시아 지역은 세계적으로 군비 증강을 선도하는 지역이 됐다. 그런 와중에 문재인 정부가 "자주국방"을 내세워 대대적 군비 증강을 추진하려 한다. 한국 지배계급 자신이 동아시아 불안정에 한몫하고 있는 것이다.

미국과 중국이라는 두 제국주의 국가의 경쟁이 훗날 제국주의 전쟁으로 이어질 것이라고 단정 지을 수는 없다. 그러나 이 경쟁으로 기존 질서에 균열이 일어나고 불확실성이 커지고 있다는 점만은 분명하다.

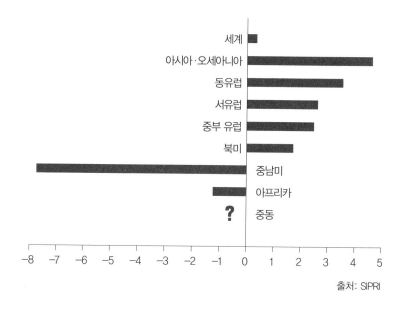

그림4) 지역별 군비 증가율 (단위: 퍼센트, 2015~2016년)

출처: SIPRI

그리고 불확실성의 근저에는 자본주의의 심각한 '구조적 위기'가 자리 잡고 있다. 따라서 체제 내의 조율과 타협으로 현재의 제국주의 갈등 구조가 쉽사리 해소되기는 힘들 것이다.

다른 제국주의 국가들: 러시아와 일본

앞서 언급했듯이 동아시아에서 단지 미국과 중국만이 경쟁하는 게 아니다. 러시아·일본 같은 다른 제국주의 국가들도 이 경쟁과 갈등 구조에 얽혀 있으며, 그다음으로 한국·북한·대만 같은 아류들도 있다. 게다가 호주 같은 서방 제국주의 국가도 있다. 따라서 동아시아의 지정학적 경쟁은 비교적 다극화된 양상을 보이고 있고, 이 때문에 유동적이고 불안정하다.

러시아는 중국의 부상(과 미국의 신경이 거기에 가 있는 틈)이 제공한 기회를 잘 이용해 다시 부상한 제국주의 국가다. 러시아는 자원 수출로 경제가 회복된 것에 힘입어 그동안 동유럽과 중동에서 영향력을 제고해 왔다. 동유럽에서 서방과 갈등을 빚자, 러시아는 동방 정책을 추진하기 시작했다. 서방의 제재에 따른 피해를 동아시아에서 만회하고 새 지정학적 출로를 찾겠다는 의도다. 이게 러시아가 중국과 경제협력을 강화하고 극동·시베리아 개발 사업을 이용해 일본 등에 손짓하는 배경의 하나다.

지난해 말 러시아 정부는 옛 소련 시절 해외 군사기지들의 복원 계획을 검토 중이라고 밝혔다. 그 계획에는 베트남 깜라인만灣도 포함돼 있었다. 이미 러시아 해군은 깜라인만에 정기적으로 입항하고 있다. 깜라인만은 미국과 일본도 눈독을 들이는 남중국해의 군사적 요충지다.

얼마 전 러시아 태평양함대 소속 군함 2척이 인도양 일대를 돌고, 버마·말레이시아·태국·베트남·홍콩 등지에 기항했다. 이를 두고 러시아 언론 〈스푸트니크〉는 이렇게 지적했다. "러시아가 태평양함대를 국제 외교정책의 수단으로 사용한다. … 러시아의 동방 확대가 육지에서도 바다에서도 일어나는 것이다."

러시아가 동아시아에서 접근하는 국가 중에는 북한이 있다. 과거 일본을 오갔던 북한 여객선 만경봉호가 러시아와 북한을 정기적으로 운항하기 시작한 데 이어, 북한과 러시아는 "2017~2018년 교류계획서"를 체결하는 등 관계를 강화하고 있다. 이를 두고 미국 국무부는 "중국의 [대북] 제재로 북한이 입은 손실을 러시아가 보상한다"며 불편한 심기를 드러낸 바 있다.

그리고 푸틴은 "힘의 권력을 이용하는 서구의 외교정책"이 북한 같은 비교적 작은 국가들의 핵무기 개발 계기가 될 수 있다며, 북핵 문제에서 미국을 견제하는 발언도 했다.

이렇게 러시아가 동아시아에서 북한에 접근하고 유럽과 중동에서 미국과 대립하자, 일부 반제국주의자들에게 러시아가 중국보다 더 '반제국주의적'인 국가로 보이는 듯하다. 그러나 러시아는 제국주의 국가로, 앞에서 설명했듯이 그 자신이 제국주의 간 갈등의 한 당사자다.

'신냉전'론은 중국과 러시아가 미국에 맞서 굳건한 동맹 관계를 형성해 간다고 묘사하지만 실제 상황은 좀 더 복잡하다. 중·러 관계는 미국의 압박에 대응해 전술적으로 공조하지만, 전략적 동맹으로까지는 발전하지 않았다. 중앙아시아에서의 주도권 문제나 인도의 부상에 따른 입장 차이 등 양국의 이익 충돌 요인들도 존재한다. 트럼프가 러시아에 접근하자고 주장했을 때 그는 러시아와 중국의 잠재적 갈등 요인들에 주목해 이간질이 가능하다고 본 듯하다.

일본 아베 정부는 미국의 대외 정책에 보조를 맞추면서 중국 견제에 앞장서 왔다. 꾸준히 군비를 늘리면서, 미국의 동맹 정책에도 적극 협력했다.

최근 일본은 캄보디아·스리랑카 등의 항만 개발·운영을 위한 진출에 공을 들이고 있다. 중국의 '일대일로' 계획을 견제하며 해상 교통로 확보 경쟁에 나선 것으로, 예컨대 스리랑카 콜롬보항港의 확장 공사와 운영 수주를 추진하고 있다. 이는 중국이 인근의 스리랑카 함반토타항港의 운영권을 확보한 것을 견제하는 의미가 크다. 캄보디아 남부 국제 항만의 경우에는, 중국과 일본의 매입 경쟁마저 벌어지고 있다.[*]

일본은 평화헌법의 제약 때문에 방위비가 '국민총생산GNP 대비 1퍼센트' 언저리를 벗어나지 못했다. 그러나 최근 집권 자민당은 향후 방위력 정비를 위한 보고서를 작성해, 방위비를 '국내총생산GDP 대비 2퍼센트'로 증액하는 것을 아베 내각에 제안했다. 트럼프가 나토에 제시한 '2퍼센트'를 따라가자는 것인데, 앞으로 일본의 군비 증강 추세는 더 가팔라질 듯하다.

아베 정부와 자민당은 평화헌법의 족쇄에서 완전히 벗어나고 싶어, 진지하게 개헌을 추진하고 있다. 자민당은 내년 초 국회 제출을 목표로 개헌안을 준비하고 있는데, 개헌안 9조에 자위대 설치 조항을 추가하는 등 군사 대국화를 뒷받침하려 한다.

일본 지배자들이 방위비를 증액하고 개헌을 추진하는 데서 북한 '위협'론은 유용한 명분이다. 북한의 핵·미사일 개발에 대한 대처가 자민당의 '2퍼센트 증액 제안'의 주요 근거 중 하나였다. 2017년 봄 한반도 긴장이 고조됐을 때 특히 일본의 우익 정치인과 언론이 한반도 전쟁 위기설을 퍼뜨린 것도 개헌 동력을 확보하겠다는 의도였다.

---

[*] 〈연합뉴스〉, 2017년 6월 8일.

트럼프는 김정은을 만날까?[*]

동아시아의 불확실성이 증대하는 것은 한반도에도 직접·간접으로 영향을 준다.

트럼프는 취임 직후 북핵 문제가 대외 정책에서 우선적으로 해결할 문제라고 선언했다. 그는 2017년 봄에 전쟁 위기설이 돌 정도로 북한에 대한 군사적 압박을 강화했다. 물론 이는 중국을 겨냥한 것이었다.

동시에 트럼프 정부는 오바마 정부의 대북 정책인 "전략적 인내"를 폐기하겠다고 선언했다. 그러나 미국 의회조사국CRS은 이렇게 지적했다. "[전략적 인내의] 많은 요소들이 남아 있다. 즉, 미국과 국제사회의 대북 제재 확대, 북한에 압력을 가할 수 있는 중국의 구실 강조, 동맹국들과의 협력. 변한 것은 트럼프 정부가 [오바마 정부보다] 북한 위협의 중요성을 제고했다는 것 정도다."[**]

트럼프는 북한을 향해 이따금 앞뒤 안 맞는 발언들을 내놓는다. 그렇지만 전반적으로 미국의 핵심 정책은 변하지 않고 있다. 따라서 북한도 이에 대한 반발을 키우고 있다. 트럼프 취임 후에 북한이 미사일을 연달아 발사하며 조만간 대륙간탄도미사일 발사도 할 수 있다고 공언하는 까닭이다.

트럼프 정부는 북한 무역의 80퍼센트를 차지하는 중국에게 유엔

---

[*] 이 글은 남북·북미 정상회담 개최가 발표되기 전인 2017년 6월에 썼다.

[**] 미국 의회조사국의 "한미관계 보고서"(2017.5.23).

대북 제재를 제대로 이행하고 북한에 비핵화 압력을 가하라고 촉구했다. 그러지 않는다면 북한과 교역하는 중국 기업에도 제재를 가할 수 있다고 압박한다(세컨더리 보이콧).

그러나 중국 지배자들로서도 북핵 문제는 상당한 난제다. 미국이 북한의 핵무기 개발을 평계 삼아 동맹을 강화하고 군사력 전진 배치를 정당화하고 있지만, 중국은 북한이 자칫 붕괴할지도 모를 수준으로 대북 제재를 강화할 수는 없는 노릇이다. 게다가 중국이 대북 제재에 일부 동참하고 북한 경제의 대중국 의존을 이용해 북한 대외 정책에 영향력을 행사하려 하자, 북한 지배 관료들이 반발해 최근 북·중 관계는 많이 소원해진 상태다.

〈한겨레〉 칼럼니스트이자 미국 외교정책포커스 소장인 존 페퍼는 트럼프 정부에게 중국의 영향력 약화를 바란다면 그간의 정책을 뒤집어 북한의 손을 잡아야 한다고 조언한다. "[아시아] 지역에서 중국의 영향력을 줄이려면, 중국과 북한의 틈을 벌리는 것보다 더 좋은 방법은 없다."[*]

물론 조만간 트럼프가 김정은과 햄버거를 먹는 장면을 보게 될지도 모른다. 그렇지만 결국 트럼프 정부도 역대 미국 정부들처럼 북한 '위협'을 과장해 미국의 동아시아 정책을 관철시키는 데 이용하는 게 북한을 포용하는 것보다 유리하다고 여긴다는 점이 드러날 것이다.

설사 미국이 북한을 끌어안는 극적 반전이 일어나도, 한반도를 둘러싼 제국주의 문제가 사라지는 게 아니다. 동아시아에서 제국주의

---

[*]   존 페퍼, "트럼프의 다음 외교적 반전은?", 〈한겨레〉, 2017년 5월 8일.

국가들의 경쟁은 결국 계속될 공산이 크다.

미국과 북한이 비공식 접촉 수준을 넘어 공식 대화를 재개할 가능성은 있다. 그러나 진정한 평화 정착에는 온갖 우여곡절이 놓여 있을 것이다. 트럼프 정부가 설정한 지속적 해빙 조건이 북한이 선뜻 받아들이기 힘든 데다 대화가 시작돼도 안정적 합의에 이르는 데까지 온갖 난관에 봉착할 공산이 크다는 뜻이다.

미국 지배자들은 한반도 문제를 항상 그 자체로 떼어 내어 보지 않고 경쟁 제국주의 국가와의 관계를 고려하면서 판단해 왔다. 다른 제국주의 국가들도 그런 점에서는 마찬가지다. 그리고 한반도를 둘러싼 주요 열강의 경쟁은 냉전 후 줄곧 심화돼 왔다(약간의 평화적 막간극이 있기는 했다).

따라서 북핵 문제를 비롯한 동아시아 불안정 문제는 국가 간 외교 협상으로 확실하게 해소될 성질의 것이 아니다. 진보 진영은 문재인 정부에게 평화협상을 하라고 당부할 게 아니라, 더한층의 불안정에 맞설 진정으로 확실한 대안을 찾아야 할 것이다. 그것은 반제국주의·반자본주의 노동계급 투쟁이다.

김영익, 〈노동자 연대〉 213호(2017년 6월 20일).

무역 전쟁: 불황 속 격화되는 지배자들 간 갈등

무역 전쟁으로 세계경제의 불확실성이 더욱 커지고 있다.

2018년 6월 1일 미국이 유럽연합·캐나다·멕시코산 철강에 25퍼센트, 알루미늄에 10퍼센트 관세를 부과했다. 그러자 이에 대응하는 보복 공격들도 확대되고 있다. 6월 22일 유럽연합은 미국의 오토바이·위스키·청바지 등에 최고 25퍼센트의 보복관세를 부과했다. 미국은 이를 철회하지 않으면 자동차와 자동차 부품에 관세 20퍼센트를 부과하겠다고 으름장을 놓았다. 유럽연합의 대미 자동차 및 관련 상품 수출량은 철강과 알루미늄의 4배에 이른다.

중국과의 무역 갈등은 이보다 규모가 더 크다. 미국은 중국의 수출품 500억 달러어치에 7월 6일부터 관세 25퍼센트를 매기겠다고 했다. 중국도 이에 맞서 미국산 수출품 500억 달러어치에 관세를 부과하기로 했다. 미국은 만약 중국이 관세를 부과하면 추가로 2000억 달러어치에 관세 10퍼센트를 부과하겠다고 을러댔다.

트럼프의 보호무역 정책은 많은 자본가들에게 "충격과 공포"를 불러일으키고 있다. 현재 미국 기업들의 총 이윤에서 해외 투자 기업의 이윤이 차지하는 비율은 40퍼센트에 이른다. 이처럼 생산이 국제적으로 복잡하게 얽힌 가운데 무역 갈등이 심화된다면 기업들의 이윤 타격이 상당할 것이다. 이 때문에 일각에서는 트럼프의 관세 위협이 엄포에 그칠 것이라고 관측한다. 그러나 일시적 봉합 가능성이 있다 하더라도 통제하기 힘든 경쟁 압력 속에 국가 간 대립이 더욱 치달을 수 있다는 사실을 간과하면 안 된다.

트럼프의 보호무역 정책은 이단아나 독불장군 같은 그의 개성 때문이 아니다. 장기 불황 상황에서 미국 자본주의의 이익을 위해 타국에 경제 위기의 고통을 전가하려는 시도로서 추진되는 것이다. 근린궁핍화라고도 불리는 이런 정책은 2008년 경제공황 이후 심화해 왔다.

2008년 위기 이후, 타국 경제를 희생시키고 자국 산업을 보호하려는 정책은 "환율 전쟁"이라는 간접적 형태로 추진됐다. 각국 정부가 경기 부양을 위해 시중에 막대한 돈을 푸는 양적 완화 정책을 시행했는데, 이는 자국의 화폐가치를 떨어뜨려 수출 경쟁력을 높이려는 조처이기도 했다.

그러나 막대한 경기 부양책을 썼음에도 10년이 지나도록 경제 회복은 미약하다. 그래서 트럼프 정부는 더 공격적인 보호무역 정책을 쓰며 세계무역 질서를 미국에 유리하게 재편하고 싶어 한다. 1930년대 대불황 당시에도 선진국들은 자국 기업 이윤을 지키는 방책으로서 보호무역 정책을 강화했다.

이처럼 트럼프 정부의 정책에는 미국 자본주의에 대한 위기감이 반영돼 있다.

미국 경제 회복세는 여전히 미약하다. 미국의 고용률(15세 이상 인구 중 고용된 사람의 비율)은 60.4퍼센트로, 위기 전의 63~64퍼센트 수준을 회복하려면 아직 멀었다. 트럼프는 강력한 보호무역 정책과 함께, 이민자를 쫓아내어 미국인에게 일자리를 주겠다는 우익 포퓰리즘적 선동을 하며 당선했는데, 약속과 현실은 차이가 큰 것이다.

2008년 위기 이후 10년이 지났지만 G7 국가들의 평균 수익률은 위기 전보다 더 낮은 상태에 머물러 있다. 이런 상황에서 국가·기업·가계 부채의 총액은 사상 최대치다. 낮은 수익률과 부채 위기 때문에 세계경제는 취약한 상황이고, 이는 최근 세계경제의 약한 고리인 신흥국 위기로 터져 나오고 있다.

미국 경제의 상대적 위상이 장기적으로 하락해 온 상황에서 중국의 부상은 미국 지배자들에게 큰 위협이다. 미국은 제2차세계대전

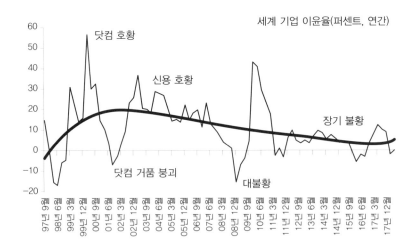

세계 기업 이윤율(퍼센트, 연간)

직후 세계 산업 생산의 50퍼센트를 차지했지만 1980년대에 그 비율은 25퍼센트로 하락했다. 1991년 냉전 종식 이후에 미국은 잠시 유일 초강대국으로 군림했지만 경제적 지위의 상대적 하락은 계속됐다. 미국은 그것을 만회하려 이라크 전쟁을 비롯한 여러 시도를 했지만 성공하지 못했다.

빈면 중국은 지난 30년 동안 급성장하며 부상했다. 중국이 세계 GDP에서 차지하는 비율은 1980년대에 1.72퍼센트에 불과했는데 2016년에 13.9퍼센트로 상승했다. 이제 중국의 GDP는 미국의 60퍼센트 수준이다.

중국 경제는 급성장했지만 선진 경제 일반에 견줘 생산성은 여전히 낮다. 그래서 중국은 경쟁력 강화를 위해 '중국제조 2025'라는 정책을 추진해 왔다. 이는 로봇공학, 반도체, 항공, 정보산업 등에서 중국 기업들이 세계 최고가 되는 것을 목표로 경제 선진화를 추구하는 정책이다.

트럼프 정부는 '중국제조 2025'에 제동을 걸려고 한다. 그래서 관세 대상 품목에 관련 상품들이 대거 포함됐다. 또, 중국 기업들이 미국의 첨단산업 분야에 투자하는 것을 제약해서 기술 유출을 차단하고 싶어 한다.

무역 전쟁으로 미국 경제도 충격을 받겠지만, 트럼프 정부는 무역 흑자에 더 의존하는 타국 경제가 더 큰 충격을 받을 것이라고 예상한다. 이를 통해 미국에 유리한 방식으로 경제 질서를 재편할 수 있을 것이라고 본다. 그래서 트럼프는 트위터에 무역 전쟁이 "식은 죽 먹기"라고 썼다.

이처럼 '치킨 게임'으로 상대방에게 더 큰 피해를 입혀 미국 패권을 공고히 한 일은 과거에 종종 벌어져 왔다.

냉전 시절에 소련과의 군비경쟁은 미국 경제에도 상당한 부담이었다. 그런데도 1980년대 미국 대통령 로널드 레이건은 군비 지출을 늘리며 소련과의 신냉전을 부추겼다. 미국보다 경제력이 약했고 내부적으로 심각한 위기를 겪고 있던 소련은 이 압력을 견디지 못하고 붕괴했다. 1980년대 신냉전은 미국이 제국주의 세계 체제 안에서 최강대국의 입지를 다시 강화한 게임이었다.

트럼프 정부는 경제적 타격이 일시적으로 있을지라도 중국이 더 성장하기 전에 기선을 제압하는 것이 미국의 장기적 이익을 위해 필요하다고 본다. 또, 독일 등 미국에 수출해 득을 보고 있는 국가들과의 무역 관계를 미국 기업들에 더 유리한 방식으로 재편하고 싶어 한다.

그러나 트럼프 정부가 원하는 수준으로 사태가 전개될지는 알 수 없다. 역사를 보면, 경쟁이 지배자들의 의도를 벗어나는 사태가 전개되는 경우도 많았다. 제1·2차세계대전은 자본주의 국가들의 경제적 경쟁과 지정학적 경쟁이 맞물리며 벌어졌다. 아무도 먼저 발 빼기 힘든 소용돌이였다.

가뜩이나 취약한 세계경제가 다시 추락하는 위기로 치달을 수도 있다.

최근 중국 경제에 경고음이 커지고 있다. 중국 증시는 연초 대비 20퍼센트 하락했고, 회사채 디폴트(채무불이행)도 2017년에 견줘 3배 증가했다. 중국의 GDP 대비 국가·가계·기업의 총 부채는 2008년 금융 위기 전 160퍼센트에서 260퍼센트로 증가했다. 그래서 부채 위기가 터질 수 있다는 경고가 나온다. 2018년 6월 25일 중국사회과학원 산하 국가금융발전실험실은 웹사이트에 중국이 '금융 패닉'에 빠질 가능성이 높다고 경고하는 보고서를 올렸다가 곧바로 삭제했다. 무역 전쟁 와중에 중국을 비롯한 신흥국의 금융 위기가 확산된다면, 그 여파가 서방 경제에도 미쳐서 세계경제가 심각한 위기로 빠질 수도 있다.

세계경제의 장기 불황 속에서 자기 몫을 더 키우려고 이전투구를 벌이는 지배자들 사이의 갈등은 체제를 더욱 불안정한 상황으로 몰아넣고 있다.

한국은 수출의존도가 매우 높기 때문에 세계무역 전쟁에 더욱 취약하다. 이 때문에 문재인 정부는 '혁신 성장'이라는 이름으로 규제를 완화하고 노동자를 공격하는 정책에 속도를 높이려 한다. 경제 위기의 고통을 전가하려는 공격에 맞서 노동계급의 투쟁과 연대가 강화돼야 한다.

정선영, 〈노동자 연대〉 252호(2018년 6월 29일).

점입가경 미·중 무역 전쟁

미·중 무역 전쟁이 점입가경으로 치닫고 있다. 2019년 5월 초 미·중 무역협상이 성과 없이 끝나자 미국은 5월 10일 중국 수출품 2000억 달러어치에 대한 관세를 10퍼센트에서 25퍼센트로 올렸다. 중국도 6월 1일부로 미국산 제품 600억 달러어치에 관세를 최대 25퍼센트로 올리며 맞받았다.

이어서 미국 상무부는 중국 통신 네트워크 업체인 화웨이를 '거래 제한 기업 리스트'에 올렸다. 이후 구글은 화웨이 휴대폰에 운영체제를 제공하지 않겠다고 했고, 인텔이나 퀄컴, 영국 반도체 기업 ARM 등 주요 반도체 업체들도 화웨이에 반도체 부품을 공급하지 않겠다고 선언했다. 최근에는 마이크로소프트도 온라인 몰에서 화웨이 노트북을 제거하며 화웨이 제재 대열에 동참했다. 미국 정부는 세계 각국에 화웨이 통신 장비를 사용하지 말도록 압력을 넣고 있고, 영국·독일·일본 등이 이에 화답하며 화웨이 통신 장비를 쓰지 않겠다고 했다. 각국의 기밀을 빼돌려 중국 정부에 제공한다는 것이 화웨이 제재의 이유지만, 진정한 목적은 화웨이의 글로벌 5G 시장 선점을 막기 위해서다.

화웨이 사례는 이번 미·중 무역 전쟁의 본질을 잘 드러낸다. 중국이 첨단 기술 육성 계획인 '중국제조 2025'를 추진하자 미국은 이 계획을 (국가의 지원에 따른) 불공정 거래, 기술 도적질이라고 비판했다. 나아가 '중국제소 2025'는 미국이 무역 합의를 파기하는 이유가 됐다.

이처럼 세계 패권을 두고 패권국인 미국과 그 최대 경쟁자인 중국이 정치·경제·군사 분야에서 갈등과 대립을 드러내고 있다. 오늘날 미·중 무역 전쟁은 두 제국주의 국가가 벌이는 치열한 경쟁의 단면인 것이다.

시장조사 업체에 따르면, 올해 1분기 글로벌 스마트폰 시장에서 화웨이가 17퍼센트를 점유해 2위를 차지했는데 미국의 전방위적 제재로 그 성장세가 꺾일 듯하다. 5G 통신 장비 분야에서도 화웨이의 독주獨走는 저지당할 것으로 보인다. 그렇지만 화웨이는 이전의 중싱통신ZTE과는 다르다. 미국의 제재로 파산 위기에 처한 ZTE는 미국의 요구를 수용해야 했다. 규모나 기술력, 부품 조달 창구의 다양화 덕분에 화웨이는 미국의 제재로 사업이 크게 위축될 수는 있어도 파산까지 하지는 않을 것이다.

중국도 미국에 반격하고자 여러 카드를 만지작거리는 듯하다. 5월 20일 시진핑은 장시성 남부의 희토류 공장을 시찰해 희토류를 무역 전쟁의 보복 카드로 사용할 수 있음을 내비쳤다. 몇 년 전 일본에게 사용해 성공한 방법이다. 또 중국은 애플 같은 미국 기술 회사의 중국 진입을 막고자 새로운 사이버보안법을 만들었다. 미국산 페놀 제품에는 반덤핑 조처를 내렸다.

그러자 미국 민주당 상원 의원들은 철도차량 제조업체인 중궈중처(중국중차)가 정부 보조금을 받는다며 워싱턴 지하철 철도차량 입찰을 막는 법안을 제출했다. 미국은 '중국제조 2025'에 담긴 10대 산업 전체로 무역 전쟁을 확전할 태세다.

일본 방문 도중 트럼프는 중국에 부과한 관세로 돈이 많이 들어온다고 자랑했다. 그렇지만 IMF의 보고서는 미·중이 상대방에게 무자비하게 때린 관세 폭탄의 피해를 서로 입고 있음을 보여 줬다.

트럼프가 화웨이와 그 계열사 70여 곳을 제재하자 미국 시골 지역 이동통신 업체들이 갑자기 위기에 처했다. 미국 소도시와 시골 지역 무선통신 사업자들이 저렴한 화웨이 통신 장비를 사용하기 때문이다. 미국 상원은 7억 달러 규모의 보조금을 마련하고 있지만 이것으로 화웨이 장비를 교체하기에는 턱없이 부족한 상황이다. 최악의 경우에는 미국 시골 지역에서 휴대전화와 인터넷이 안 될 수 있다. IMF의 수석 경제학자 기타 고피나트는 "미·중 무역 전쟁의 충격"이라는 공동 보고서에서 미국이 중국 업체에 부과한 관세 수입은 미국 소비자들이 전적으로 부담한 것이라고 지적했다. "세탁기 등과 같이 대중국 관세 가운데 일부는 미국 소비자들에게 전가돼 왔고, 나머지는 미국 수입 업체들이 이익 마진을 낮추면서 관세 충격을 흡수해 왔다."

중국이 아이폰 사용을 제한하면 전 세계 아이폰 사용자의 3분의 1인 2억 4000만 명이 불편을 겪을 수밖에 없다. 아이폰 부품 업체 폭스콘에 고용돼 있는 노동자 100만 명 이상도 영향을 받을 것이다.

미·중 무역 전쟁으로 승리가 임박한 것처럼 트윗을 날리는 트럼프나 대장정 출발 기념관을 찾아 헌화하는 시진핑이나 황당하고 웃기기는 마찬가지다. 세계 패권을 두고 벌이는 최근의 미·중 무역 전쟁을 중국 공산당이 1934년 국민당을 피해 산간벽지로 도망갔던 대장정과 비교하는 것은 전형적인 피해자 코스프레다.

IMF는 미·중 무역 갈등이 전면전으로 확대될 경우 전 세계 경제 성장률이 0.2~0.8퍼센트포인트 하락할 것이라 전망했다. 그리고 올해 세계경제를 불안하게 만드는 네 요인 중 하나로 미·중 무역 전쟁을 지목했다. 6월 말 일본에서 열리는 G20 정상회담 때 트럼프와 시진핑이 협상을 타진하겠지만 그것으로 미·중 무역 전쟁이 끝날 것 같지 않다.

무역 전쟁으로 심화된 군사적 갈등

화웨이 제재 사태로 미·중 무역 전쟁이 첨예한 갈등을 빚는 상황에서 남중국해에서도 군사적 긴장이 고조되고 있다. 5월 17일 미국 구축함 프레블함이 남중국해 스카버러 암초(중국명 황옌다오) 부근을 통과하는 '항행의 자유' 작전을 펼쳤다. 이에 대해 중국 정부는 "미군 군함의 이런 행위는 중국의 주권을 침해하고 관계 해역의 평화와 안전, 질서를 깨는 것"이라고 비난했다.

미군의 남중국해 항해는 올해 들어 적어도 다섯 번째다. 5월 6일에도 미국 군함 2척이 게이븐 암초(중국명 난쉰자오)와 존슨사우스 암초(중국명 츠과자오) 인근 해역에 진입한 바 있다. 반면 중국은 남해9단선을 근거로 남중국해 대부분의 해역에 대해 영유권을 주장하고, 인공섬과 암초 등에 군사시설을 건설해 왔다.

미국은 대만과 관계 강화를 노골적으로 추진하고 있다. 미국 하원은 5월 7일 '2019 대만 보증법'과 '미국의 대만 공약과 대만관계법* 이행을 재확인하는 결의안'을 잇따라 통과시켰다. 미국이 대만에 첨단 무기를 판매하고 군사적 지원을 확대하겠다는 의미다. 중국은 미국의 이런 조처가 '하나의 중국' 원칙에 어긋난다며 반발했다.

미·중 대립이 심각해지면서 대만해협을 둘러싼 군사적 긴장도 고조되고 있다. 5월 5일 중국군은 대만 인근인 저장성 해역에서 실사격을 포함한 군사훈련을 대규모로 벌였다. 대만도 중국의 침공을 가정한 대규모 군사훈련으로 맞서고 있다. 이 때문에 일촉즉발의 상황이 벌어지곤 한다. 4월 30일 대만 전투기가 중국 전투기를 향해 플레어를** 쐈다. 대만은 "플레어 발사는 방어적 행위여서 교전으로 확대되진 않았다"고 밝혔지만 충분히 군사적 충돌로 나아갈 수 있는 상황이었다. 중국 폭격기는 대만 방공식별구역을 빈번하게 침범하고 있기 때문이다.

대만해협에서의 군사적 긴장이 내년 1월에 열릴 대만 선거에 영향을 미치기 위한 조처라는 분석이 있지만 이는 협소한 얘기다. 중국과 대만의 군사적 긴장 고조나 남중국해에서 중국과 미국의 대립 등은

---

* 대만관계법 1979년 미국이 중국과 수교하면서 대만과 외교 관계를 단절하는 대신 대만에 무기 제공을 보장한 법.

** 플레어 적이 쏜 열 추적 미사일을 피하고자 발사하는 기만체.

무역 전쟁처럼 제국주의 국가들의 세계적 패권 경쟁의 단면이다.

남중국해의 군사적 긴장을 이해하려면 제국주의적 세계 체제에서 경제적 경쟁이 지정학적 경쟁으로 치닫게 되는 논리를 설명한 부하린과 레닌의 제국주의론이 필요하다.

이정구, 〈노동자 연대〉 288호(2019년 5월 30일).

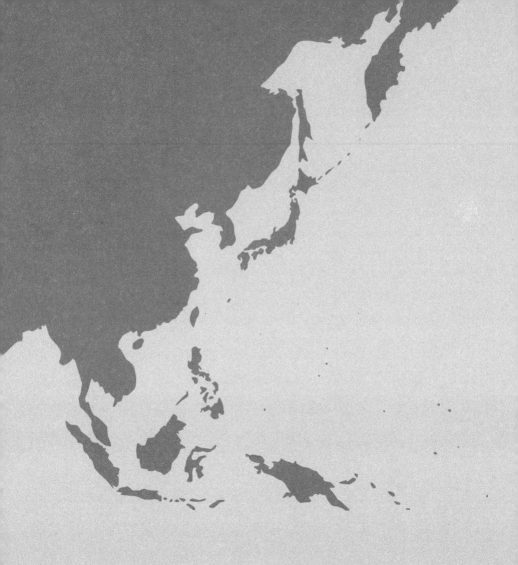

3장
정상회담과 한반도 평화

제국주의와 한반도: 어제와 오늘

이 글을 쓰는 2017년 10월 현재 한반도를 휘감은 긴장이 좀체 가라앉을 기미를 보이지 않는다. 그 긴장 속에 살면서, 많은 한국인들은 동아시아와 한반도가 미래에 핵전쟁이 일어날 가능성이 있는 불안한 지역임을 실감하고 있다. 오늘날 세계 자본주의의 중심지로 부상한 동아시아에서 말이다.

25년 전만 해도 북한은 핵무기도 중거리 미사일도 없는 국가였다. 그러나 오늘날 북한은 최근의 수소폭탄 실험을 포함해 6차례나 핵실험을 감행하고, 대륙간탄도미사일을 시험 발사할 수 있는 국가가 됐다. 많은 전문가들은 북한이 미국 본토를 타격할 만한 능력을 갖췄는지는 불확실하지만, 적어도 서울·도쿄 같은 미국 동맹국의 핵심 도시나 오키나와·괌 같은 미국의 서태평양 군사 거점을 핵무기로 타

이 글은 2017년 10월에 쓰였고, 영어로 번역돼 아일랜드 마르크스주의 계간지 *Irish Marxist Review* vol 6, no 19(2017)에 실렸다.

격할 수는 있다고 본다.

그래서 전후 맥락을 잘 모른다면, 북한의 '도발'이 오늘날 동아시아와 한반도의 평화와 안정을 위협하는 주범이라고 여기기 쉽다.

물론 북한의 핵무기 개발은 분명 끔찍한 소식이다. 그러나 오늘날 한반도 주변에서 세계 1위·2위·3위의 경제 대국들이 대립하고 핵무기 경쟁을 포함한 군비경쟁을 벌이고 있는 구체적 맥락 속에서 보면 북한의 '도발'은 사뭇 달리 보일 것이다. 북핵 문제를 포함한 한반도 불안정은 냉전 종식 이후 미국의 역대 정부들이 동아시아에서 패권을 유지하기 위해 실행한 정책들이 누적적으로 쌓인 결과다. 미국의 핵 확산 통제 정책이 반대로 북한으로의 핵 확산이라는 역풍을 초래한 셈이다. 또 한반도가 제국주의 간 경쟁의 최전선이 돼 있다는 현실에서 비롯한다. 즉, 오늘날 한반도 불안정은 제국주의 세계 체제의 문제다.

한반도 불안정을 이해하려면, 우선 지도부터 봐야 한다. 한반도는 유라시아 동쪽 끝에 있는 반도다. 북쪽으로는 중국 동북 지방과 러시아에 접해 있다. 특히 오늘날 중국과 북한의 국경은 압록강과 두만강을 사이에 두고 1500킬로미터에 이른다. 한반도에서 중국 수도 베이징은 여객기로 2시간 이내에 도착할 만한 거리에 있다. 한반도 남쪽은 일본에 매우 가까워서, 남해안 도시 부산에서 일본 쓰시마섬을 육안으로 볼 수 있을 정도다.

19세기 후반 서구 제국주의가 동아시아로 진출한 이래, 이런 지정학적 조건 때문에 한반도는 제국주의 강대국들이 자신의 세력권에 넣기 위해 싸우는 경쟁 무대가 됐다. 대표적 사례가 1904~1905년

러일전쟁이다. 이 전쟁에서 러시아와 일본은 중국 동북 지방(만주)과 한반도를 놓고 맞붙었다. 당시 영국과 동맹을 맺은 일본 제국주의는 러시아의 남하를 저지하려 했고, 러시아 제국주의는 만주를 차지하고 한반도에서 부동항不凍港을 확보하려 했다. 전쟁 발발 전에 러시아와 일본은 북위 38도선을 기준으로 한반도를 남북으로 분할해 각각 차지하는 타협책을 논의했시만, 양측 모두 만족스런 합의가 이뤄지지 않자 결국 정면충돌로 나아갔다. 이 전쟁에서 승리한 일본이 1910년 한반도 전체를 식민지로 삼아 버렸고, 이후 한반도는 일본의 중국 진출을 위한 교두보가 됐다.

35년간의 식민 지배는 한반도 민중에게 매우 끔찍한 경험이었다. 1945년 일본이 제2차세계대전에서 패배하자 한반도 민중은 오랜 제국주의 지배에서 벗어나기를 열망했다. 그러나 미군이 한반도 이남에, 소련군이 한반도 이북에 들어와, 한반도를 남북으로 분할·점령했다. 바로 그 북위 38도선을 기준으로 말이다.

미국과 소련은 모두 한반도를 안보적 중요 지역, 또는 동아시아 세력권 확보를 위해 반드시 차지해야 할 곳으로 인식했다. 미국에게 한국은 일본을, 그리고 태평양을 방어하는 전초기지였다. 소련도 미국처럼 제국주의적 이해관계를 갖고 한반도에 들어왔다. 미국과 소련 양대 제국주의는 한국인들의 온갖 저항을 짓누르며 자국에 우호적인 정권을 남·북한에 각각 수립했다.

냉전은 1950년 한반도에 참혹한 열전을 일으켰다. 스탈린의 승인을 받은 북한 김일성이 통일을 위한 전쟁을 벌였다. 그러나 곧 미국과 중국이 개입했고, 전쟁은 무려 3년 동안 지속되며 300만 명 이상이 사망했다. 희생자는 대부분 민간인이었다. 당시 미국은 여러 차례 핵무기 사용을 검토했는데, 하마터면 평양이 제2의 히로시마가 될 뻔했다. 핵무기가 실제 사용되지는 않았지만 한국전쟁은 한반도 전역(특히, 미군의 무차별 폭격을 맞은 북한)을 잿더미로 만든 매우 야만적인 제국주의 간 대리전이었고 냉전의 집약판이었다.

북위 38도선 인근에서 전선이 오랜 시간 고착되자, 1953년 정전이 이뤄졌다. 그러나 이후에도 전쟁 위기가 여러 차례 일어났다. 미국은 남한에 미군을 대규모로 주둔시켰고, 정전협정을 위반하고 핵무기를 남한에 들였다. 한때 남한에 배치된 핵무기가 1000기에 육박했다. 냉전이 종식되면서 1991년에 핵무기는 철수했지만, 미군은 지금까지 한국군과 함께 매년 대규모 연합훈련을* 하며 한반도 핵전쟁 연습을 지속하고 있다.

남·북한 지배자들은 휴전선 남북으로 대치하며 제2의 한국전쟁에 상시적으로 대비해 왔다. 수십 년 동안 군사 경쟁을 벌이다 보니, 오늘날 한반도 휴전선 일대는 세계에서 재래식 전력이 가장 밀집된 지역이 됐다.

휴전선을 사이에 둔 군사 경쟁의 압력 속에, 남·북한 모두에서 독재가 강화됐다. 북한에서는 김일성과 그의 핵심 측근들이 경쟁 관료

---

* 대표적인 한·미 연합훈련이 매년 봄에 실시되는 키리졸브 연습이다. 이것은 1976년에 시작된 팀스피리트 훈련이 이름을 바꿔서 이어진 것이다. 훈련명이 키리졸브로 바뀌면서, 훈련의 목표와 내용이 더 공격적으로 변했다. 이 훈련은 세계에서 규모가 가장 큰 연합훈련으로 알려졌다. 이 밖에도 매년 여름에 실시되는 전쟁 시뮬레이션 훈련인 을지프리덤가디언 훈련을 비롯해 여러 한·미 연례 연합훈련이 한반도와 그 인근에서 1년 내내 꼬리에 꼬리를 물고 시행된다.

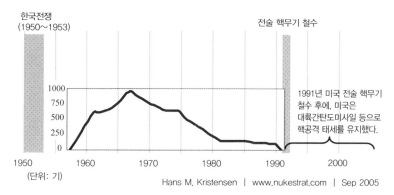

냉전 당시 남한에 배치된 미국 핵무기

한국전쟁
(1950~1953)

전술 핵무기 철수

1991년 미국 전술 핵무기
철수 후에, 미국은
대륙간탄도미사일 등으로
핵공격 태세를 유지했다.

1950   1960   1970   1980   1990   2000
(단위: 기)

Hans M. Kristensen | www.nukestrat.com | Sep 2005

분파들을 제거하고, 냉전 내내 중국과 소련 사이에서 줄타기하며 중공업 중심의 공업 발전에 매진했다. 남한에서도 친미 독재자들이 잇따라 통치하며, 노동자들을 억압하고 국가가 주도적으로 산업 성장을 추동했다.

이렇게 남·북한에서 급속한 공업화가 이뤄졌고, 양쪽에 독립적인 자본축적의 중심지가 형성될 수 있었다. 그런데 이것은 남·북한 모두에서 자본주의의 무덤을 파는 사람들인 노동계급이 거대하게 형성됐다는 뜻이기도 하다. 남한에서는 1987년 대중 항쟁이 일어나 부르주아 민주주의로의 전환이 시작될 수 있었는데, 그 저항의 핵심 사회 세력이 노동계급이었다.

냉전 종식

냉전이 종식되면서, 한반도는 다소 유동적인 상황을 맞이하게 됐다. 그러나 냉전 종식은 많은 한국인들이 기대한 해빙이 아니라, 새로운 불안정의 출발점이 됐다.

동구권이 붕괴하면서, 미국이 세계에서 차지하는 정치적·군사적 위상은 커지게 됐다. 그러나 미국 경제의 지위는 상대적으로 하락하고 있었다. 반면에 독일과 일본 같은 다른 자본주의 강대국들의 경제가 크게 성장하고 신흥공업국들이 등장하는 등, 세계 경제력의 지리적 분포가 달라지고 있었다. 미국 지배자들은 앞으로도 계속 미국이 국제 서열의 꼭대기를 지킬 수 있을지 불안감을 갖게 됐다. 미국 제국주의에게 새로운 전략이 필요했다.

미국은 동아시아에서 패권을 유지하는 문제로도 고심했다. 미국의 동아시아 전략의 핵심은 일본이 미국의 지도력을 따르게 하는 것이었지만, 미일동맹은 1990년대 중반까지 안정되지 못하고 삐거덕댔다. 소련이라는 공통의 적이 사라지자, 중국도 잠재적으로 미국의 경쟁자로 부상했다.

그래서 미국 지배자들은 1990~1991년 걸프전에서 미국의 막강한 군사력을 사용해 세계 지배자들한테 세계의 안전은 결국 미국의 힘에 달려 있다는 것을 보여 주려 했다.

미국이 보기에 북한은 동아시아판 이라크였다. 즉, 미국의 개입이 필요한 새로운 '위협'으로 지목하기에 적합했다. 당시 북한은 소련과는 소원해진 채, 제멋대로 구는 골칫거리 같은 이미지에 딱 맞아 보였다.

1990년대 북한 국가자본주의는 심각한 대내외적 위기에 봉착해 있었다. 북한 경제는 1970년대까지는 남한에 앞서 있었지만, 북한식

자립 경제 모델은 점차 한계에 부딪혀 1980년대에 경제가 추락하기 시작했다. 소련과 동구권의 붕괴는 안 그래도 위기에 빠진 북한 경제에 결정적 타격을 줬다. 이 때문에 남·북한의 경제 격차가 심하게 벌어졌다. 이 추세는 최근까지 지속돼, 오늘날 남·북한의 GDP 격차는 45대 1까지 벌어진 것으로 추정된다.

북한은 여전히 미국과 수교를 맺지 못한 가운데 소련과 중국이 남한과 수교를 맺은 것도 북한 지배자들을 당혹스럽게 했다. 북한은 이를 심각한 안보 위기 상황으로 받아들였다. 1990년 소련이 남한과 수교하겠다고 북한에 통보하자, 북한은 처음으로 "희망하는 무기(핵무기)"를 개발할 수 있다고 소련 측에 밝히게 된다.*

그러나 북한 지배자들이 핵무기 개발로 곧장 나아간 것은 아니었다. 경제 위기에서 벗어날 자원을 확보하기 위해, 북한 지배자들은 미국·일본 등 서방과의 관계 정상화를 계속 시도했다. 1992년 김일성은 "미국에 가 낚시도 하고 친구도 사귀고 싶다"고 말했다. 2002년에도 그의 아들 김정일이 일본 총리 고이즈미를 만나 이렇게 말했다. "부시 대통령과 밤새 목이 쉬도록 노래 부르고 춤추고 싶다."

북한이 내민 손을 뿌리친 건 바로 미국이었다. 1991년 북한은 일본과 수교를 맺는 데 근접했는데, 미국이 개입해 북·일 관계 개선을 방해했다. 미국은 북한 영변의 핵 시설이 핵무기 개발 목적의 시설이라고 의혹을 제기하며 북한을 몰아세웠다. 한반도 정세가 얼어붙기 시작했다.

---

* 돈 오버도퍼, 로버트 칼린, 《두 개의 한국》, 길산, 2014.

미국은 북한의 '위협'을 엄청 과장했지만, 미국이 걱정한 것은 북한 자체가 아니었다. 미국이 북핵을 문제 삼은 것은 핵무기 확산 통제 정책의 일환이었다. 미국은 냉전 해체 이후 여러 국가들이 핵무장에 나설 가능성을 우려하며, 이에 제동을 걸고 미국의 핵 우위를 유지하려고 북한을 본보기로 삼은 것이었다.

미국의 압박에 북한은 여러 양보 조처를 하고 진지한 제안들을 내놓았지만, 미국은 이를 모두 경시했다.

1994년 여름에 이르자, 미국은 북한에 온갖 협박을 퍼부으며 군사행동을 준비했다. 클린턴 정부는 북한 핵 시설을 공격할 것을 검토하며, 그 사전 단계로 미군의 대대적인 한국 증원을 준비했다. 이 결정은 한반도 전쟁 위험성을 내포한 것이었다. 당시 주한 미국 대사는 대사관 직원과 그 가족들에게 "이른 여름휴가"를 고려하라고 지시했다.[*]

만약 1994년 미국이 북한을 공습해 한반도에서 전쟁이 일어났다면 어떻게 됐을까? 당시 주한미군 사령관은 빌 클린턴에게 제2차 한국전쟁이 일어나면 적어도 사상자 100만 명, 비용 1000억 달러, 산업 피해 1조 달러가 생길 것이라고 보고했다.[**] 전면전이 발발하면 미국과 그 동맹국들도 막대한 피해를 감수해야 했다.

위기는 1994년 10월 제네바 합의로 봉합됐다. 북한이 미국의 핵심 요구를 받아들였다. 북한은 기존의 핵 시설을 폐쇄하고, 국제원자력

---

[*] 빅터 차, 《불가사의한 국가》, 아산정책연구원, 2016.

[**] 빅터 차, 같은 책.

기구IAEA 사찰을 받기로 하는 등 명백히 자국에 불리한 협정에 서명했다.

대북 전쟁 위협과 제네바 합의에 이르는 과정에서, 미국은 냉전 종식 후에도 동아시아에서 손 뗄 생각이 없음을 대내외에 보여 줬다. 그리고 동아시아의 안정은 미국에 달려 있음을 잊지 말라고 그 지역의 국가들(중국·러시아·일본·남한)에게 천명한 셈이었다.

미국은 처음부터 제네바 합의를 제대로 이행할 의사가 없었다. 합의상에는 북한과 미국의 관계를 정상화하고, 미국은 핵 공격을 포함한 대북 군사 위협을 중단하며, 미국의 대북 무역·경제 장벽을 제거하기로 돼 있었다. 그러나 진전된 게 없었다. 합의 이후에도 미국은 북한에 번번이 새로운 의혹을 제기하며 새로운 요구들을 들이밀었다. 이렇게 북한 '위협'을 부각시키는 것은, 1990년대 미·일 동맹을 새롭게 갱신하면서 일본이 미국의 전략적 종속 아래에 있도록 유지시키는 데 도움이 됐다.

2001년 조지 W 부시가 미국 대통령이 되면서, 미국의 대북 압박 수위는 다시금 매우 높아졌다. 부시의 집권을 도운 신보수주의자들(네오콘)은 미국의 군사적 우위를 이용해 세계 경제·정치 권력 분포를 자국에 유리하게 변화시키려고 했다. 즉, 다른 제국주의 국가들이 갖지 못한 우월한 군사력을 이용하면 미국이 시장 경쟁에서 잃고 있는 것을 만회할 수 있다고 기대한 것이었다.

네오콘을 비롯한 미국 지배자들은 동아시아에서 중국의 경제성장을 우려스런 눈으로 바라보고 있었다. 중국의 경제성장이 군사력 증강으로 이어져, 동아시아에서 미국의 지위를 흔들까 걱정한 것이다.

그래서 부시 정부는 동아시아에서 미사일방어체계MD와 동맹을 강화하는 등 중국을 겨냥한 조처들을 내놨다.

그러나 부시 정부로서도 중국을 공공연히 적이라고 규정하기보다는 북한의 '위협'을 들먹이며 동아시아에서 자국의 군사력을 전진 배치하고, 동맹국과의 연합훈련을 하고, 군사동맹을 강화하는 게 훨씬 쉬웠다.

그리고 "불량 국가"에 의한 대량살상무기의 확산을 막는 것이 부시의 "테러와의 전쟁"에서 핵심 명분의 하나였다. 가장 문제가 된 것이 북한이었다. 부시 정부는 처음부터 제네바 합의를 싫어했고, 결국 북한을 이란·이라크와 함께 "악의 축"으로 지목했다. 2002년 10월 부시는 북한이 비밀리에 고농축 우라늄 계획으로 핵무기를 개발한다는 의혹을 명확한 근거 없이 제기했고, 그 직후 제네바 합의는 역사 속으로 사라졌다.

북한은 부시 정부의 대북 압박 강화에 반발하며, 핵 시설을 재가동하기 시작했다. 북한의 핵무기 프로그램이 급속도로 추진되기 시작했다. 2003년 미국이 이라크를 침공해 후세인 정권을 무너뜨리는 것을 보며, 북한 지배자들은 나름의 교훈을 이끌어냈다. 2003년 6월 북한 관리들은 북한을 방문한 미국 의회 대표단에게 이렇게 말했다. "우리가 핵무기를 제조하는 것은 사담 후세인의 이라크 신세가 되지 않기 위해서다."

얼마 안 가 북핵 문제 해결을 위한 6자회담(남한·북한·미국·중국·일본·러시아)이 시작됐다. 이라크 전쟁에 집중하기 위해 부시는 이 회담을 이용해 북핵 문제가 더 악화하지 않게 관리하며 시간을 벌기를 원했다. 6자회담에서 부시 정부는 처음부터 협상을 통한 문제 해결에는 관심이 없었다. 엄포를 놓았다가 북한이 반발하면 양보할 듯한 태세를 보이며 협상장에 나가 시간을 끄는 게 부시 정부의 패턴이었다.

남한 노무현 정부(2003~2007년)는 남한 우파들과 다르게 기존의 친미 일변도 외교에서 탈피할 것을 공언해, 많은 한국인들의 기대를 받았다.[*] 그러나 정작 북핵 문제가 불거지자, 노무현 정부는 부시에 협력하며 대북 압박에서 미국에 보조를 맞췄다. 부시의 이라크 파병 요청에 응하는 대신 북핵 문제를 평화적으로 해결하는 데서 부시 정부의 협력을 얻어 내겠다고 변명하며, 노무현은 이라크에 미국·영국에 이어 가장 큰 규모의 군대를 파병했다. 노무현 정부는 이런 행보를 "친미적 자주"라는 해괴한 말로 포장했다. 많은 사람들이 노무현의 배신에 깊은 환멸을 느꼈다.

2005년 부시 정부가 시간을 끌면서 새로운 대북 금융 제재를 단행하자, 6자회담 북한 측 대표는 북한 측의 분노를 이렇게 표현했다. "금융은 피와 같다. 이것이 멈추면 심장이 멈춘다." 북한은 미국이 이라크 전쟁에 힘을 집중한 상황을 이용해 점차 강도 높은 반작용을 벌였다. 2006년 북한은 처음으로 핵실험을 감행했다. 부시 정부의 제국주의적 압박이 북한 핵무기라는 역풍을 낳은 것이었다.

그러나 북한이 핵실험을 감행할 즈음, 부시는 이라크 수렁에 빠져 있었다. 부시는 핵실험을 감행한 북한을 상대로 호통을 치는 것 외에

---

[*] 남한의 현 대통령 문재인이 바로 노무현의 대통령 비서실장 출신이다.

는 할 수 있는 게 별로 없었다. "악의 축"을 상대로 협박을 가하던 부시 정부의 애초 의도와 달리, 미국의 힘이 한계를 드러내고 있었다. 이는 동아시아에서 미국의 통제력이 약화했음도 의미했다.

아시아로의 중심축 이동

미국은 상대적으로 하락해 온 자국의 (경제적) 지위를 만회하기 위해 이라크 전쟁을 비롯해 여러 시도를 했지만, 결과적으로 성공하지 못했다. 게다가 미국이 2008년에 시작된 세계경제 위기의 진원지가 되면서, 미국의 패권이 더 약화됐다. 그 사이에 "나머지의 부상"이 더 두드러졌다. 그중 중국의 부상이 단연 돋보였다. 중국은 당시 경제 위기에서 빨리 탈출하면서 다른 나라 경기도 함께 회복시켰다. 남한·일본 등 미국의 아시아 동맹국들도 중국과의 경제적 관계가 깊어지는 등 아시아·태평양 지역에서 중국의 위상이 높아졌다. 이제 중국은 아시아·태평양에서, 그리고 장차 세계 무대에서 미국의 헤게모니에 맞설 주요한 도전자로 떠올랐다.

2008년 미국 대통령에 당선한 오바마는 중국의 경제적·정치적 부상을 위협으로 느끼며 적극 대처하려고 했다. 그래서 중국의 부상을 겨냥해 아시아·태평양 지역에 역량을 재배치하려고 했다. 이것이 "아시아로의 중심축 이동"이라는 용어가 나온 배경이었다.

오바마 정부는 중국의 군사력 증강에 대응해 동아시아에서 힘의 우위를 유지하려고 군사적 노력을 쏟았다. 중국을 포위하기 위해 아시아에서 동맹을 확대·강화하려고 했다. 일본·남한·호주 등 기존 동맹을 더욱 강화하고, 협력 범위를 베트남·싱가포르·인도 등으로 확대하려고 애썼다.

중국의 부상과 그것을 견제하고 헤게모니를 유지하려는 미국의 전략으로 동아시아 불안정이 증대돼 왔다. 한반도는 동아시아의 지정학적 불안정과 긴밀히 연동돼 있었다.

미국은 "아시아로의 중심축 이동"을 표방하면서 남한을 대중국 포위 전략의 한 축으로 삼고자 했다. 미국은 한국과 일본의 군사 협력을 증진시켜 한·미·일 삼각동맹을 구축하기를 원했다. 한·미·일 동맹을 구축하는 데서 미국의 핵심적 관심사는 MD의 한·미·일 협력 추진이었다.

오바마 정부도 다른 미국 정부들처럼 북한의 '위협'을 과장하고 압박하면서 이를 자국의 전략적 이익을 관철시키는 데 이용했다. 미국은 동맹 강화, 한·미·일 안보 협력, 한·미·일 MD 협력 등이 필요한 으뜸 가는 이유로 항상 북한의 '위협'을 꼽았다.

오바마가 북한의 '위협'을 어떻게 활용하는지를 명확히 보여 준 사례가 2010년 천안함 사건과 연평도 상호 포격 사건이었다. 3월 남한의 군함 천안함이 서해(한반도와 중국 사이의 해역)에서 갑자기 침몰하자(침몰 원인은 지금도 정확히 알 수 없다) 남한 우파 이명박 정부와 오바마 정부는 이를 북한 소행이라고 단정 지었다.

오바마 정부는 천안함 사건을 명분으로 주일 미 공군기지를 오키나와 밖으로 이전시키려는 일본 하토야마 정부의 계획을 무산시켰다. "일본 국민도 북한 공격의 위협에 노출돼 있다"는 것이 미국의 논리였다.

또, 미국은 한국에도 동맹의 필요를 각인시키고 한반도 주변에서 연합훈련을 지속했다. 이는 한반도 긴장을 증대시키는 효과를 냈고 그런 과정에서 같은 해 11월 서해 연평도에서 남북 간 상호 포격 사태가 일어났다. 그다음 날 미국은 항공모함을 서해에 투입했다. 연평도 사태를 이용해, 중국의 반발에도 불구하고 중국 앞바다에 항공모함을 들여놓은 것이었다.

그래서 한국에서는 과연 미국이 정말로 북한 핵 문제를 해결해 긴장을 낮추려 하는지에 대한 의문이 제기돼 왔다. 오바마 정부는 자신의 대북 정책을 "전략적 인내"라고 부르며, 북한과의 관계를 개선하기 위해서는 아무런 조치를 취하지 않았다. 그리고 북한더러 대화를 원한다면 먼저 핵무기부터 포기하라고 했다. 남한의 우파인 이명박 정부(2008~2013년)와 박근혜 정부(2013~2017년)가 오바마의 "전략적 인내"에 적극 협력한 것은 물론이었다.

북한의 처지에서는 "전략적 인내"를 대북 적대 정책으로 받아들일 수밖에 없었다. 2009년 북한이 인공위성을 발사했다는 이유로 미국이 경제제재를 강화하자, 북한은 우라늄 농축 시설을 지었다.

미국과 남한은 북한의 돈줄을 죄는 경제제재와 한·미 군사력 강화를 결합해 북한을 압박했다. 북한이 미사일을 발사하고 핵실험을 감행할 때마다 그 강도를 높였다. 그래서 남·북한 간의 경제 교류는 거의 끊기다시피 했다. 2010년 이후로 한·미 연합훈련은 매년 그 규모가 확연히 커지고, 미국의 주요 전략 자산들이 공공연하게 투입됐다. 미국의 전략폭격기를 한반도에 전개하는 것을 공개하고, 북한 집권자 참수 작전 훈련까지 실시하는 것은 북한을 긴장시키기에, 그리고 중국을 자극하기에 충분했다.

대북 압박 강도의 강화라는 측면에서 남한의 MD 참여가 특히 두드러졌다. 남한은 중국 등의 반발을 의식해 MD 참여에 상대적으로 소극적이었으나, 북한의 핵·미사일 능력이 강화되자 점차 태도가 바뀌었다. 마침내 2016년 박근혜는 중국의 거센 반대를 무릅쓰고 미국 MD의 핵심 무기 체계인 사드THAAD의 한국 배치 계획에 동의했다. 사드의 한국 배치는 미국이 유사시 중국의 미사일을 요격하는 데 필요한 조처였다. 오랫동안 남한에 사드 배치를 요구해 왔다는 점에서, 미국이 숙원을 풀었다고 할 만했다.

오바마 임기 8년 동안 미국과 북한의 대화는 비공식 접촉 수준을 넘지 못했다. 결국 같은 기간에 북한은 핵실험을 4번이나 하는 등 핵무기 개발에 박차를 가했다.

트럼프가 몰고 온 폭풍

서두에서 나는 한반도 불안정이 제국주의 세계 체제라는 맥락 속에서 봐야 하는 문제임을 지적했다. 지난 25년 동안 미국에게는 북핵 문제를 해결할 기회가 여러 번 있었다. 그러나 미국은 언제나 북핵 문제를 동아시아에서 자국의 영향력과 주도권을 유지·향상시키는 문제와 연계해 대처했다. 이런 점에서는 주변의 다른 제국주의 국가들(중국·러시아·일본)도 마찬가지다.

북한은 미국의 협박에 대응해 벼랑 끝 전술을 동원하며 생존 게임을 벌여 왔다. 김정은과 북한 지배 관료들은 핵무기를 통해 미군과 한국군의 재래식 전력과 군사훈련에 대항해 생존력을 높이려 한다. 유사시 발휘할 수 있는 핵 보복 능력을 보여 주면서 말이다. 그리고 핵탄두와 미사일을 미국을 협상장으로 부르는 수단으로도 활용한다. 북한 공식 매체와 외교관들은 미국을 향해 거친 말을 자주 내뱉지만, 다른 한편으로 북한은 미국과의 대화를 계속 추진해 왔다. 북한의 민족주의 정권에게 가장 중요한 것은 자본주의 국가 체계 속에서 자신의 안정된 위치를 확보하는 것이다.

제국주의 세계 체제의 압력에 직면한 북한 지배자들은 핵무기 개발을 선택했다. 그리고 북한 조선로동당 기관지 〈로동신문〉은 이렇게 주장했다. "우리 국가가 핵보유국이 됨으로써 한반도는 물론 동북아시아, 세계의 평화와 안전이 수호되고 있다." 그러나 북한 핵무기는 제국주의에 저항하는 효과적 수단이 되지 못하고, 북한 지배자들은 북한 정권 붕괴를 바라는 제국주의 지배자들을 계속 상대해야 한다.

더욱이 이제 트럼프가 미국 대통령이다. 트럼프 정부 내각에는 월가 출신자들과 군 장성 출신자들이 매우 많지만, 과거의 공화당 정부와는 분명 다른 점이 있다. 트럼프의 지지 세력에는 스티브 배넌처럼 유럽 우익 포퓰리즘에 일체감을 느끼는 자들도 포함돼 있어, 트럼프의 집권은 국제적 맥락에서 우익 포퓰리즘의 부상과 무관하지 않다.

제2차세계대전 이후 미국이 주도해 구축해 놓은 자유 시장 자본주의의 국제 질서에 금이 가는 한편, 미국 주류 정치인들이 미국 제국주의가 패권을 계속 유지할 해법을 딱 부러지게 제시하지 못한 가운데, 트럼프가 백악관을 차지했다. 트럼프는 미국 지배자들에게 전략상의 방향 전환(이른바 "미국 우선주의")을 주장했다. 그의 등장은 전 세계에, 그리고 동아시아와 한반도에 불안정성을 높였다.

오바마는 미국의 패권을 유지하려 애쓰면서, 특히 중국의 부상을 견제하려고 동아시아에 역량을 재배치하고자 했다. 그러나 오바마 정부는 동유럽과 중동, 아시아의 세 지역에서 동시에 제기되는 도전을 다뤄야 했고, 이 때문에 오바마 정부의 대외 정책의 수사와 현실적인 재정적·군사적 기반의 간극은 더 벌어지고 말았다. 오바마는 미국과 다른 강대국들의 격차가 줄어드는 것을 막지 못했다.

트럼프는 오바마 정부의 대외 정책을 비판하며 자신에게 대안이 있다고 주장했다. 다른 한편으로 그는 9·11 이후 미국의 중동 전쟁을 비판하고, 북한과 대화할 용의가 있다고 밝히기도 했다. 그래서 2016년 한국 내 일부 자유주의자들은 차라리 클린턴보다 트럼프가 대통령이 되는 것이 한반도 평화 진전에 도움이 될 수 있다는 착각에 빠지기도 했다.

그러나 트럼프는 집권 후 오바마 정부가 유약했던 게 문제라며, 군사행동을 강화하며 최고사령관으로서의 면모를 과시했다. 2017년 4월 시리아에 토마호크를 쏟아붓고, 아프가니스탄에 핵폭탄 다음으로 가장 강력하다는 폭탄을 투하했다. 최근에는 아프가니스탄에 병력 증파를 결정했다. 그는 핵무기를 10배 늘릴 수 있다고 말해 그의 장군들마저 당황하게 할 만큼 군비 증강에 지대한 관심을 쏟고 있다. 시리아와 아프가니스탄에 폭탄이 떨어질 때와 같은 시기에, 트럼프는 한반도에 항공모함을 보내 긴장을 높이기 시작했다.

한반도에서 긴장이 높아진 데는 트럼프의 말이 낳은 효과가 컸다.

북한을 상대로 "화염과 분노"에 직면하게 하겠다고 한 그의 협박은 트럼프의 입과 트위터에서 쏟아져 나온 수많은 위협의 하나였을 뿐이다.

그런 점에서 2017년 9월 트럼프의 유엔 연설은 꽤 중요한 의미를 가진다. 그의 "미국 우선주의"가 무엇인지를 적나라하게 보여 줬고, 북한을 상대로 한 그의 험악한 말도 최고조에 이르렀다. 트럼프는 유엔 연설에서 "국권"과 "주권"이라는 단어를 22차례나 썼다. 그는 이렇게 말했다.

외교 업무에서 우리는 국권이라는 원칙을 다시 강조하고자 한다. … 미국 대통령으로서 나는 항상 미국을 우선에 둘 것이다. 이것은 여러분이 여러분의 국가를 항상 우선시할 것이고 또 그렇게 해야 하듯이 말이다.

그는 유엔 연설에서 국권을 거듭 강조함으로써 미국의 이익이 최우선이고, "우크라이나에서 남중국해"에 이르기까지 이에 대한 어떤 국가나 세력의 도전에 대해서도 매우 단호하게 대처할 것임을 천명했다. 그리고 필요하다면 기존의 신자유주의 국제 질서를 무시하고 뒤흔들 태세가 돼 있음도 보여 줬다.

트럼프는 유엔에서 이란·베네수엘라를 "불량 국가"라고 맹비난했지만, 그의 가장 큰 공격을 받은 "불량 국가"는 바로 북한 김정은 정권이었다. 그는 북한을 향해 이렇게 경고했다.

미국은 강력한 힘과 인내심이 있다. 하지만 미국이나 동맹국을 방어해야 할 때는 북한을 완전히 파괴시키는 것 말고 다른 대안이 없을 것이다. 로켓맨은 자신을 위해서나 그 정권을 위해서 자살 임무를 수행하고 있다.

북한을 향한 트럼프의 말은 이전의 다른 미국 대통령과는 다르다. 오바마나, 심지어 조지 W 부시도 북한 전체를 파괴하겠다는 식의 협박은 하지 않았다. 북한 정권을 위협했지만, 정권과 북한 인민은 (분명, 위선적이지만) 구분해서 말했다. 그러나 트럼프에게는 그런 구별이 의미 없는 것 같다.

트럼프 정부의 주요 인사들, 유엔 대사 니키 헤일리, 국방 장관 제임스 매티스, 국무 장관 렉스 틸러슨 등은 군사 옵션이 준비돼 있다고 계속 강조하고 있다.

그리고 트럼프의 유엔 연설 후, 9월 23일 미국 공군의 전략폭격기 B-1B랜서가 괌을 출발해 북한 코앞의 동해 국제 공역을 비행했다. 미국 국방부 발표에 따르면, "21세기 들어 북한 해상으로 날아간 미군 전투기나 폭격기를 통틀어 이번이 휴전선 최북단까지의 비행이다." 미국 국방부 대변인 다나 화이트는 이 작전의 의미를 이렇게 설명했다. "이 작전은 트럼프 대통령이 어떤 위협도 격퇴시킬 수 있는 많은 군사적 옵션들을 갖고 있다는 미국의 결의와 명확한 메시지를 보여 주기 위한 것이다." 9월 25일 북한 외무상 리용호가 "미국이 북한에 선전포고했다"며 반발한 까닭이다.

트럼프가 지금 당장 북한을 상대로 전면전을 각오하기는 쉽지 않다. "미친 개" 매티스를 비롯한 트럼프의 장군들은 한반도에서 전쟁이 일어나면 어떤 일이 벌어질지 잘 안다. 미국의 선제 대북 공격은 한반도에 즉각 전면전 위기를 불러올 것이다. 한반도에서 전면전이 일어나면, 그게 재래식 전쟁이더라도 남·북한 군대와 미국 본토에서 증원된 미군 병력까지 포함해 총 200만 명 이상의 군인들이 한반도에서 뒤엉켜 싸우게 된다. 200만 명이라는 숫자는 중국이 이 전쟁에 휘말리지 않는다는 것을 전제하고 얘기하는 것이다. 북한 수도 평양과 남한 수도 서울은 200킬로미터 밖에 떨어져 있지 않다. 그 사이에서 벌어질 재래식 공격만으로도 민간인 수백만 명이 희생될 것이다.

최악의 경우 핵전쟁으로 비화될 수 있다. 그런 전쟁에서 미국이 북한을 핵무기로든 재래식 무기로든 완전히 파괴하고 이길 가능성이 크겠지만, 십중팔구 서울과 도쿄가 잿더미가 된 후에 얻는 승리일 것이다. 휴전선에 가까운 서울과 그 인근 지역에 2500만 명 이상이 살고 있다. 핵폭탄이 떨어져 서울이 파괴되는 것은 상상만으로도 끔찍한 일이고, 워싱턴에게도 뼈 아픈 손실이 될 것이다.

제2의 한국전쟁이 줄 피해가 막대하다는 점은 상호 간의 행동이 아주 위험한 수준을 넘지 않게 제약하는 요소다. 그러나 이 때문에 미래에도 한반도에서 전쟁이 나지 않으리라 확신하는 것은 섣부르다.

트럼프 정부로서는 북한 핵무기 강화가 다른 국가로 핵무기가 확산되는 계기가 돼 미국의 절대적인 핵전력 우위가 흔들리는 것을 경계할 것이다. 따라서 여전히 자신이 상황을 통제하고 있음을 주요 자본주의 국가들에게 보여 주면서 미국 핵무기의 세계적 우위를 계속 유지시켜야 한다. 따라서 트럼프는 "최대한의 압박"을 계속 유지할 것이다.

한반도의 상황을 악화시킬 또 하나의 변수는 한반도 인근의 제국주의 국가들의 경쟁, 특히 미국과 중국의 점증하는 경쟁이다. 트럼프와 그의 핵심 측근들은 중국을 경제적으로 찍어 누르는 것이 중국의 정치적·군사적 부상을 막는 문제와 분리될 수 없다고 믿는다.

10월 18일 국무 장관 틸러슨은 전략국제문제연구소CSIS에서 한 연설에서 중국을 향해 이렇게 경고했다. "중국이 규칙에 기초한 질서에 도전하고 이웃 나라들의 주권을 침해하며 미국과 동맹국들에게 불이익을 가하더라도 우리는 움츠러들지 않을 것이다." 그는 경제가 활발하게 성장하는 지역이자 주요 해상 교통로가 위치한 인도·태평양에서 미국의 이해관계를 지키는 게 사활적이라고 강조했고, 이를 위해 인도·일본·호주 등 주요 국가들과의 협력을 강화할 것이라고 밝혔다.

트럼프 정부는 남아시아에서 인도·일본과의 협력 강화로 중국의 확장을 경계하는 한편, 미국의 전임 정부들처럼, 중국의 동쪽에서 미국·일본·한국의 3자 협력 강화를 재촉하고 있다. 늘 그래 왔듯 북한의 '위협'은 그것을 촉진하는 명분이다.

트럼프 정부는 중국에 대북 경제제재를 강화하라고 요구해 왔다. 그것을 거부하면, 중국 기업과 개인들을 제재하겠다는 위협과 더불어 말이다.

그동안 서방의 제재가 강화됨에 따라, 북한은 이를 우회해 필요한 외환을 확보하고 경제를 회복시키기 위해 노력했고, 지난 20년 동안 그 과정에서 중국과의 무역 비중이 엄청 커졌다. 오늘날 북한 경제는 중국과의 무역에 절대적으로 의존하는 경제로 변모했다.

그러나 오늘날 북한과 중국의 밀접한 교역은 북·중 관계에 미묘한 긴장을 낳는 요소이기도 하다. 북한 김정은 정권은 중국과의 교역에서 북한이 불리한 조건을 감수해야 하는 게 불만이다. 무엇보다 이런 경제적 밀착으로 중국의 대북 정치적 영향력이 커져, 북한이 자칫 중국 동북 지역의 '네 번째 성'으로 취급받는 것을 염려한다. 최근 북한이 러시아와 교역을 증진시키는 등 대러 관계를 발전시키는 것은 중국 경제에 대한 지나친 의존에서 벗어나려는 노력의 일환이다. 중국의 보호 아래에 있던 김정은의 이복형 김정남이 올해 말레이시아에서 의문의 살해를 당한 일이나, 그에 앞서 2013년 중국 지도자들과 우호적 관계를 유지해 온 김정은의 고모부 장성택이 북한에서 전격 처형된 것은 모두 북·중 관계의 현실을 보여 준다. 장성택이 처형될 때 김정은 정권은 그의 잘못의 하나로 석탄 등의 자원과 토지를 "외국"에 헐값에 팔아 넘긴 "매국 행위"를 꼽았다. 그 "외국"이 중국이라는 점은 능히 짐작할 수 있다.

중국도 걸핏하면 핵실험을 하는 북한 김정은 정권이 골치 아프다. 북한의 '도발'이 미국이 이 지역에서 남한, 일본 등을 앞세워 전진하는 명분이 된다는 점에서, 그리고 북한의 핵무기가 자칫 남한과 일본으로 핵무장 도미노가 이어질 수 있다는 우려 때문에 말이다.[*]

그럼에도 중국은 북한 정권의 붕괴를 원하지 않는다. 그래서 트럼프 정부의 제재 강화 요구를 전적으로 수용하지는 않고 있다. 북한

---

[*] 실제로 최근 남한 지배계급 내에서 핵무장에 관한 논의가 활발해졌다. 우파는 독자 핵무장이 미국의 반대로 가능하지 않다면 1991년에 철수한 미국 핵무기라도 재배치하자고 주장한다. 문재인 정부는 미국 핵무기 배치에는 동의하지는 않지만, 핵 추진 잠수함 건조로 핵무장의 우회로를 가는 방안을 모색하고 있다.

정권이 붕괴한다면, 중국은 자칫 북한·중국 국경을 넘어 수많은 난민이 중국으로 쏟아져 들어오는 상황을 맞을 수 있다. 게다가 북한이 남한에 흡수된다면, 중국은 처음으로 미군 2만 8000명 이상이 주둔해 있는 친서방 국가와 국경을 마주하게 된다. 그것도 수도 베이징에서 그리 멀지 않은 곳에서 말이다.

그래서 8월에 중국 정부가 발행하는 〈글로벌 타임스〉는 사설에서 이렇게 천명했다. "미국과 한국이 힘을 모아 북한 체제를 전복하고 한반도의 정치 상황을 바꾸려 하면 중국은 이를 적극 저지할 것이다."

러시아는 제국주의 국가로서 중국과 이해관계가 다른 점들이 있지만, 북한 정권의 붕괴를 바라지 않는다는 점에서는 중국과 의견이 일치한다. 러시아도 북한 '위협'을 앞세워 미국이 동아시아에서 MD를 구축하는 것을 못마땅해 한다.

이처럼 한반도는 제국주의 간 갈등에 얽혀 있다. 그것도 부차적·주변적으로 얽혀 있는 게 아니라 한복판에 휘말려 있다. 따라서 이런 현실은 그리 머지 않은 미래에 특정한 상황과 맞물려 한반도의 긴장을 증폭시킬 수 있고, 최악의 경우 또다시 한반도에서 벌어지는 제국주의 전쟁으로 이어질지 모른다.

한반도의 긴장이 계속 높아지자, 남한에서 많은 사람들이 대중 항의로 우파 정부가 무너진 후 2017년 5월 등장한 문재인 정부가 긴장을 완화시키기 위해 노력해 주기를 바랐다.

그러나 문재인은 그를 지지한 대중의 기대를 배신하고 있다. 문재인 정부는 한미 동맹에 충성하며 트럼프의 대북 압박, 제재 강화에 협력하는 것을 선택했다. 그리고 사드 배치 등 미국의 MD 프로그램에도 적극 협력했다. 남·북한 간의 관계 개선은 북핵 문제 해결 다음으로 미뤄 버린 채 말이다. 6월 30일 한·미 정상회담에서 문재인과 트럼프는 "북한과의 대화는 적절한 상황에서 이뤄져야 한다"고 발표했는데, 거기서 "적절한 상황"은 미국이 동의하는 여건이 형성돼야 남·북한 대화를 진전시키겠다는 문재인 측의 약속을 의미했다. 문재인은 트럼프의 유엔 연설을 공개적으로 칭찬한 보기 드문 서방 정상일 것이다. 또 문재인은 미국으로부터 첨단 군사 자산을 지원받고 미국의 첨단 무기를 대거 수입하기로 하는 등 미국과의 군사 협력의 강도를 높이고 있다.

지금까지 북핵 문제를 중심으로 제국주의가 어떻게 한반도의 불안정을 낳았고 이를 악화시켜 왔는지를 살펴봤다. 특히, 트럼프 집권 이후의 상황이 우려스러운 방향으로 나아가고 있음을 짚었다.

앞서 한반도에서의 전쟁은 트럼프조차 쉽게 결정하기 어려운 일이라고 했다. 그러나 언제까지 그런 행운을 바라고 핵무기 위협 하에 불안하게 살 수는 없다. 9월 15일 북한이 일본열도를 넘어 미사일을 날렸을 때, 한반도 인근 해역을 순찰하던 미군 함정이 "북한 목표물을 겨냥한 토마호크 크루즈 미사일 발사를 준비하라는 경고명령 WARNO을 받았다"는* 소식은 우리가 마냥 행운을 바랄 수 없음을 보여 주는 경험적 사례의 하나다. 북한 '위협'에 대응하자고 선동하며 총선에서 승리한 일본 아베 정권이 평화헌법 개헌을 준비하며 일본

---

* http://foreignpolicy.com/2017/10/18/armageddon-by-accident-north-korea-nuclear-war-missiles/

을 "전쟁할 수 있는 국가"로 탈바꿈시키고 있는 점도 그 사례들에 추가돼야 한다. 분명 현재의 한반도를 둘러싼 추세는 위험한 방향을 가리키고 있다.

그러나 이 추세를 다른 방향을 꺾을 수 있는 대안을 구축할 가능성도 있다. 남한에는 거대한 노동계급이 형성돼 있고, 노동자들은 저항을 건설해 온 경험이 있다. 이라크 전쟁과 남한군의 이라크 파병에 반대하는 대중운동 건설의 경험이, 그리고 주한미군의 기지 확장 등 미국 제국주의에 반대하는 운동의 전통도 있다. 최근에는 온갖 부패에 찌든 독재자의 딸인 우파 대통령을 대중 항의로 권좌에서 끌어내렸다.

남한 좌파들은 한반도 평화를 위한 대중운동 건설을 시작해야 한다. 그 과정에 온갖 우여곡절이 있겠지만, 고전적 마르크스주의자들이 그 운동 발전에 기여할 수 있는 바가 많을 것이다. 그리고 궁극적으로 이런 불안정을 낳는 근본 원인인 자본주의 체제를 쓰러뜨릴 수 있는 노동계급의 잠재력을 실현할 수 있어야 한다. 그 점에서 아일랜드 혁명가 제임스 코널리가 남긴 격언을 한반도에 사는 혁명가들이 가슴에 새겨야 하지 않을까 싶다. "최고의 예언자들은 바로 자신이 예언하는 미래를 이룩하기 위해 실천하는 사람들이다."

김영익, 《마르크스21》 22호(2017년 9~12월).

판문점 남북 정상회담, 평가와 전망

남북 정상회담이 열리기 사흘 전인 2018년 4월 24일, 미군 전략폭격기 B-52H 2기가 대만 인근 해역과 남중국해 일대를 돌았다. 회담 전날인 26일에는 중국 폭격기 편대가 미군 폭격기가 지나간 곳과 같은 지역에 출현했다. 중국 공군은 이것이 "국가주권과 영토 보전의 유지 능력을 단련"하기 위한 "대만섬 일주 비행"이라고 했다.

이 일은 트럼프 집권 이후 미국과 중국의 갈등이 더 커지고 있음을 보여 준 사례의 하나다. 미국과 중국의 제국주의적 경쟁은 대만 문제뿐 아니라, 무역·군사 등 다방면에서 악화하고 있다. 트럼프 정부는 중국을 "전략적 경쟁자"로 지목하며 보호무역 정책 강화로 중국과의 경쟁에서 우위를 차지하려고 한다.

미국의 보호무역 정책 때문에 중국에 대해서뿐 아니라 유럽, 북미, 동아시아 모두에서 갈등이 커지고 있다. 그러나 미국과 독일·일본 등의 무역 갈등과 달리, 미국과 중국의 무역 전쟁은 지정학적 경쟁과 맞물리면서 훨씬 더 위험한 형태로 발전할지도 모른다.

그런데 트럼프가 신경 써야 할 곳은 단지 동아시아만이 아니다. 미국의 제국주의적 지위가 상대적으로 약해지면서, 중동·유럽 등지에서도 미국은 새로운 도전에 직면해 있다.

특히, 중동 상황은 혼란 그 자체다. 4월 13일 미국은 영국, 프랑스와 함께 시리아를 공습했다. 그러나 오바마처럼 트럼프도 중동에 대한 대규모 군사개입을 꺼린다. 그에게는 중국의 부상에 대처하는 게 제일 중요하다. 그래서 중동에 발을 더 깊숙이 넣을 수도 없지만 완전히 뺄 수도 없다.

물론 트럼프 자신이 중동 상황을 더 악화시키고 있다. 그는 미국 대사관의 예루살렘 이전을 강행하려 한다. 또한 이란의 영향력 제고를 막겠다면서 프랑스, 독일의 반대를 무릅쓰고 이란 핵 합의를 폐기할 것 같다.

중동의 불안정은 동아시아의 갈등이 급격히 대화 국면으로 바뀌는 데 직접·간접으로 영향을 준 듯하다. 트럼프 정부는 북한이 남한·일본에게 보복할 가능성 때문에 대북 선제 타격이 쉽지 않다는 점을 고려했겠지만, 중동 문제로 한반도에 오롯이 집중하기 어려운 상황도 있었을 것이다. 트럼프가 미국의 기성 안보 기구들의 노선과 관습에 얽매이지 않는다는 점은, 그가 파격적으로 북·미 정상회담을 받아들인 데서도 확인된다.

그러나 남·북/북·미 정상회담을 둘러싼 국제 정세는 매우 불안정하다. 특히, 앞서 언급한 미·중의 제국주의적 경쟁이 불안정을 높이고 있다. 4월 10일 〈파이낸셜 타임스〉 수석경제논설위원 마틴 울프는 이렇게 지적했다. "만약 두 국가가 협력적 관계를 유지하는 데 실패한다면 그들은 상대방뿐 아니라 전 세계를 파괴하게 될 것이다."

한반도는 이 경쟁의 한복판에 있다. 그래서 미국이 중동의 혼란을 의식하며 북한과 대화하는 상황이 영구히 가지 않을 것인 데다 중국과의 경쟁이 악화할수록 패권을 위해 한반도에서 군사적 모험을 하기를 선택할 수도 있다.

따라서 남·북/북·미 정상회담들은 한반도에 항구적 평화 체제를 보장해 주리라 기대할 게 못 된다. 노동자 운동은 정치적으로 독립적인 반제국주의적 한반도 평화운동의 기초를 놓아야 한다.

불과 다섯 달 전[2017년 11월], 한 북한 군인이 판문점에서 군사분계선을 넘어 남한에 오려고 목숨을 걸어야 했다. 그만큼 남북의 평범한 사람들에게 군사분계선은 정말 넘기 어려운 분단 장벽이다. 그러나 2018년 4월 27일 남북의 두 정상은 두 손을 맞잡고 그 선을 쉽게 넘나들었다. 적잖은 사람들이 그 장면을 보며 "평화, 새로운 시작"을 염원했을 것이다.

대결과 적대보다 남·북한이 서로 화해를 다짐하는 것이 더 좋은 일임은 두말할 나위가 없다. 이에 반대할 자는 홍준표 같은 한 줌의 우파들밖에 없다.

그러나 안타깝게도 문재인 대통령과 김정은 국무위원장이 합의한 "한반도의 평화와 번영, 통일을 위한 판문점 선언"(이하 판문점 선언)은 "평화의 시대"를 여는 데는 충분하지 않은 것 같다. 판문점 선언의 문구들을 찬찬히 뜯어보면, 남북 당국들이 합의에 이르기보다 그 합의를 이행하는 게 훨씬 더 어려운 일임을 실감하게 된다. 그리고 남북 화해·협력 문제에서도 주변 강대국 간의 관계를 의식해야 하는

2018년 판문점 선언과 2007년 10·4 남북 선언의 문구 비교

2018년 판문점 선언	2007년 10·4 남북 선언
남과 북은 … 각계각층의 다방면적인 협력과 교류, 왕래와 접촉을 활성화하기로 하였다.	남과 북은 … 양측 의회 등 각 분야의 대화와 접촉을 적극 추진해 나가기로 하였다.
남과 북은 … 불가침 합의를 재확인하고 엄격히 준수해 나가기로 하였다.	남과 북은 … 불가침 의무를 확고히 준수하기로 하였다.
남과 북은 서해 북방한계선 일대를 평화수역으로 만들어 우발적인 군사적 충돌을 방지하고 안전한 어로활동을 보장하기 위한 실제적인 대책을 세워 나가기로 하였다.	남과 북은 서해에서의 우발적 충돌방지를 위해 공동어로수역을 지정하고 이 수역을 평화수역으로 만들기[로 하였다.]
남과 북은 … 올해에 종전을 선언하고 정전협정을 평화협정으로 전환하며 항구적이고 공고한 평화체제 구축을 위한 남·북·미 3자 또는 남·북·미·중 4자회담 개최를 적극 추진해 나가기로 하였다.	항구적인 평화 체제를 구축해 나가야 한다는 데 인식을 같이하고 직접 관련된 3자 또는 4자 정상들이 … 종전을 선언하는 문제를 추진하[기로 하였다.]
남과 북은 완전한 비핵화를 통해 핵 없는 한반도를 실현한다는 공동의 목표를 확인하였다.	남과 북은 한반도 핵문제 해결을 위해 6자회담 '9·19 공동성명'과 '2·13합의'가 순조롭게 이행되도록 … 노력하기로 하였다.
남과 북은 … 동해선 및 경의선 철도와 도로들을 연결하고 현대화하여 활용하기 위한 실천적 대책들을 취해 나가기로 하였다.	남과 북은 개성–신의주 철도와 개성–평양 고속도로를 공동으로 이용하기 위해 개보수 문제를 협의·추진해 가기로 하였다.

엄중한 현실도 눈에 들어온다.

　판문점 선언에서 합의된 주요 내용 상당수는 과거 남북이 약속한 바를 재확인하거나 이를 좀 더 구체화한 것이다(표 참조). 그중 남북이 서로 무력을 사용하지 않는다는 불가침 의무는 1992년 '남북기본

합의서'에 이미 언급됐고, 그 후에도 남북이 주요 회담에서 거듭 다짐한 것이다.

그러나 다짐은 늘 지켜지지 않았다. 거슬러 올라가면, 남북은 1953년 정전협정 체결 직후부터 대결과 적대 과정에서 협정을 번번이 어겼다. 사실, 판문점 선언에서 합의된 '비무장지대 평화지대화'는 남북이 지난 65년 동안 정전협정의 비무장지대 설정을 완전히 무시해 왔음을 웅변해 준다.

합의보다 이행이 더 중요하다는 점은 남북 두 정상도 의식하고 있다. 그래서 청와대는 판문점 선언의 국회 동의 절차를 밟겠다는 의사를 피력해 왔다.

그러나 역대 남북 합의가 거듭 휴지 조각이 된 주된 배경에 주변 제국주의 국가들의 관여와 경쟁이 만드는 국제 정세의 변화, 즉 남북 두 국가가 통제하기 어려운 문제가 있었다. 그래서 국회 동의는 판문점 선언의 이행을 근본적으로 보장하지 못할 것이다.

약속조차 제대로 되지 않은 것이 있다. 이번 정상회담에서 김정은 위원장은 '실향민, 탈북자, 연평도 주민의 상처'를 언급했다. 그러나 판문점 선언에는 8·15 이산가족·친척 상봉 외에 자유 왕래 문제에서 명시된 게 없다. 자유 왕래 문제는 남북 두 정상에게 우선순위가 아닌 것이다.

문재인 대통령과 김정은 위원장은 1992년 '남북기본합의서'에 명시된 군축 문제를 다시 끄집어냈다. 한반도는 치열한 군비경쟁의 장이고, 특히 남한은 매년 엄청난 규모의 군비 증강을 해 육중한 군사력을 보유하고 있다. 이것이 주는 부담을 고려한다면, 군축 언급은 많은 사람들이 반길 만하다.

그러나 문재인 정부가 진정으로 군축에 의지가 있는지는 따져볼 일이다. 우선, 판문점 선언의 '군축' 선언에는 구체적 이행 계획이 없다. 그저 의지를 확인했을 뿐이다. 사실 문재인 정부는 당장에 첨단 전투기 F-35를 도입하는 등 대규모 군비 확장 계획을 실행하고 있다.

물론 문재인 정부가 북한만을 의식해 군비 증강에 열을 올리는 것은 아니다. 남한도 동아시아에서 점증하는 군비경쟁의 압력을 받고 있다. 그러나 남한의 군비 증강은 북한을 자극하는 일이기도 하다.

정상회담을 앞두고 북한은 풍계리 핵실험장을 폐쇄하고 추가 핵실험은 없다고 선언했다. 반면 남한은 대북 침공 계획을 반영한 대규모 한·미 연합훈련인 키리졸브 연습을 실시했다. 그리고 경찰력을 동원해 사드 기지 공사를 강행했다. 미국이 동아시아에서 제국주의적 공세를 강화하는 시기에는 어떤 것보다 한미 동맹 자체가 한반도 평화를 위협하는 요인일 텐데, 문재인 정부는 이 점에서 물러설 태세를 보이지 않고 있다.

군비 확장과 한·미 군사 협력 강화가 지속되는 한, 연내에 종전 선언에 이른다 한들 이는 말 그대로 선언에 그칠 수 있다.

종전 선언을 거쳐 항구적 평화 체제로 나아가는 데서 중요한 것으로 사람들에게 여겨지는 것은 북·미 관계의 진전 여부다. 이번 남북 정상회담이 북·미 정상회담의 "길잡이"로 여겨지는 까닭이다. 판문점 선언의 성공 여부도 결국 여기에 달렸다.

트럼프가 김정은을 만나기로 하면서, 사람들은 남북 합의를 불안하게 만들던 "미국 변수"가 줄어들기를 기대한다. 그러나 종전 등이 미국 등의 추인에 달렸음을 인정한 남북 정상회담 합의만 봐도 미국 변수는 늘면 늘었지, 줄지 않고 있다. "완전한 비핵화"와 "체제 안전보장"이라는 미국과 북한의 줄다리기는 이제 시작이다. 게다가 아직 핵무기도 없는 이란과의 핵 합의가 미국에 의해 일방적으로 중도 파기 위험에 처한 것은 북핵 협상도 앞으로 우여곡절이 많을 것임을 예고한다.

트럼프는 북·미 정상회담 개최가 "최대한의 압박" 덕분이라고 주장한다. 그리고 폼페이오, 볼턴 같은 대중·대북 강경 인사들을 외교·안보 책임자로 임명했다. "[이런 임명을 통해] 김정은과의 협상에서 '상생을 위한 주고받는 협상'이 아니라 최소한을 내주고 최대한을 얻기 위한 '찍어 누르기 협상'을 하겠다는 의지를 대내외에 천명하고 과시하려는 것이다."(이삼성, 《한반도의 전쟁과 평화》, 한길사, 703쪽)

무엇보다 미국에게 '북한 문제'는 중국·일본 등 다른 제국주의 강대국들을 단속하는 문제에 종속돼 있다. 미국도 스스로 완전히 통제할 수 없는 제국주의적 경쟁을 벌인다는 점을 감안한다면, 북·미 협상의 미래는 기본적으로 불투명하다.

물론 트럼프와 김정은이 만나 큰 틀의 합의에 이를 수는 있을 것이다. 그러나 합의 이행과 검증은 매 단계마다 엎치락뒤치락할 것이다. 이와 연동된 한반도 평화 체제 논의도 가늘고 긴 불확실한 과정이 될 공산이 크다.

이번 남북 정상회담은 "더 이상 전쟁은 없는 새로운 평화의 시대"를 향한 한국인들의 열망을 확인하는 계기가 됐다. 그러나 그 열망을 실현하는 동력은 정상 간 약속에서 나오지는 않을 것이다.

시장 번영이 곧 평화인가

4월 27일 남북 정상회담에서 남북 두 정상은 "평화" 못지않게 "번영"을 강조했다. 이 점은 두 정상의 연설과 판문점 선언 곳곳에 반영됐다.

문재인 대통령은 이번 정상회담을 자신이 공언해 온 '한반도 신경제 구상'을 진전시킬 계기로 삼고자 하는 듯하다. 경제 발전을 강조해 온 김정은 위원장에게도 경제협력은 환영할 만한 일이다.

문재인 정부는 2007년 10·4 선언에서 합의된 경협 사업을 적극 추진하기로 하면서, 경제협력이 평화 정착에 기여할 것이라고 한다. 개성에 남북공동연락사무소를 설치하는 것도 우선 남북 경협 사업 재추진을 위해서인 듯하다. 이처럼 이종석 전 통일부 장관을 비롯한 많은 여권 인사들이 시장을 통한 번영을 강조하는 데는 경제적 상호 의존이 평화를 보장한다는 개혁주의적 환상이 깔려 있다.

그러나 경제적 상호 의존이 전쟁을 방지하고 평화를 보장한다는 생각은 역사적으로도 제1차세계대전 등으로 반증됐고, 이론적으로도 설득력이 없다. 당장 미국과 중국처럼 경제적으로 서로 크게 의존하는 최대 규모 경제들이 전쟁으로 치달을지도 모를 갈등을 빚는 것을 보라. 지정학적 경쟁을 자본주의 경제와 별개의 것으로 보는 통속적 경향이 있는데, 그렇지 않다. 경제적 상호 의존이 경제적 경쟁을 배제하는 것도 아니고, 지정학적 경쟁도 자본주의 경쟁의 다른 형태일 뿐이다.

과거 남북 경협의 경험을 돌아봐도 경협 확대가 평화를 보장해 주지 못했다. 동쪽에서 금강산 관광이 진행되는 와중에, 서쪽에서는 서해교전이 일어나곤 했다. 개성공단이 2010년 공단의 지척에서 연평도 상호 포격 사태가 일어나는 것을 방지하지 못했다.

미국과 얽힌 정치·군사적 문제가 풀리지 않는 한, 경협이 평화를 보장해 주기는커녕 그 자체도 크게 진전되기 어렵다. 경협 사업 중에 국제 대북 제재에 걸려 넘어지지 않을 게 거의 없다시피 하다.

김영익, 〈노동자 연대〉 246호(2018년 4월 29일).

싱가포르 북·미 정상회담의 쟁점들

2018년 6월 12일 싱가포르에서 북·미 정상회담이 열린다고 발표된 지 얼마 안 돼, 북한과 미국·남한 사이에서 불협화음이 표출되기 시작했다.

5월 16일 북한 정부는 한·미 연합공군훈련인 맥스선더 훈련 등을 이유로 남북 고위급회담에 나오지 않았다. 북한 정부는 이 훈련을 "판문점 선언에 대한 노골적 도전"이라고 규정했다.

F-22 같은 첨단 전투기를 동원한 일련의 한·미 연합훈련이 북한에 상당한 군사적 위협임은 명백하다. F-22 전투기는 유사시 미군이 북한 수뇌부를 제거하는 이른바 "참수 작전"에 적합한 기종으로 알려졌다. 그게 8대나 한국에 들어왔다.

4월 27일 남북 두 정상은 판문점 선언에서 분명 이렇게 약속했다. "지상과 해상, 공중을 비롯한 모든 공간에서 … 일체의 적대 행위를 전면 중지하기로 하였다." 그런데 그 "잉크가 마르기도 전에" 남한이 미국과 이런 훈련을 시작했다. 북한 정부의 행동은 자국에 위협적인 연합훈련이 진행 중인데 아무렇지 않게 남북 관계를 진전시킬 수는 없다는 메시지다.

더 중요한 메시지는 같은 날에 북한 외무성 제1부상 김계관의 담화에서 나왔다. 그는 1990~2000년대에 북·미 협상 무대에서 북한을 대표했던 고위 인사다. 김계관은 백악관 국가안보보좌관 존 볼턴을 비롯한 "백악관과 국무부의 고위관리들"이 '리비아식 비핵화', CVID(완전하고 검증 가능하며 돌이킬 수 없는 비핵화), 핵무기 외에 북한의 미사일·생화학무기 완전 폐기 등을 거론하는 것을 문제 삼았다. 미국이 북한에게 "일방적인 핵포기만을 강요하려 든다면" 정상회담을 "재고려"하겠다고 못 박았다. 미국의 요구가 패전국에게나 강요할 만한 수준이라는 메시지다.

김계관의 담화 발표 전에 이미 북한과 미국 간에는 비핵화 방식, 대상, 일정 등을 놓고 이견이 표출됐다. 5월 7~8일 김정은 국무위원장은 중국을 다시 방문해 중국과의 "전략적 협동"을 약속했고 비핵화도 단계적·동시적으로 해야 한다고 했다. 이런 말과 행동은 모두 미국을 향한 불만을 담고 있었다. 최근 트럼프가, 시진핑을 만난 후 북한 태도가 바뀌었다고 거듭 말하며 민감하게 반응하는 까닭이다.

물론 최근의 불협화음만을 두고 북·미 정상회담이 무산된다고 단정할 수 없다. 여전히 6월에 싱가포르에서 김정은과 트럼프가 만나서 함께 사진을 찍을 가능성이 크다.

그러나 최근 상황은 오히려 6월 북·미 정상회담 이후 비핵화와 평화 체제로 가는 길이 온갖 변수로 가득 찬 험로일 수 있음을 예시적으로 보여 주는 것 같다.

2018년 4월 27일 남북 정상회담은 전쟁이 아니라 평화, 남북 갈등이 아니라 화해·협력을 바라는 한국민들의 염원이 확인되는 계기였다.

그러나 엄밀히 말해, 남북 정상회담 지지 여론은 그것이 성취한 것에 대한 지지라기보다 이를 계기로 실질적 변화를 성취했으면 하는 기대에 더 가깝다. 그리고 그 기대감은 2000년 남북 정상회담 직후의 그것에는 못 미치는 것 같다.

2000년 남북 정상회담은 (비록 1994년 김영삼 정부 때 김일성의 급작스런 사망으로 무산된 바 있지만) 분단 이래 최초의 남북 정상회담이었다. 그만큼 지금과는 비교할 수 없는 커다란 기대를 불러일으켰다.

또한 2000년 당시 많은 좌파들이 세계화론의 여러 좌파적 버전들을 수용해, 제국주의 국가들 간의 전쟁은 과거지사라고 봤다. 이런 견지에서 보면, 제국주의 국가들 간의 경쟁은 한반도 문제의 핵심 원인이 아니었다. (제3세계에 신자유주의 세계화를 강요하는) 미국과 (이에 저항하는) 북한 간의 대립이 핵심이었다. 그러므로 당시 맥락 속에서는 남북(민족) 공조로 미국의 압력을 이겨내고 한반도 문제를 해결할 수 있다는 주장이 진보·좌파적 대중에게 설득력 있게 들릴 수 있었다.

그러나 그 뒤에 20년 가까이 시간이 지나면서, 남북 두 정상이 만난다고 해서 한반도에 긴장이 항구적으로 해소되고 평화가 달성되는 게 아니라는 점이 분명해졌다. 무엇보다 한반도를 둘러싼 제국주의 국가들, 특히 미국과 중국 간의 갈등이 완연하게 발전했고 이 점이 한반도 상황에 결정적 영향을 미친다는 점은 삼척동자도 다 아는 사실이 됐다.

이 점은 문재인 대통령을 비롯해 여권 인사들도 인정하는 바다. 그래서 청와대는 처음부터 4월 남북 정상회담은 6월 북·미 정상회담으로 가는 "길잡이"라고 강조해 왔다. 이 점 때문에라도 지금 많은 사람들의 시선이 북·미 정상회담의 성사와 그 성공 여부에 쏠리고 있다.

트럼프는 국무 장관 마이크 폼페이오를 평양에 두 차례나 보냈다. 이를 보아, 트럼프 정부는 북·미 협상에 한동안 집중하려는 것 같다. 게다가 최근 더욱더 혼란해진 중동 상황을 의식하며 협상 테이블에 앉아 있을 것이다.

진보·좌파 일각에서는 "북한이 핵무력 완성 선언으로 자신감을 갖고 상황을 주도한다"고 여긴다.

분명 북한 정부는 핵무기를 미국과의 협상 테이블을 여는 지렛대로 활용한다. 그리고 이를 위해 2017년 수많은 미사일 발사와 핵실험을 과시적으로 진행해 왔다. 그러나 그렇다고 해서 북한이 주변의 막강한 제국주의 국가들에 둘러싸인 처지임을 가릴 수는 없다.

북한 경제는 최근에 강화된 대북 제재로 어려움이 가중되고 있었다. 2017년 12월 조선로동당 대내 기관지《근로자》는 제재 때문에 무역 거래가 어렵다고 토로했다. "[외국의 무역상이] 일절 식료 생산 설비 및 자재들을 수출할 수 없으므로 무역 거래를 할 수 없다는 태도를 취했다." 원유 수급이 어렵다고도 밝혔다. "연유 판매소[주유소]만 보아도 다른 단위들은 적들의 제재로 [판매가] 멎었다."

따라서 이런저런 상황을 감안한다면, 여전히 북한 김정은 정권의 목적은 생존일 수밖에 없다. 냉전 종식 이후, 그리고 지금도 북한이 이른바 "벼랑 끝 전술"을 동원하는 까닭이다.

북한 정권 같은 제3세계 민족주의 정권은 제국주의의 협박에 저항하지만, 그 저항의 목적은 세계 자본주의 체제 내에서 주권을 온전히 행사할 공간을 확보하는 데 있다. 그래서 과거에 많은 민족주의 정권들이 체제 안전보장, 서방 경제에의 접근 등을 조건으로 결국 제국주의와 타협했다.

김정은도 체제 안전을 약속받고 경제 회복에 필요한 서방 자본 유치가 가능해진다면 미국이 주도하는 국제 질서에 타협할 의사가 있을 것이다. 비핵화를 대가로 얻어 내고자 하는 미국과의 관계 정상화는 중국에 대한 과도한 경제적 의존으로 북한에 대한 중국의 정치적 입김이 커질 우려를 완화할 균형추로도 여겨질 것이다.

그러나 미국과 북한의 협상 테이블은 병원 무균실처럼 외부와 완전 차단된 조건 속에서 열리는 게 아니다. 예컨대, 4월 남북 두 정상이 종전선언에서 중국을 빼기로 했다는 소식에 중국 정부는 불편한 심기를 숨기지 않았다. 5월 4일 중국 국가주석 시진핑은 문재인 대통령에게 직접 이렇게 말했다. "한반도 문제의 정치적 해결을 위해 적극적 역할을 할 준비가 돼 있다." 중국이 한반도 문제에 관여하겠다는 의지를 분명히 하는 데서 드러나듯이, 북·미 협상은 제국주의 국가들의 치열한 각축전이라는 맥락 속에서 열린다. 그리고 이 협상 테이블 바깥의 일들이 협상 자체에 영향을 미친다.

지난 사반세기 동안 미국이 패권 유지의 수단으로서 북한을 집요하게 악마화하며 괴롭혔듯이, 트럼프 정부는 북·미 협상 중에도 제국주의 국가들의 경쟁이 낳는 국제 정세의 변화를 주되게 고려할 것이다. 이런 점에서 북·미 협상의 장래는 근본에서 불투명하다.

트럼프는 북·미 정상회담 개최가 "최대한의 압박" 덕분이라고 주장해 왔다. 그리고 폼페이오, 볼턴 같은 대중·대북 강경 인사들을 외교·안보 책임자로 임명했다. 최소한을 내주고 최대한을 얻기 위한 '찍어 누르기식 협상'을 하겠다는 의지를 천명하고자 한 것 같다.

이란 핵 협정의 운명도 북·미 협상의 미래에 시사하는 바가 많다. 폼페이오는 국무 장관에 취임하면서 미국 이익을 우선하는 "거친 외교"를 하겠다고 공언했다. 그 거친 외교의 첫 행보가 바로 이란 핵 협정 탈퇴였다.

트럼프 정부는 이란 핵 협정을 던져 버리면서, 이것이 북한에 주는 메시지라고 했다. 즉, 이란 핵 협정을 파기한 트럼프로서는 북한과의 새 합의가 그것보다 훨씬 더 강력하고 포괄적인 내용을 포함해야 한다. 트럼프는 북한을 상대로 이란 핵 협정보다 더 확실하고 급속한 핵물질·핵탄두의 반출을 원한다. 트럼프 정부가 북한의 "영구적 비핵화"를 강조해 온 것도 10~15년 후 이란의 핵 개발 제한을 풀어 주는 이란 핵 협정의 "일몰 조항"을 의식해서다.

트럼프 정부의 강경한 입장을 대변해 온 자가 바로 백악관 국가안보보좌관 존 볼턴이다. 그는 일관되게, '선 핵 포기와 후 보상'이라는 이른바 리비아식 비핵화를 요구했다. 먼저 북한 핵탄두를 비행기에 실어 미국으로 보내라고까지 말했다. 대량살상무기 프로그램 폐기 외에 인권 문제도 테이블 위에 올리겠다고 했다. 북한에 백기 투항을 요구하는 셈이다.

오랫동안 미국의 약속 불이행과 생트집을 경험한 북한으로선, 트럼프 정부의 말만 믿고 비핵화부터 할 수는 없는 노릇이다. 계속 단계적 조처를 강조하는 까닭이다.

그래서 미국의 한반도 전문가 존 페퍼는 이란·북한 같은 "불량 국가"의 정권 교체를 원하는 볼턴이 내심 북·미 협상 결렬을 원하는 게 아니냐는 합리적 물음을 던졌다.[*]

일각에서는 볼턴 같은 강경파와 트럼프를 애써 구분한다. 그러나 비록 트럼프가 리비아식이 아닌 트럼프식 비핵화 모델을 제시한다고 하지만, 2017년에 "화염과 분노" 같은 무시무시한 말을 쏟아낸 당사자였다. 그리고 비핵화의 핵심 내용(CVID 등)이 볼턴의 주장과 크게 다르지도 않다. 5월 18일 트럼프는 북·미 정상회담이 열리기를 희망한다고 말하면서도, 김정은을 향해 협상을 하지 않으면 리비아 카다피와 같은 운명을 맞을 것임을 암시하기도 했다. 22일에는 여건이 안 맞으면 정상회담을 하지 않을 수도 있다고 말했다.

북·미 협상이 잘되기를 바라는 전문가들 중에는 이란식이나 리비아식 비핵화가 아니라 우크라이나 비핵화 방식, 즉 "선 안전보장과 후 비핵화"를 추천한다. 그러나 이조차 2014년 러시아가 안전보장 약속을 깨고 크림반도를 병합한 사실 앞에 빛이 바랜다.

어떤 절차와 방식이 됐든, 핵실험을 6차례나 실시하고, 대륙간탄도

---

[*]   https://fpif.org/the-bolton-administration-has-already-begun(검색일: 2018년 5월 17일).

미사일 시험 발사까지 단행한 북한의 비핵화는 이란, 리비아와는 비교도 안 될 만큼 어렵다. 북한 핵 사찰이 역사상 최대 규모일 것이라는 얘기가 나오는 이유다.

따라서 2018년 현재 북한과 미국이 맺을 새 비핵화 합의는 합의 도달, 이행, 검증 등 모든 면에서 길고도 불확실한 과정이 될 것이다.

우여곡절 끝에 비핵화와 평화협정 체결에 이르러 한동안 긴장이 가라앉고 전쟁이 일어나지 않게 되도, 근본적 문제는 남는다. 강대국 미국의 약속 또는 선의를 믿고 핵무기를 포기한 이후, 그 약속(선의) 이 계속 지켜질 수 있느냐는 물음이다. 자본주의 국가들의 외교 관계에서 이 점을 완전히 보장할 수단은 전혀 없다.

자본주의가 워낙 역동적인 체제인 탓에, 각국 국력에 비례한 국제 질서는 안정적이지 못하다. 특히 제국주의 국가들의 경쟁이 낳는 국제 정세의 변화 때문에, 미국이 평화협정을 지키지 않는 경우가 다반사였다.

예컨대, 1953년 한국전쟁을 마무리하면서 맺은 정전협정이 있다. 정전협정상 한국에는 새로운 무기 반입이 금지돼 있었다. 그러나 정전협정이 체결되자마자, 미국은 이것부터 어겼다. 한국에 전술 핵무기까지 배치했다. 1991년 공식 철수를 선언할 때까지 한때 한국에는 미국 전술 핵무기가 최대 1000기 가까이 배치돼 있었다. 이것은 북한에게도 위협이었지만, 주로 중국 등과의 냉전 제국주의 경쟁을 의식한 조처였다.

남북 공조만으로 미국의 약속 이행을 담보할 수 없음을 알기 때문에, 많은 전문가들이 미국만이 아니라 중국 같은 주변 강대국, 심지어 유럽연합이나 유엔까지 포함된 평화협정안을 제기한다. 즉, 한반도를 비핵(지대)화하는 대신에 평화협정을 체결하고 강대국들이 한반도의 안전을 집단적으로 보장한다. 그리고 강대국들의 상호 감시·견제 하에 평화협정의 약속 이행을 보장받는다는 발상이다.*

결국 이런저런 버전의 평화협정 구상들 모두 현존 제국주의 세계 체제와의 타협을 모색하는 것이고, 주요 강대국들의 이해관계 조정과 합의라는 기반 위에 한반도 평화를 이룩하려는 것이다.

그러나 미국이 다른 제국주의 국가들과의 약속도 번번이 어겼다는 점 앞에서 이런 구상의 한계가 드러난다.

예컨대 1989~1990년 독일 통일 당시, 미국은 소련에게 서방의 군사동맹체인 나토가 동유럽으로 확대돼 소련 코앞까지 갈 일은 없다고 약속했다. 이 약속을 받고 소련은 독일 통일 이후에도 미군이 독일에 주둔하는 것을 용인했다. 그렇지만 1990년대 후반에 미국은 이 약속을 파기했다. 1999년 헝가리·폴란드·체코를 시작으로 미국은 동유럽 국가들을 속속 나토에 가입시켰다.

이 사례는 중국이 눈여겨볼 반면교사 사례다. 평화협정 체결 이후에도 주한미군이 한국에 남아 있을 가능성 때문에라도 말이다.

이종석, 문정인 등 친여권 전문가들은 한반도 평화 체제를 안정적

---

* 이삼성, 《한반도의 전쟁과 평화》, 한길사, 2018, 785~786쪽 참조. "한반도 평화협정이 발효된 뒤 … 협정을 위반한 일로 분쟁이 발생할 때 이를 평화적으로 해결하기 위한 4국간 기구가 필요하다. … 이런 기구를 운영해서 미국은 중국을 견제하고, 중국은 미국을 견제하는 가운데 남북한이 분쟁의 평화적 해결을 주관할 수 있도록 해야 한다."

으로 유지하려면, 동북아 국가들과 미국이 모두 참가하는 다자 안보 체제를 구축해야 한다고 주장한다. 그러나 이런 안보 기구가 동북아에 세워진다고 해도, 미국과 중국이라는 두 거인이 그 기구 안팎에서 충돌하는 것을 방지할 수 없을 것이다.

남·북한과 미국 등이 경제적으로 상호 의존하는 게 평화협정 유지의 또 다른 보장책이라고 주장하는 전문가도 많다. 대표적으로, 문정인 청와대 외교안보특보가 4월 25일 한 독일 일간지와의 인터뷰에서 이렇게 말했다. "도널드 트럼프 미국 대통령이 대동강변에 트럼프 타워를 세우거나 미국 대기업들이 북한에 투자하는 것이 미국이 북한 정권에 취할 수 있는 중요한 체제 안전보장책[이다.]"[*]

그러나 경제적 상호 의존이 전쟁을 방지하고 평화를 보장한다는 생각은 역사적으로도, 이론적으로도 설득력이 없다. 지정학적 경쟁을 자본주의 경제와 별개의 것으로 보는 통속적 경향이 있는데, 그렇지 않다. 경제적 상호 의존이 경제적 경쟁을 배제하는 것도 아니고, 지정학적 경쟁도 자본주의 경쟁의 다른 형태일 뿐이다.

당장 미국과 중국처럼 경제적으로 서로 크게 의존하는 최대 규모 경제들이 전쟁으로 치달을지도 모를 갈등을 빚는 것을 보라. 하물며 중국과는 비교도 안 되게 경제 규모가 작은 북한을 상대로 훗날 미국이 평양의 트럼프 타워 때문에 전쟁을 주저하리라 장담할 수 있을까?

제2차세계대전 당시 미군은 미국 대기업들의 공장이 있는 독일 대

———
[*] 〈연합뉴스〉, 2018년 4월 27일.

도시들을 폭격하는 데 주저하지 않았다. 오히려 같은 시기에 미국은 경제적으로 밀접한 관계였던 일본과 태평양의 주인 자리를 놓고 격돌했다.

따라서 그 어떤 방식과 수단을 동원하든지 간에, 현존 제국주의 체제 안에서 평화협정은 항구적 평화를 보장하지 못한다. 미국과 중국 등의 제국주의 갈등이 지속되는 한, 미국의 동맹, 핵전력은 그대로 동아시아에 남아 있을 것이다. 그런 상태로 한반도와 그 주변에서 항구적 평화는 요원하다.

일부 여권 인사들은 내심 평화협정을 맺으면 미·중 갈등이 한반도가 아니라 대만과 남중국해 등지에서 벌어질 것이라고 기대하는 것 같다. 그러나 한반도가 그 자장에서 벗어나기는 불가능하다. 게다가 1930년대 대불황 이래 세계경제가 가장 심각한 경제 위기에서 10년째 헤어나지 못한 와중에, 미국과 중국의 갈등이 앞으로도 더 악화할 가능성이 높은 상황에서는 더더욱 그렇다.

정부 당국 간 협상이 진행되면서, 진보·좌파 내 많은 사람들이 그 협상에 기대를 건다. 그러다 보니 협상 상황에 따라, 기층 활동가들도 일희일비하게 되는 것 같다. 또 이런 상황은 평화 협상에 반대하는 소수 강경파들에 맞서 국민 다수가 단결해 평화 협상을 뒷받침하자는 생각이 강해지는 쪽으로 발전하기 쉽다. 〈한겨레〉 5월 17일 자 사설이 이런 경향에 호소하는 것 같았다. 제목이 "강경파 제지해야 '북-미 정상회담' 성공한다"였다. 주로 미국과 북한 내 소위 강경파들이 문제라는 주제였지만, 이는 쉽게 한국 내에서도 한 줌의 반동에 맞서 평화를 위해 계급을 가로질러 단결하자는 주장과 연결될 수 있다.

역사적으로 이런 발상의 가장 발전한 형태가 바로 1930년대 스탈린주의 공산당의 인민전선 전략이었다. 당시 나치 독일이 유럽에서 전쟁을 준비하는 게 명백해지자, 소련 독재자 스탈린은 영국·프랑스와 군사동맹을 맺고자 애썼다. 그 결과, 1935년 소련은 프랑스와 상호방위조약을 체결했다.

스탈린은 프랑스와의 상호방위조약을 공고히 하려고 각국에서 정치적 동맹자를 확보하고 싶었다. 그래서 스탈린은 각국 공산당에게 인민전선, 즉 파시즘에 대항해 부르주아 정치 세력까지 포함한 모든 민주 세력의 대연합을 이루라고 촉구했다. 그게 파시즘과 전쟁을 막을 현실적 방도라고 했다.

분명, 인민전선은 선거에서는 성공을 거뒀다. 1936년 프랑스와 스페인에서 인민전선이 승리해 정부를 구성했다. 그리고 인민전선의 성공에 열광한 일부 자유주의적 지식인과 사회민주주의자는 스탈린의 소련 내 대량 숙청에까지 눈을 감았다.

그러나 부르주아 정당과 동맹하는 정책은, 결과적으로 노동계급이 반동에 저항할 능력을 충분히 발휘하지 못하게 마비시켰다. 1936년 프랑스 역사상 가장 큰 규모의 파업 물결이 일어났지만, 프랑스 공산당은 파업 노동자들을 향해 "파업을 끝내는 법을 알 필요가 있다"고 윽박질렀다. 스페인에서는 파시스트와의 내전이 벌어졌지만, 공산당은 부르주아 공화정부의 재건과 방어를 우선하면서 노동자들의 혁명적 투쟁을 억눌렀다. 결국 스페인에서 히틀러와 무솔리니가 지원한 파시스트가 승리했다. 프랑스와 스페인 등지에서 인민전선은 실패로 끝났고, 노동계급의 사기는 결정적으로 떨어졌다. 이후 제2차세계대전이 발발하면서 더 끔찍한 재앙이 닥쳤다.

같은 일이 오늘날에 재현될 것이라고 주장하고자 하는 건 아니다. 그러나 역사적 경험에서 교훈을 이끌어 내야 한다.

노동자 운동의 많은 지도자들이 문재인 정부가 노동 문제에서는 많이 불만족스럽지만, 평화 문제에서는 정말 잘한다고 여긴다. 이런 인식이 어떤 실천으로 귀결될지를 생각해 봐야 한다.

그런데 부르주아적 개혁주의 정부인 문재인 정부가 과연 평화 문제에서 잘하고 있는 게 맞을까? 최근, 평화협정을 맺어도 주한미군은 철수할 수 없다는 그의 얘기를 떠올려 보자. 그는 여전히 대중의 항구적 평화 염원과 한미 동맹 강화 필요 사이에서 줄타기를 하고 있다.

5월 14일 민주노총이 주최한 정세현 전 통일부 장관의 초청 강연회가 열렸다. 그 자리에서 그는 참석한 민주노총 간부들을 향해 북한도 주한미군 철수를 요구하지 않고, 통일 이후에도 주한미군은 중국을 견제하는 구실을 해야 하니 주한미군 철수를 요구하지 말라고 강조했다. 평화 문제에서 문재인 정부에 협력해야 한다고 여기는 한, 기층 운동은 이처럼 불필요한 타협 압박을 계속 받게 된다.

많은 사람들이 지금 미국과 북한 사이에서 문재인 정부가 중재자 구실을 하길 기대하지만, 이는 서로 대등한 상대방 사이를 중재하는 게 아니다. 중재자로서 문재인 정부는 한쪽으로 기울어 있다. 한미 동맹의 틀 속에서 미국의 대북 제재 유지에 보조를 맞춰 가며, 한·미 연합훈련도 지속하고, 때로는 북한에 자중하라고 미국과 함께 소리치는 구실을 할 것이다.

물론 혁명적 좌파는 한반도 평화운동에서 평화를 바라는 여러 세력과 기꺼이 함께할 수 있다. 이를 위해 평화협정 요구를 비판적으로 지지할 수 있다. 평화운동의 실천 속에서 항구적 평화를 이룰 혁명적 마르크스주의의 대안을 설명할 기회와 공감대를 얻기 위해서다.

그러나 그것만이 전부일 순 없다. 제국주의는 자본주의 체제의 동역학에서 비롯했고, 따라서 제국주의를 끝장내려면 자본주의의 이윤 체제를 마비시킬 수 있는 노동계급의 계급투쟁이 전진해야 한다. 이것이 노동계급의 반제국주의·반자본주의 운동으로 나아가야 한다.

그러려면 민족 화해를 위한 국민적 단결을 중시하는 민중주의가 아니라 계급과 계급투쟁을 중시하는 혁명적 좌파가 제구실을 해야 한다.

김영익, 〈노동자 연대〉 249호(2018년 5월 24일).

싱가포르 북·미 정상회담의 불확실한 앞날

2018년 6월 12일 전 세계의 이목은 싱가포르로 쏠렸다. 거기에서 북한과 미국의 두 정상이 역사상 처음으로 악수를 했다.

북·미 정상회담에서 김정은 위원장은 트럼프 대통령한테 이렇게 말했다고 한다. "많은 사람들이 이번 회담을 일종의 판타지나 공상과학영화로 생각할 것이다."

분명 낯선 장면이었다. 미국과 북한은 70여 년 동안 대치해 왔다. 게다가 2017년 긴장이 한껏 높아져 서로 적개심을 노골적으로 드러냈다. 2018년 1월에만 해도 트럼프는 "더 크고 강력한 핵 버튼이 있고 내 버튼은 작동도 한다"고 김정은을 위협하고 있었다. 그러나 6월 12일 싱가포르에서 트럼프는 김정은을 향해 엄지손가락을 들어 올리고, 그와 "특별한 유대 관계"를 맺었다고 했다. 부시나 오바마에게선 볼 수 없었던 모습이다.

이런 극적 상황 전개를 보면서 많은 한국인들은 다행으로 여겼을 것이다. 회담이 어떤 합의를 도출하는지를 떠나, 북·미 정상이 만났다는 것만으로 2017년의 긴장 국면이 끝난 걸로 보이기 때문이다.

이제 세간의 관심은 앞으로 북·미 대화가 당장의 긴장 완화를 넘어 핵 없는 한반도와 항구적 평화 체제 수립에 이를 수 있는지에 쏠리고 있다.

그러나 북·미 정상회담을 모든 사람이 반긴 것은 아니었다. 한국 우파들은 일제히 회담 결과를 성토했다. 홍준표는 북·미 정상회담은 미국이 김정은에게 놀아난 대실패라고 맹비난했다. 〈조선일보〉도 북·미 정상회담이 "손해 보는 거래"였고 "최악의 결과"를 냈다고 혹평했다.

냉전 우파의 본성을 드러낸 모습에 다수 대중의 반응은 차가웠다. 이것이 지방선거에서 자유한국당이 참패한 주된 이유가 됐다.

많은 미국 지배자들도 이번 정상회담을 비난한다. 그들의 감정에 대해 탐사보도 전문기자 팀 셔록은 〈네이션〉에 이렇게 전한다. "트럼프가 한·미 연합훈련을 하지 않기로 한 것, 트럼프가 김정은과 새로 친분 관계를 튼 것, 북한과의 합의가 구체성이 떨어진다는 것 때문에 미국 정치인들과 전문가들이 격노했다."

미국 민주당 하원 원내대표 낸시 펠로시는 북한이 변하지 않았는데도 북한을 미국과 대등한 수준으로 올려 줬다고 트럼프를 비난했다. 공화당 내에서도 정상회담을 비판하는 얘기가 많다.

대외 정책 면에서 민주당과 공화당을 각각 비둘기파(온건파)와 매파(강경파)로 구분하는 게 잘못임이 새삼 확인된다. 호전적 제국주의자라는 점에서 민주당·공화당 정치인들이나 트럼프는 오십보백보다.

미국 지배자들은 정상회담에서 비핵화의 구체적 목표, 즉 "완전하고 검증 가능하며 돌이킬 수 없는 비핵화(이하 CVID)"와 비핵화 시기, 검증 방식 등 구체적 이행 계획이 적시되지 않았다고 비판하는 것이다.

그러나 CVID는 애당초 북·미 대화에서 쉽게 합의할 수 있는 게 아니었다. 조지 부시 2세 정부가 고안한 개념인 CVID는 북한이 NPT(핵확산금지조약) 가입국들의 권리인 '평화적 핵 이용', 즉 민간용 핵발전과 그런 목적의 연구 등을 할 수 있다는 점 자체를 부정한다. "돌이킬 수 없는"을 제대로 충족하려면 핵 시설을 모두 파괴하는 것에서 더 나아가 관련 핵심 연구자 전원을 북한 밖으로 강제 구인해야 할 수 있다. 북한이 CVID는 패전국에게나 강요할 법한 일이라며 강하게 거부해 온 까닭이다. 그래서 과거 6자회담의 합의문들에도 CVID는 온전히 명시된 적이 없다.

북한과 '터무니없는 협상'을 했다는 비난을 넘어, 미국 주류 정치권 다수는 트럼프가 미국 대외 정책의 기존 지향을 흔드는 것 자체에 우려의 눈길을 보내고 있다.

트럼프는 서방 동맹국들의 회의인 G7 정상회담을 망쳤고, 동맹국 캐나다의 총리 트뤼도를 매우 부정직하고 나약한 자라고 직접 비난했다. 그 직후 트럼프는 김정은과 악수했고 김정은을 신뢰한다고 말했다. 이런 점에서 미국 지배자 다수가 당혹해하는 것이다.

미국은 오랫동안 북한 '위협'론을 동아시아에서 중국을 견제하고 동맹을 강화하는 정교한 패권 전략의 하위 전술로 자리매김해 왔다. 이 점은 전 국무 장관 힐러리 클린턴이 2013년 6월 골드만삭스가 주최한 행사에서 한 비공개 연설로 드러난다. "북한이 주기적으로 문제를 일으키고 있지만 이는 굳이 나쁘게 볼 필요가 없으며 오히려 미국의 입장에서는 반길 만하다."

그래서 미국 지배자 다수는 북·미 정상회담이 끝나고 한·미 연합훈련 중단과 주한미군 철수 가능성까지 말한 트럼프 때문에 자칫 동아시아에서 미국의 패권이 약화되지 않을까 예민하게 반응한다.

부시 정부의 국가안전보장회의NSC 아시아 문제 수석담당관 마이클 그린이 5월 《포린 어페어스》에서 다음과 같이 지적한 것은 시사적이다. "트럼프는 자신이 이 협상들 속에서 체스 게임 2개를 동시에 하게 될 것임을 명심해야 한다. 이것이 결정적으로 중요하다. 또 다른 플레이어인 중국은 더 큰 그림을 그리며 체스를 둘 것이 확실하다." 미국 대통령이라면 북한과의 체스를 둘 때 중국·러시아 등과의 체스, 즉 제국주의적 경쟁이라는 더 크고 중요한 문제를 우선시해야 한다는 훈수다.

트럼프의 북·미 정상회담은 실로 파격이었다. 그러나 북·미 대화의 앞날에는 대화를 불안정하게 만드는 요인들이 여전히 많다.

우선, 미국 주류 정치권 못지않게 트럼프도 결코 안심할 수 없는 자다. 6월 11일 이란 외무부 대변인(바흐람 가세미)은 같은 "불량 국가"인 북한에게 이렇게 충고했다. "미국의 상습적 약속 파기와 의무 불이행을 바짝 경계하고 상당히 현명하게 대처해야 한다." 그는 트럼프가 "믿을 수 없고 돌출적인 협상 상대"라고 말했다. 싱가포르 북·미 합의가 이란 핵 협정의 운명을 밟을 수 있다는 경고였다.

미국의 상습적 약속 파기는 북한이 지난 30년 가까이 미국의 민주·공화 정부들을 상대하며 숱하게 경험했다. 그래도 5월 24일 북한은 정상회담 취소라는 트럼프의 돌출적 결정에 당황했을 것이다. 이는 문재인 정부에게도 곤혹스런 일이었다. 문재인 정부의 "조정자" 구실에 명백한 한계가 있음이 드러났기 때문이다. 우여곡절 끝에 북한이 더 양보할 의사를 밝히고 나서야, 정상회담은 다시 추진될 수 있었다. 그러나 앞으로 이런 일은 또 일어날 수 있다.

미국 주류 정치인들의 비난이 역겹기는 하지만, 이번 북·미 공동성명에 비핵화와 평화 체제 구축에 관한 구체적 내용이 없는 것은 사실이다. '앙꼬 빠진 찐빵'에 비유되는 이유다.

정세현 전 장관을 비롯한 친여권 전문가들은 정상 간 합의에 구체성이 결여됐다는 비판은 무식한 사람이나 할 소리라고 일축한다. 그러나 트럼프 정부는 정상회담 직전까지 실무 협상에서 북한의 비핵화 이행 계획을 정상회담 공동성명에 구체적으로 반영하려고 애썼다. 정상회담 전날인 11일 미국 국무 장관 폼페이오는 "CVID만이 우리가 수용할 수 있는 유일한 결과"라며 북한을 압박했다. CVID 중에서도 V, 즉 검증 문제가 가장 중요하다고도 했다.

12일 기자회견에서 트럼프는 "시간이 없어서 [CVID를] 공동성명에 담지 못했다"고 말했다. 이것은 미국과 북한 간에 여전히 핵심 쟁점에서 이견이 좁혀지지 않았음을, 그럼에도 일단 합의 가능한 (추상적인) 선에서 공동성명을 작성했음을 시사한다.

물론 한국의 친여권 전문가들이 지적하듯이, 북·미 간에 공개하지 않은 추가 합의가 분명 있었을 것이다. 그래서 트럼프는 북한이 미사일 엔진 시험장을 폐기하기로 했다고 단언했을 것이다.

그럼에도 '디테일에 숨은 악마' 문제가 다 해결된 것은 아니다. 당장에, 공동성명에 적시된 "조선반도의 완전한 비핵화"를 놓고 미국과 북한이 달리 해석할 여지가 있다는 지적이 나온다.

트럼프 정부는 북한이 비핵화를 신속하게 이행해야 한다고 강조한 다. 폼페이오는 아예 트럼프의 남은 임기인 2년 반 안에 주요 비핵화 조치가 이뤄져야 한다고 못 박았다. 그러나 앞서 언급된 문제들 때문 에 향후 실무 협상과 이행·검증 과정에서 온갖 우여곡절이 벌어질 공산이 크다. 즉, 좁고 길며 끝이 불확실한 길이 될 것이다.

국내의 많은 전문가들은 북·미 공동성명의 합의 사항 순서에 주 목해야 한다고도 주장한다. 과거 북·미 합의에서는 북한의 비핵화 약속이 먼저 제시되고 다음에 평화 체제 구축과 북·미 관계 정상화 를 후순위에 배치했는데, 이번에는 그 순서가 바뀌었다는 것이다. 이 를 두고 그들은 트럼프 정부가 북·미의 적대적 관계가 풀리고 관계 가 정상화돼야 완전한 비핵화를 달성할 수 있음을 인정한 것이라고 풀이한다.

그러나 이번 정상회담을 앞두고 북한이 먼저 선제적 비핵화 조처 를 내놓았음을 상기해야 한다. 북한은 핵과 미사일 시험을 하지 않 겠다고 약속했고, 상징적 성격이 강하지만 풍계리 핵실험장을 폐쇄 했다. 트럼프의 말대로, 같은 기간에 미국이 북한에게 반대급부로 해 준 것은 거의 없었다.

따라서 "순서"는 얼마든지 달리 해석될 수 있다. 북한 〈조선중앙통 신〉은 정상회담 후 미국이 조·미(북·미) 관계 개선 진척에 따라 제 재를 해제할 의향을 표명했다고 보도했다. 그러나 정작 트럼프 정부 는 북한의 비핵화 조처가 언제나 한발 앞서 진행돼야 한다고 말하고 있다. 14일 국무 장관 폼페이오는 이렇게 말했다. "북한의 완전한 비핵화를 입증하기 전까지는 제재가 해제되지 않는다." 이처럼 아직 공동성명 서명의 잉크가 다 마르지 않았는데도 벌써 해석상의 미묘한 차이가 드러나고 있다.

트럼프는 한·미 연합훈련을 중단한다고 선언했다. 대화를 하기로 한 이상 당연한 조처이지만, 이것이 "돌이킬 수 없는" 결정이 아님도 알아야 한다. "북한이 약속을 안 지킬 경우, 유엔 제재를 완화했다가 재개하는 것보다 군사훈련을 재개하는 게 훨씬 쉽다."(전 백악관 국가안전보장회의 부보좌관 제임스 제프리)

1차 북핵 위기를 돌이켜 봄 직하다. 1992년 미국은 팀스피리트 훈련을 중단했지만 북한과의 협상이 어그러지자 불과 1년 만인 1993년 훈련을 재개했다. 이 때문에 한반도에서 긴장이 엄청나게 높아져 이듬해 여름 심각한 위기로 치달았다.

김정은은 싱가포르로 가면서 자국 항공기가 아니라 중국 정부가 제공한 전용기를 탔다. "에어차이나Air China" 로고가 선명하게 찍힌 전용기에서 내리면서 김정은은 미국과의 협상력 제고를 노렸겠지만, 트럼프 정부 인사들은 그것을 보며 한반도 문제에서도 중국과 주도권 경쟁을 벌여야 함을 새삼 확인했을 것이다.

트럼프 정부는 이란 핵 협정 문서를 찢어 버리면서, 이것이 이란과의 핵 협정 바깥의 정세 변화 때문에 내린 조처임을 숨기지 않았다.

미국과 북한의 협상도 궁극적으로 협상 테이블 바깥의 변수들이 더 결정적일 것이다. 특히, 미국과 중국 사이의 점증하는 제국주의적 경쟁이 있다. 그런 점에서 궁극적으로 트럼프가 원하는 바(중국 제압)는 미국의 다른 주류 지배자들과 같다. 다만 그 전술이 다를 뿐이다. 트럼프에게도 북한과의 협상은 핵무기 비확산뿐 아니라 더 넓은 전선에서 중국과 벌이는 경쟁과 분리되지 않는 문제다. 그리고 그 경쟁 상황이 북핵 협상 테이블 자체에 큰 영향을 미칠 것이다.

만약 북한과의 협상이 실패한다면, 또는 중국과의 갈등이 악화돼 미국이 동아시아에서 힘을 과시할 필요가 심각하게 대두한다면, 상황이 2017년의 "화염과 분노"보다 더 악화할 개연성은 살아 있다. 우리가 트럼프의 미소를 보고 마냥 안심할 수 없는 까닭이다.

물론 한반도의 상황은 2017년 가을 무렵에 견줘 분명 바뀌었다. 그때는 머지않은 미래에 미국이나 북한 어느 한쪽의 계산 착오로 엄청나게 심각한 상황이 벌어질 수 있다는 우려가 컸다. 한반도 평화 운동을 건설해야 한다는 위기의식도 강했다. 그러나 올해 긴장이 완화하고 정부 당국 간 대화가 시작하면서, 많은 사람들에게 한반도 평화운동 건설은 시급하고 당면한 과제로 여겨질 것 같지 않다.

그럼에도 불구하고 노동자 운동 일각에서 북·미 정상회담이 "되돌릴 수 없는 한반도 평화 시대를 열었다"며 정부 당국 간 회담을 지지하고 그것의 성공을 뒷받침하는 데 주력하자는 주장이 제기되는 것은 문제적이다. 자본주의적 경쟁 속에서 항구적 평화 실현은 불가능하다.

따라서 항구적 평화를 바라는 사람들은 경계해야 하고, 미래를 준비해야 한다. 이를 위해 고전적 마르크스주의자들은 제국주의 체제의 현 상황을 분석하고 설명하며, 자본주의·제국주의 체제에 도전할 아래로부터의 투쟁을 강조해야 한다.

김영익, 〈노동자 연대〉 251호(2018년 6월 15일).

9·19 평양공동선언과 한반도 평화

평양 방문을 하루 앞둔 2018년 9월 17일, 문재인 대통령은 청와대 수석·보좌관 회의에서 이렇게 말했다. "제가 얻고자 하는 것은 평화입니다. … 국제 정세가 어떻게 되든 흔들리지 않는 그야말로 불가역적이고 항구적인 평화입니다."

이 말은 4월 남북 정상회담과 6월 북·미 정상회담 이후 후속 협상의 진전이 더딘 주된 원인이 무엇인지를 드러냈다. 바로 제국주의 국가들 간의 경쟁이 심화하는 국제 정세 때문이다.

협상의 돌파구를 내기 위해 문재인 대통령은 이번 남북 정상회담에서 남·북 간 무력 충돌 가능성 해소, 비핵화를 위한 북·미 대화 촉진에 주력하겠다고 했다. 북·미 사이 중재자 구실을 하겠다고 다시 한 번 밝힌 것이다.

물론 우파들은 애초부터 3차 남북 정상회담이 탐탁지 않았다. 우파의 몽니에 저절로 눈살이 찌푸려진다. 그럼에도 문재인 대통령과 김정은 북한 국무위원장이 합의한 9월 평양 공동선언(이하 평양선언)

이 대통령이 앞서 밝힌 회담 목적을 달성했는지는 따져 볼 일이다.

가장 큰 관심사는 아무래도 북·미 간 협상을 진전시킬 충분한 돌파구를 마련하느냐 여부다.

이번 선언에서 북한은 동창리 엔진시험장과 미사일 발사대를 영구 폐기하겠다고 밝혔다. 미국의 "상응 조치"에 따라 영변 핵 시설의 영구 폐기 같은 추가 조처도 할 수 있다고 말했다.

이번 평양선언에서 확인되듯이, 남북 정상회담은 결국 북·미 간 협상의 진전을 위해 "접점"을 찾으려는 과정이었다. 남북 정상이 무엇을 확인하고 약속하든, 결국 미국이 동의하느냐가 관건이다.

이 점에서 문재인 대통령의 중재 시도는 성공하기 쉽지 않아 보인다. 미국 대통령 트럼프가 2차 북·미 정상회담을 추진하겠다고 말했지만, 트럼프 정부의 전체적 노선은 여전히 북한에 선 비핵화 조처를 압박하는 데 있다.

남북 정상회담 전날 유엔 주재 미국 대사는 유엔 안보리를 소집해 러시아 측이 대북 제재를 조직적으로 위반하고 있다고 공격했다. 러시아 측이 반발하면서 미국 측과 회의장에서 논쟁을 벌였다. 이 일은 미국이 평양으로 떠나는 문재인 대통령에게도 보내는 메시지였을 것이다.

평양선언에 적시된 대로, 미국이 충분한 상응 조치를 내놓아야 북한도 추가적 비핵화 조처를 이행하려 할 것이다.

그러나 미국의 유력 언론들은 트럼프를 제외한 미국 정부 내 고위 참모들 사이에서 대북 협상 회의론이 커져 간다고 지적한다. 미국 시사 주간지 〈뉴요커〉는 최근 미국 국무 장관 폼페이오와 대화를 나눈

한 전직 관리를 인터뷰해, 폼페이오가 대북 대화가 효과를 발휘할 가능성은 100분의 1이라고 말했다고 보도했다.

일각에서는 미국 정가의 이런 분위기를 우려해 남·북한이 트럼프의 원군이 돼야 한다고 주장한다. 그러나 트럼프는 미국 역사상 대외 정책의 일관성이 가장 떨어지는 대통령이다. 바로 1년 전에 그는 참모들의 우려를 무시하고 "화염과 분노"로 치달았던 바 있다. 이는 트럼프의 대북 협상 의지도 언제든 뒤집힐 수 있음을 뜻한다. 남·북한이 합심해 매력적인 제안을 내놓느냐는 이 가능성을 미연에 방지할 근본적 해법이 되지 못할 것이다.

가장 중요한 북·미 간 접점 찾기가 쉽지 않다는 사실은 평양선언의 나머지 합의 사항에도 영향을 미친다.

남·북한은 군사분야 이행합의서에 서명했지만, 합의 내용은 대부분 역대 남북 간 회담에서 언급되거나 합의된 것들이다. '남북군사공동위원회' 설치는 1992년 남북기본합의서에 서로 약속된 것이다. '서해평화수역' 조성은 2007년 노무현-김정일 남북 정상회담에서 합의된 것이다. 결국 합의 자체보다 이행과 유지가 더 어려움을 방증한다.

남북 간 무력 충돌 가능성 해소도 남북 당국 간 합의로 이룰 수 있는 게 아니다. 예컨대 그동안 서해상에서 벌어진 남북 무력 충돌은 주로 제국주의 간(특히, 미·중 간) 갈등이 낳은 한반도 주변 정세의 악화를 배경으로 일어났다.

이런 경험을 잘 기억해야 한다. 제국주의 간 경쟁과 갈등 상황에 따라 남북 간 군사 합의가 무색해지는 일이 얼마든지 벌어질 수 있

1999년 이후 서해상에서 벌어진 남북 간 주요 교전 사태

교전(또는 사건)	배경
1999년 제1연평해전	1999년 나토의 세르비아 공습 이후 '다음 차례는 북한'이라는 불안감. 금창리 의혹 제기 등 미국의 대북 압박 지속.
2002년 제2연평해전	미국 조지 부시 2세 정부, 북한을 "악의 축"의 하나로 지목. '핵태세검토보고서'에도 북한을 핵무기 선제공격 대상으로 적시.
2009년 대청해전	2008년 미국의 새 의혹 제기로 6자회담 결렬. 미국, 북한 장거리 로켓 발사를 이유로 추가 대북 제재 주도.
2010년 3월 천안함 사건 11월 연평도 상호 포격 사태	미국 오바마 정부의 '아시아로의 중심축 이동'(중국 견제 강화). 천안함·연평도 사건을 계기로, 미국은 서해에 항공모함 진입시킴. 한미·미일 동맹을 강화하고 오키나와 주일미군 기지 이전 문제도 유리하게 해결함.

다는 얘기다.

남·북한은 군사분야 이행합의서에서 다시 한 번 "단계적 군축"을 위해 노력하겠다고 했다. 그러나 바로 닷새 전인 9월 14일 문재인 대통령은 3000톤급 잠수함 진수식에서 "힘을 통한 평화"를 역설했다. 문재인 정부는 이런 첨단 무기 도입이 대북 위협용은 아니라고 말할지 모르겠으나, 북한도 그럴지는 모르겠다. 이렇게 문재인 정부는 말과 실천이 어긋나는 경우가 많다.

남북 두 정상은 평양선언에서 경협 관련 약속도 했다. 철도와 도로 연결을 위한 착공식을 열고, 개성공단과 금강산관광 사업을 정상화하기로 했다.

그러나 개성공단·금강산관광 사업 정상화 약속 앞에는 "조건이 마련되는 데 따라"라는 문구가 있다. 그 "조건"이 북·미 간 협상의 진전 여부라는 것은 삼척동자도 다 알 만하다. 문재인 정부가 여전히 미국 주도의 국제 대북 제재를 의식하고 있고 거기에 저항할 생각이 없음을 보여 준다.

지금 한반도를 둘러싸고 진행되는 협상들은 미국과 중국의 무역 전쟁 등으로 주변 정세의 불확실성이 커지는 가운데 열리고 있다. 무역 전쟁은 단지 트럼프 개인의 돌출적 선택이 아니다. 미국 기성 정치권에서도 중국의 경제성장과 그로 말미암은 미국 패권의 상대적 약화를 더는 좌시할 수 없다는 분위기가 팽배해지고 있다. 미국과 중국 간의 대결 분위기가 점증하는 것이다.

이런 상황과 미국 내의 정치 위기(트럼프를 겨냥한 특검 사태로 대표되는)가 맞물리면서, 한반도를 둘러싼 협상 테이블에도 불확실성이 커지고 있다.

이런 상황 때문에 진보계 지도자 상당수는 민족 공조가 더욱더 중요해졌다고 주장한다. 민주노총 위원장은 삼성 이재용까지 포함된 이번 방북단에 들어가 평양에 갔다. 판문점 선언 이행이 '모든 계층과 계급이 힘을 합쳐' 이행할 과제라고 봤기 때문이다(한국의 개혁주의는 이처럼 진보 포퓰리즘, 즉 민중주의가 가장 두드러진 특징이다).

그러나 과거 경험을 돌아보면 민족 공조로는 제국주의가 낳는 불안정을 해결하기 어렵고, 이를 뒷받침하기 위해 계급을 가로지르는 연대 구축을 시도하는 것은 외려 노동계급의 사회 변화 잠재력을 약화시킬 수 있다.

사드, '위안부' 문제, 한일 군사 협력 문제 등에서 봤듯이, 문재인 정부는 한반도 평화(와 제국주의) 문제에서도 결코 믿을 수 없는 정치 세력이다. 문재인 대통령은 제국주의 세계 체제와 얽혀 있는 남한 지배계급의 이해관계를 거스르는 선택을 하지 않을 것이다.

일각에서는 '우리'가 트럼프의 원군이 되자고 주장함으로써, 트럼프가 세계를 엉망진창으로 만드는 틈바구니에서 '우리' 한반도만이라도 안전지대로 빠져나가자는 민족 이기주의적 발상을 드러낸다. 그러나 지독하게 반동적인 트럼프가 활개치는 것을 좌시하는 것은 결국 부메랑이 돼 한반도로 돌아올 것이다. 트럼프 같은 노골적 제국주의자들이 만드는 위험한 세계에서 한반도만 홀로 항구적으로 안전할 수는 없기 때문이다.

자본주의 체제에서 "불가역적 평화"는 없다. 불가역적이고 항구적인 평화를 쟁취하려면, 노동계급의 연대와 투쟁이 필요하다. 더 나아가 노동계급이 장차 뒷받침할 반자본주의·반제국주의 운동을 건설해야 한다.

김영익, 〈노동자 연대〉 259호(2018년 9월 19일).

미국 중간선거 이후 동아시아와 한반도

미국 중간선거가 끝난 후에 나온 2018년 11월 9일 자 〈한겨레〉 헤드라인 기사 제목은 "중간고사 끝낸 트럼프 '북미 대화 시간표' 꺼내"였다. 제목만 보면, 트럼프가 교착 상태에 빠진 북·미 대화를 다시 진전시켜 줄 카드나 계획을 꺼낸 것처럼 보인다. 이 기사는 서두에 중간선거 직후 열린 트럼프의 기자회견 발언을 소개하며 이렇게 썼다. "[트럼프가] 중간선거가 끝나자마자, 북-미 대화 동력을 유지해 나가겠다는 의지를 다진 셈이다."

그러나 기사를 끝까지 읽어 보면, 제목과는 영 딴판인 진술들이 있다. "조속한 제재 완화를 요구하는 북한과 '선 비핵화, 후 제재 해제'를 고수하는 미국의 간극이 [크다.] … 두 나라가 접점을 찾지 못하면 회담이 계속 미뤄지면서 동력이 약화될 것이라는 우려가 나온다. … 북-미 고위급 회담이 늦어지면서, 남북 합의사항 이행도 영향을 받을 수밖에 없다. … 남북관계가 앞서 나가면 안 된다는 미국의 입장을 고려하면, 남북 합의 이행이 쉽지 않아졌다는 지적도 나온다."

그러니까, 북·미 협상 상황을 낙관하는 일면적 제목을 뽑고는, 관련한 걱정거리들은 기사 뒷부분에 슬쩍 넣은 것이다. 요즘 〈한겨레〉나 〈경향신문〉 등 친정부 중도진보계 언론이 한반도 평화 문제를 다루는 주된 방식이다. 요즘 이런 일면적 보도가 너무 많다.

부풀리기식이거나 일면적인 보도가 중도계 언론에서 많이 보이는 까닭은, 사실은 전망에 대한 낙관이 강하지 않아서일 수 있다. 내심 불안해서 소망을 말하는 것이다. 이런 확신 결여는 2000년 6·15 남북 정상회담 때와는 사뭇 다른 점이다.

그런 불안감의 실체는 바로 한반도 바깥의 국제 정세에 있다. 문재인 정부와 중도진보계 언론 모두 한반도 평화 프로세스가 성공하려면 이른바 "국제사회"의 협력이 필요하다고 본다. 그런데 평화 프로세스를 보장해 줄 국제사회 주요 강대국들의 사이가 갈수록 험악해지고 있다. 이 갈등의 파고가 언제 지금의 협상 테이블을 덮칠지 모르기에 불안한 것이다.

우리는 중도진보계 언론의 일면적 보도(나 심지어는 '가짜 뉴스')이면의 맥락을 이해하고, 그것이 자아내는 환상과 대결해야 한다.

계속되는 무역 전쟁

중간선거 전후로 트럼프 정부가 한 것 중에 주목할 일이 두 개가 있다.

첫째, 중간선거가 끝나자 미국 상무부는 중국산 알루미늄 판재에 반덤핑·반보조금 관세를 부과하기로 했다고 발표했다. 중간선거 전에 트럼프가 무역 문제에서 중국과의 합의 가능성을 시사했지만, 그 것이 중간선거용 제스처에 불과했음이 금세 드러난 셈이다.

앞서 10월 말에 상무부는 미국 기업들이 중국 국유기업인 푸젠진화반도체에 소프트웨어와 기술 등의 수출을 제한하는 조처를 내렸다. 그러면서 해당 반도체 기업의 활동이 미국의 국가 안보에 반하는 심대한 위협이라고 했다. 미국 국가 안보 때문에 중국 기업을 제재한다는 얘기다. 이 사례는 무역 전쟁의 진정한 성격이 무엇인지를 보여준다.

둘째, 중간선거 날 북·미 고위급회담이 개최 직전 취소됐다. 미국과 북한 양측 모두 일정이 분주해서 일단 회담을 연기하기로 했다는 설명이 나왔다. 그러나 그 설명을 곧이곧대로 믿는 사람은 거의 없었다. 추후에 언제 열린다는 말 없이 회담이 취소되면서, 미국 주류 언론들은 일제히 북·미 대화가 교착 상태에 빠져들었다고 보도했다. CNN은 "북한이 미국한테 진짜 화났다"고 했다.

앞에서 언급했듯이, 중간선거 이후에도 무역 전쟁은 계속된다. 트럼프는 중간선거 직후 후반기 임기 동안 자신의 주요 정책들을 더욱더 밀어붙이겠다고 못 박았다.

물론 미국은 중국 말고도 일본·유럽연합·한국 같은 전통적 동맹국들도 겨냥해 무역 전쟁을 벌이고 있다. 미국의 1등 지위에 도전하지 말고 굴복하라는 신호를 내면서 말이다.

그럼에도 트럼프 정부의 가장 중요한 타깃은 중국이다. "전략적 경쟁자"로서 중국을 미국 제국주의 패권의 가장 큰 위협으로 여기기 때문이다.

중국에 대한 트럼프 정부의 총체적 인식은 10월 4일 부통령 마이크 펜스가 허드슨연구소에서 한 연설에서 드러났다. 그는 중국이 "[불공정] 관세, 수입 제한, 환율 조작, 기술이전 강제, 지적재산권 절도" 같은 정책들을 동원해 미국의 이익을 훼손하고, 미국의 막대한 무역 적자를 초래하고, '중국제조 2025' 같은 계획을 세워 첨단 군사 지식을 포함한 미국의 첨단 기술을 훔쳐 간다고 비난했다. 펜스가 보기로 중국은 국제 질서를 자국에 유리하게 바꾸려고 시도하는 것은 물론이고 "훔쳐 간 기술을 이용해, 중국은 보습(쟁기 같은 농기구에 끼우는 쇳조각)을 대대적으로 칼로 바꾸고 있다."

펜스의 연설이 보여 주는 바는, 무역 전쟁의 목표가 비단 대중국 무역 적자를 줄이는 데만 그치는 게 아니라는 것이다. 중국 첨단 제조업의 성장을 억제하고 미국의 제조업 경쟁력을 유지하겠다는 의지도 드러낸다. 그리고 그것이 미국의 군사 우위를 유지하고, 패권을 지키는 데서도 중요하다고 본다.

요컨대, 트럼프 정부는 모든 수단과 방법을 동원해 "중국 무릎 꿇리기"를 시도하는 것이다. 따라서 무역 전쟁은 제국주의 간 경쟁의 맥락 속에서 봐야 한다.

트럼프 정부의 대중국 무역 전쟁에 대해서는 미국 지배자들 사이에서 초당적 지지가 형성돼 가고 있다. (물론 동맹국들과의 무역 마찰 문제 등에서는 견해차가 해소되지 않았다. 그리고 무역 전쟁 같은 근린궁핍화(이웃 나라 거지 만들기) 정책이 미국 경제의 위기를 제대로 해결해 주지 못한다는 점이 명백해지면, 미국 지배계급 내 갈등과 혼란이 크게 증폭될 수 있다.)

중간선거가 끝난 후 11월 9일 〈파이낸셜 타임스〉는 사설에서 트럼프가 국내에서 좌절을 많이 겪을수록 보호무역주의와 이란 같은 적과의 대결을 강화하는 것을 배출구로 삼을 가능성이 크다고 지적했다. 중국과 타협하기보다 대중국 관세를 올릴 공산이 크다고도 진단했다. 관세를 높이는 것이 자신의 정치적 기반뿐 아니라 민주당 지지자들에게도 인기가 좋다고 했다.

2018년 3월 민주당 하원 원내대표 낸시 펠로시는 무역 전쟁과 관련해, "미국의 노동자와 상품을 수호하기 위해 더 많은 것을 하라"고 트럼프 정부에 주문했다. 11월 8일 〈로이터 통신〉은 중간선거 결과로 하원에서 다수당이 된 민주당이 대중국 무역 전쟁을 지지할 뿐 아니라 트럼프를 부추길 것이라고 전망했다. 미국 민주당 정치인들도 중국한테 본때를 보여 줘야 한다고 벼르는 점에서는 트럼프 못지않다.

트럼프는 2670억 달러어치 추가 대중국 관세를 예고했고, 기존 2000억 달러어치에 대한 관세율도 내년 초에 10퍼센트에서 25퍼센트로 높일 예정이다. 이에 그치지 않고 환율조작국 지정 등 더 많은 수단을 동원할 여지가 있다.

그러나 중국은 결코 호락호락한 도전자가 아니다. 미국의 공세와 중국의 대응이 맞물리면서, 전보다 훨씬 더 불확실하고 유동적인 상황이 펼쳐질 것이다.

우선, 중국은 미국의 동맹 체제 바깥에서 성장한 도전자다. 이 점에서 중국은 일본과 유럽연합 등 수십 년간 미국의 동맹 체제에 종속돼 있는 다른 서방 강대국들과는 처지가 다르다. 유럽 강대국들도 경제적·지정학적 문제로 미국과 갈등을 빚곤 하지만, 미국의 동맹 체제에서 벗어나 미국에 정면 도전하기는 앞으로도 쉽지 않다. 그러나 중국은 그런 동맹 구조에 의존하지 않고 성장했다. 그래서 중국의 성장 자체가 미국 주도의 국제 질서와 이러저러하게 충돌할 수밖에 없다.

중국 공산당 정권은 민족 해방 혁명으로 권력을 잡은 한족 민족주의 정권이다. 국가주석 시진핑은 "중화민족 대부흥", "중국몽" 등을 표방하며 내부적으로 민족주의 이데올로기를 강화해 왔다. 대내외 위기에 대응하고 내부 불만을 단속하기 위해서다. 따라서 시진핑과 중국 고위 관료들은 미국 같은 "외세"의 압력에 굴복하는 모습을 대중에게 보이고 싶지 않을 것이다. 그러면 자칫 공식 이데올로기와 통치 정당성이 훼손될 수 있다.

무엇보다, 중국 지배자들은 지난 30년간 고속 성장을 통해 쌓아 온 중국 국가의 위상과 이익을 지키려고 사력을 다할 것이다. 최근 시진핑이 미국이 기술 장벽을 쌓는 것에 대응해 국유기업들이 첨단 기술을 자체적으로 발전시키라고 독려하며 마오쩌둥 시절의 "자력갱생" 구호를 언급하기 시작한 것은 시사적이다.

트럼프 정부는 군사력에서도 도전자들을 압도하려고 한다. 30년간 유지돼 온 러시아와의 중거리핵전력조약INF에서 탈퇴할 계획을 세웠다. 이 조약에서 탈퇴하면 미국은 자유롭게 중거리 지상발사 탄도미사일·순항미사일의 생산·실험·배치에 돌입할 수 있다.

미국의 중거리핵전력조약 탈퇴를 주도하는 것은 백악관 국가안보 보좌관 존 볼턴이다. 그는 오래전부터 이 조약에서 탈퇴하자고 주장했다. 이것도 주로 중국 등을 염두에 둔 조처다.

볼턴은 이미 2011년 〈월스트리트 저널〉에 칼럼을 써서 중거리핵전력조약 탈퇴를 주장했다. 냉전 해체 이후 전략적 환경이 바뀌었다는 게 핵심 이유였다. "[조약 당사국이 아닌] 중국은 순항미사일과 탄도미사일 전력을 급격히 성장시키고 있다. 특히 중국이 남중국해 같은 곳에서 점차 적대적이고 정치적으로 단호하게 나옴에 따라, 이 무기들은 대만뿐 아니라 [역내] 미군의 기지와 해상 전력도 크게 위협한다." 볼턴은 여기에 북한과 이란 같은 "불량 국가"의 미사일 '위협'도 추가했다.

그래서 미국에서는 중거리핵전력조약 탈퇴 후 "일본이나 필리핀 등 중국 인근에 [지상 발사] 순항미사일을 배치하는 방안" 등도 거론되고 있다. 미국의 신형 핵무기가 서태평양 일대에 전진 배치되고, 평택 미군 기지에도 베이징과 상하이 등지를 겨냥한 중거리 핵미사일이 배치될 수 있다는 뜻이다. 트럼프는 아시아·태평양에서 핵 군비경쟁의 불씨를 댕길 위험한 시도를 하는 중이다.

무역 전쟁을 비롯한 제국주의 경쟁의 악화는 미래에 벌어질 더 큰 충돌에 대한 우려를 키우고 있다. 저명한 자본주의 변호론자 프랜시스 후쿠야마조차 최근 인터뷰에서 다음과 같이 지적했다. "[미·중 전쟁 가능성을] 배제하는 것은 어리석은 일이다. 전쟁이 일어날 여러 시나리오를 생각할 수 있다. 그 시작이 한 국가의 다른 국가에 대한 고의적 공격은 아닐 듯하다. 대만이나 북한을 둘러싼 지역 분쟁, 또는 남중국해에서의 대립이 확대되면서 시작될 가능성이 더 크다."

이런 사태 전개 때문에 양안 문제(중국-대만 간 분쟁) 같은 해묵은 갈등이 폭발할 개연성도 높아진다. 최근 대만을 놓고 미국과 중국이 날 선 공방을 주고받는 일이 빈번해지고 있고, '하나의 중국'에 관한 미중 합의가 흔들리고 있다. 그러자 중국 정부는 전쟁을 불사해서라도 대만의 현상 변경 시도를 막겠다고 공언하고 있다. 이에 자극받은 대만이 첨단 무기 수입에 힘을 쏟고 있다.

민진당의 재집권과 트럼프 정부의 등장 등으로 대만 내에서 대만 독립선언을 요구하는 목소리도 커지고 있는 듯하다. 10월 하순에 대만 독립선언을 국민투표로 결정하자고 요구하는 시위에 8만 명이 참가하는 일이 있었다.

미·중 갈등이 점증하는 가운데, 우발적 충돌이 그 갈등의 전개 속도를 급격히 높일 수 있다. 9월 30일 남중국해에서 중국 군함과 미국 군함이 41미터까지 접근한 사건은 그 위험성을 보여 줬다.

트럼프가 처음 등장했을 때, 우리는 세계가 (초)불확실성의 시대로 접어들 것이라고 예측했다. 그리고 불확실성이 자아내는 위험이 서서히 발톱을 드러내고 있다.

북·미 협상의 불확실한 전망

세계 제국주의 체제의 상황은 한반도의 중장기적 미래에 큰 영향을 끼치고 있다. 북·미 협상은 이런 상황과 맞물려 있다. 우여곡절 끝에 2차 북·미 정상회담이 열려 트럼프와 김정은이 다시 손을 잡더라도, 그 전망이 근본에서 밝아진다고 보기 어려운 까닭이다.

트럼프 정부는 지난해 내내 한반도에서 긴장을 높이다가, 올해 들어 방향을 바꿔 북한과 대화에 들어갔다. 미국의 유명 언론인 밥 우드워드가 쓴 책《공포》에 따르면, 2017년 12월 초 트럼프는 주한미군 가족들을 한국에서 철수시키겠다는 내용의 트윗을 작성하려고 했다. 그래서 트럼프의 측근들이 그를 심각하게 말려야 했다. 주한미군 가족 철수령은 북한과 전쟁을 시작한다는 신호로 여겨질 게 뻔했다. 트럼프가 김정은과 정상회담을 하겠다고 밝힌 것은 그로부터 불과 3개월 후다. 그만큼 극적인 변화였다.

그러나 냉전 해체 이래, 한반도에서 긴장 국면이 급격히 해빙 국면으로 바뀐 일은 여러 번 있었다(그 역도 마찬가지다). 지난 30년 동안 미국은 북한 '위협'을 부풀려 동아시아에서 자신의 전략을 관철하는 수단으로 삼아 왔지만, 상황을 관리하고 시간을 벌 필요가 있으면 북한과의 대화에 나서곤 했다.

트럼프는 올해 정상회담까지 열어 김정은을 만났다. 그리고 2차 북·미 정상회담 개최까지 공언했다. 그러다 보니 미국 중간선거를 앞두고, 국내 진보 일각에서는 민주당보다 트럼프의 공화당이 승리하는 게 한반도 평화에 이롭다는 얘기가 나왔다. 트럼프가 미국 국내외에서 저지르는 온갖 악행에는 눈감는 이기주의적 발상이다. 자유주의자들은 이렇게 위선적이다. 그런데 한반도 상황을 보더라도, 중간선거 전후로 벌어진 여러 일들을 보면, 그런 기대가 과연 타당한지 의문을 품을 수밖에 없다.

연내에 열릴 것 같던 2차 북·미 정상회담은 2019년 초로 미뤄졌다. 6월 정상회담 이후 북한의 비핵화와 미국의 "상응 조치"를 둘러싼 북·미 협상이 큰 진전이 없다. 6월 싱가포르 합의 이행의 순서와 내용에 대한 해석 등에서 양측에 첨예한 견해차가 있다. 예컨대, 미국은 북한에게 핵물질·무기·운반수단 목록을 신고하라고 요구했다. 그러나 북한은 신뢰 회복 전에는 못 준다고 거절했다. 현 상태로는 미국에게 북한 내 폭격 지점만 알려 주는 꼴임을 알기 때문이다. 실제로 1990~1991년 이라크 전쟁 당시, 이라크가 미국한테 그렇게 당했다. 북한은 그 일을 잊지 않았다.

그 와중에 트럼프 정부는 대북 제재는 지속된다고 강조했다. 9~10월에 국무부가 나서서, 한국 정부와 기업들한테 자신들이 그은 선을 넘지 말고 대북 제재를 지키라고 경고했다. 미국과 한국은 대북 정책 조율을 위한 공동의 실무 그룹을 설치하기로 했다. 미국이 이를 통해 한국 정부의 남북 관계 속도를 제어할 것으로 보인다.

그러자 북한이 불만을 터뜨렸다. 이번엔 김정은 국무위원장이 직접 나섰다. "적대 세력들이 악랄한 제재 책동에만 광분한다." 북한 외무성은 미국의 협상 태도에 변화가 없다면, 핵무력·경제 병진노선을 부활시켜 핵무기 개발을 재개할 수 있음을 시사했다. 김 위원장은 낙후한 경제 재건에 필요한 제재 완화(더 나아가 해제)를 절실히 원한다.

그러나 트럼프 정부의 태도가 바뀔 기미는 보이지 않는다. 중간선거가 끝난 직후 트럼프는 북·미 관계에서 "서두를 것 없다"고 강조했다. 그 직후에 미국 재무부는 북한의 해외 자산 6300만 달러를 추가로 동결했다. 미국이 올해 들어서만 대북 독자 제재 조처를 취한 게 11건에 이른다. 북·미 고위급회담이 갑자기 연기된 배경일 것이다.

미국 민주당을 비롯한 미국 주류 지배자 다수가 여전히 기존의 대북 정책인 "전략적 인내"를 선호하는 것도 북·미 대화의 또 다른 변수다. 〈뉴욕 타임스〉를 비롯한 미국의 자유주의 언론들이 앞장서서 북한의 미사일 활동 은폐 의혹을 터무니없이 왜곡·과장해 보도하는 것은 미국 주류 다수의 생각이 무엇인지를 보여 준다.

북·미 협상이 지지부진해지고 미국 민주당 등이 협상을 강하게 공격하자, 한국의 친여권 전문가와 언론 쪽에서는 "북한[이] 미국의 유연성을 끌어내기 위해 좀 더 진전된 추가 제안을 내놓을 필요"가 있다는, 즉 북한이 먼저 양보해 트럼프의 미국 내 입지를 넓혀 줘야 한다는 주장이 나온다. 그러나 이것은 미국 제국주의의 대북 압박에 사실상 편승하는 주장인 데다가, 북한 처지에서 결코 받아들일 수 없는 것이다. 이 협상은 결코 대등한 당사자들의 대화가 아니다. 북한은 세계 최강 미국을 상대로 너무 쉽사리 양보했다가 자칫 모든 것을 잃을 수 있는 처지이니 말이다.

물론 트럼프가 당장 협상장을 박차고 나가 다시 "화염과 분노" 시절로 돌아갈 것 같지는 않다. 양측은 정상회담 성사의 조건을 두고 줄다리기에 들어가 있다. 그 과정에서 다시 한 번 잠정적 합의가 도출될 수 있다.

그러나 중장기적으로 협상의 진전을 가로막는 변수들이 협상장 안팎에 너무 많다. 당장 2019년 2~3월 키리졸브 한미합동군사훈련 재개 여부가 걸림돌로 부상할 것 같다.

2018년 9월의 3차 남북 정상회담이 열린 지 2달도 안 돼, 그 효과가 반감돼 보인다. 그리고 앞으로도 북·미 협상은 계속 엎치락뒤치락할 공산이 크다.

문재인 정부의 강점은 다시 약점이 될 수 있다

문재인 정부가 올해 지지층 결집을 유지한 비결은 남북 관계의 해빙에 있었다. 2017년 문재인 정부의 아킬레스건이 되는 듯했던 대외 정책과 남북 관계가 지금은 이 정부의 강점으로 꼽히고 있다.

그러나 국제 정세의 불안정은 이 강점을 언제든 다시 문재인 정부의 약점으로 바꿔 버릴 수 있다.

9월 문재인 정부는 미국과의 마찰을 감수하면서 남북 군사합의를 맺었고, 남북 상호 간 적대 행위 종식을 선언했다. 〈한겨레〉 등은 이 합의와 평양공동선언을 묶어서 남북 간의 "사실상 종전선언"이라고 극찬했다.

그러나 남북 군사합의와 평양공동선언의 주요 내용은 과거의 남북 주요 합의에도 포함돼 있던 것들이다. 예컨대 남북군사공동위원회 설치는 1992년 남북기본합의서에, 서해 북방한계선NLL 일대의 평화수역화는 2007년 남북 정상회담의 합의 사항에 있었다. 즉, 평양공동선언 등이 남북 종전선언이라면, 우리는 이미 두 번 세 번의 남북 종전선언을 경험한 셈이다. 그런데 그 '종전선언'들은 다 파탄 났다. 따라서 그런 합의들이 왜 매번 휴지 조각이 됐는지를 물어야 한다.

남북 군사합의에 따라 서해상 훈련을 중단하고 휴전선에서 GP를 철수한다고 해도, 남북 간 재래식 충돌 가능성이 영구히 봉쇄되는 건 아니다. 남북 관계의 역사에 조금이라도 관심 있는 사람이라면 능히 알 수 있다. 남북 간 충돌을 방지하려는 시도의 성패도 결국 한반도를 둘러싼 제국주의 간 긴장과 적대가 어찌 되는지에 달렸다.

문재인 정부는 북·미 협상의 중재자 구실을 자임해 왔다. 그러나 중재의 성공 여부는 정부가 얼마나 뛰어난 중재술을 발휘하는지로 결정되지는 않을 것이다. 오히려 문재인 정부는 대북한·대중국 정책에서 보조를 맞추라는 미국의 지속적 압력에 직면해 있다.

북·미 회담이 다소 불확실해지면서 김정은의 연내 서울 답방은 어려워지고 있다. 청와대가 김정은의 서울 방문에 관한 얘기를 계속 흘리고 있지만 말이다.

북·미 협상 상황이 여의치 않자, 11월 6일 청와대 국가안보실장 정의용은 종전선언도 정상이 아닌 실무급 선언으로 격을 낮출 수 있다고 했다. 사실, 평화협정 체결에서 종전선언 채택으로 물러선 것 자체가 커다란 후퇴였다. 혁명적 마르크스주의자들이 보기에 평화협정은 항구적 평화를 보장해 주지 못하는 수단이지만, 평화협정 자체는 한반도 평화 실현에 관한 나름의 완결적 내용을 담고 있는 문서다(또는 적어도 '그래야 한다'고 많은 사람들이 주장한다). 그러나 종전선언은 국제법상의 지위마저 분명하지 않은 "정치적 상징"일 뿐이다. 그런데 이제 이 상징적 조처마저 '정상 간' 종전선언에서 '실무급' 종전선언으로 또 후퇴하는 셈이다. 그마저도 연내 합의는 불가능해 보인다. 이런 일은 제국주의와의 타협으로 평화를 보장받으려는 구상이 근본에서 불안하고 지속 불가능한 시도임을 보여 준다. 그리고 문재인 정부의 중재가 갖는 한계도 확인할 수 있다.

문재인 정부는 박근혜 정부와 달리 친미 쪽으로 확 내달리지는 않고 있다. 그러나 많은 문제에서 미국과의 타협을 모색한다는 점도 주목해야 한다. 국방 장관 정경두는 현재 임시 배치된 사드를 정식 배치하겠다고 못 박았다. 문재인 정부는 미국 미사일방어체계MD 편입 논란 때문에 한국이 오랫동안 주저해 온 SM-3 미사일 도입도 이미 진행하고 있다. 이것은 2017년 정부가 중국한테 한 '3불'* 약속을 스스로 깨는 것이고, 중국을 엄청 자극해 사드 갈등이 재연될 수도 있는 일이다.

또, 12월 유엔 총회에서 북한인권결의안이 새로 채택될 예정이다. 북한 인권 문제는 역대 미국 정부와 현재의 트럼프 정부가 북한을 압박하는 소재의 하나다. 문재인 정부는 유엔 북한인권결의안 작성에 동참했다. 미국의 제국주의적 대북 인권 공세에 협력하겠다는 뜻이다.

이런 점들은 문재인 정부가 노동 분야에서는 문제가 많으나, 평화 문제에서는 협력할 바가 많다는 노동자 운동 일각의 견해가 옳지 않음을 보여 준다. 문재인 정부는 평화 문제에서도 전혀 신뢰할 수 없는 대상이다.

어떤 사람들은 문재인 정부를 압박해 견인하는 게 가능할 것이라고 보는 듯하다. 그러나 어불성설이다. 자본주의·제국주의 세계 체제에 얽히고설킨 한국 지배계급의 이해관계를 넘어 문재인 정부가 그렇게 견인되지 않을 것이다. 과거 경험을 돌아보면, 이런 견해는 투쟁이 어느 수준 이상으로 발전하는 것을 제약하거나 외려 정부의 협조 압력에 노동자 운동이 견인되는 결과를 낳을 공산이 크다.

트럼프의 선거 승리를 바라거나 문재인 정부의 중재에 기대를 거

----

* "사드 추가 배치 없고, 한·미·일 군사동맹 없고, 한국이 미국 MD에 참여하는 일 없다."

는 것은 모두 국가 간 협상으로 항구적 평화가 가능하리라는 기대에서 비롯한다.

그러나 자본주의에서 항구적 평화는 없다. 자본주의의 장기화된 구조적 위기 속에 강대국 간 전쟁 가능성을 배제하기가 갈수록 어려워지는 오늘날에는, 더더욱 이 문구를 잊지 않는 게 중요하다. 오로지 노동계급 자신의 투쟁만이 항구적 평화를 실현할 것이다.

앞으로도 2018년 같은 분위기가 지속되리란 보장은 없다. 불확실성의 시대답게 상황이 급격히 달라질 수 있고, 그것에 따라 머지않은 미래에 우리 자신의 방향을 바꿔야 하는 상황이 올 수 있다. 그럴 때 신속하게 행동할 만반의 태세가 갖춰져 있어야 한다.

김영익, 〈노동자 연대〉 273호(2019년 1월 16일).

하노이 북·미 정상회담 합의 실패의 원인

2월 28일 베트남 하노이에서 열린 북·미 정상회담이 합의서 한 장 없이 끝났다. 이렇게 정상회담에서 합의에 실패하는 것은 외교 관행상 매우 이례적인 일이다.

이번 정상회담을 앞두고 국내에서는 그 결과에 기대를 거는 목소리가 높았다. 특히, 청와대는 2월 25일 "북·미 사이에 종전선언이 합의될 가능성이 있다"며 정상회담 분위기를 띄웠다.

그러나 정상회담을 둘러싼 상황은 녹록지 않았다. 회담을 코앞에 두고도 대북 제재 완화 여부와 그 순서를 놓고 북·미 양측의 견해차는 해소되지 못한 듯했다. 하노이 정상회담을 앞둔 2월 22일 스페인 주재 북한 대사관에 괴한들이 침입한 사건이 벌어졌는데, 스페인 당국의 조사 결과로 그 배후에 미국 정보기관이 있음이 폭로됐다. 북

이 글은 2019년 2월 28일 하노이 북·미 정상회담 합의 실패 직후에 발표한 글이다. 이후 상황을 반영해 개정·증보했다.

한 측 실무협상 책임자인 김혁철이 얼마 전까지 스페인 주재 북한 대사였다는 점에서 이 사건은 의미심장한 일이었다.

트럼프는 합의 실패 직후에 열린 기자회견에서 제재 문제가 쟁점이었다고 했다. 북한이 (비핵화의 "상응 조처"로) 제재 해제를 원했지만, 트럼프는 제재 완화는 할 수 없고 제재는 계속 유효하다고 말했다.

트럼프 측은 김정은 위원장에게 제재 해제 없이 비핵화의 구체적 조처 이행을 요구한 듯하다. 기자회견에서 트럼프는 이렇게 말했다. "우리가 원한 특정 지역과 시설의 비핵화에 [북한이] 동의하지 않았다." 트럼프는 영변 핵 시설을 넘어, 드러나지 않은 시설(미공개 우라늄 농축 시설) 해제까지 요구한 듯하다.

트럼프의 기자회견이 보여 준 점은 결국 트럼프 정부의 '선先 비핵화' 압박이 합의 실패의 직접적 원인이라는 것이었다. 미국 국무 장관 폼페이오는 비핵화 시기와 순서에 문제가 있었다고도 했다. 트럼프는 북한이 경제 대국이 될 잠재력이 있는 나라라는 말을 반복했지만, 작은 제재 완화조차 하지 않는 상황에서 이는 그저 공치사에 불과했다.

같은 날 북한 외무상 리용호의 기자회견 내용도 이런 판단을 뒷받침해 줬다. 북한 측은 미국이 "민수경제와 인민생활에 지장을 주는" 일부 대북 제재라도 해제해 준다면 "영변 핵의 모든 핵물질 생산시설"을 "영구적으로 완전히 폐기"하겠다고 제안했다. 그러나 트럼프 측은 이 제안을 거부하고 "영변 지구 핵 시설 폐기 조치 외에 한 가지를 더 해야 한다고 끝까지 주장"했다.

2월 28일 오전에 트럼프는 김정은을 앞에 두고 "서두르지 않겠다"

는 말을 반복했다. 이는 제재와 군사 위협에 시달려 온 북한 처지에서는 결코 달갑지 않은 말이었다. 그래서 옆에 있던 김정은 위원장이 "우리에겐 시간이 중요한데 …" 하고 나지막이 말했다.

빅딜 문서

시간이 갈수록, 하노이에서 미국이 북한에 얼마나 터무니없는 요구를 했는지가 드러났다. 3월 30일 로이터 통신은 하노이 정상회담 당시 트럼프가 김정은 북한 국무위원장에게 건넨 '빅딜 문서'를 입수해 보도했다. 로이터 통신은 이 문서가 트럼프가 처음으로 김정은에게 비핵화 정의를 직접 명확하게 밝힌 것이었다고 했다.

'빅딜 문서'에는 백악관 국가안보보좌관 존 볼턴이 주장해 온 "리비아 모델"이 고스란히 담겨 있었다. 북한 핵무기와 핵물질의 미국 이전, 핵뿐 아니라 탄도미사일·생물무기·화학무기 폐기, 생화학무기 개발로 전용될 이중 용도 시설 폐기, 핵 과학자·기술자 상업 활동으로의 전직 등등.

이것은 북한한테 일방적으로 모든 것을 포기하라는 요구다. 그래서 북한은 미국 부시 정부를 상대할 때부터 "리비아 모델"을 줄곧 거부해 왔다. 일각에서는 이 문서가 미국이 생각하는 비핵화의 '최종' 상태를 정리한 문서였을 뿐이라고 애써 의미를 축소한다. 그러나 30년 북핵 협상의 맥락 속에서 보면 '빅딜 문서'는 북한한테 "모욕적이고 도발적"(로이터 통신)으로 여겨졌을 것이다.

미국과 북한의 협상은 결코 대등한 상대의 협상이 아니다. 한쪽은 세계 최강 제국주의 국가이자 상대방을 오랫동안 제재했던 국가이고, 다른 한쪽은 정권 교체와 핵 공격 위협에 오랫동안 시달린 국가였다.

따라서 제재를 유지하면서 북한에 일방적 양보를 강요한 트럼프 정부에 정상회담 합의 실패의 일차적 책임을 물어야 한다.

이 협상을 둘러싼 국제 정세는 매우 불안정했다. 미국은 베네수엘라 정권 교체를 위협하고 있고, 인도와 파키스탄은 카슈미르에서 격돌하고 있다.

무엇보다, 미국과 중국의 제국주의적 경쟁이 계속 (진정한) 문제가 되고 있다. 김정은 위원장은 베트남으로 오면서 비행기를 타지 않고 애써 철도를 타고 중국을 거쳐 갔다. 이것은 정상회담에 앞서 북한과 중국의 돈독한 관계를 부각한 것이다. 이 행위가 주는 정치적 메시지를 미국 협상팀은 특별하게 여겼을 것이다.

앞으로의 상황은 다소 불투명하다. 북·미 양측은 정상회담 실패에도 불구하고 협상은 지속하겠다고 한다. 그러나 향후 협상은 전보다 더 많은 곡절에 부딪힐 것이다. 무엇보다, 강대국들 간의 경쟁이 낳는 국제 정세 불안정이 협상의 미래를 지속적으로 위협할 것이다.

북·미 정상회담을 앞둔 시점에 문재인 대통령은 "한반도 운명의 주인은 우리"라고 말했다. 그러나 이 말이 현실이 되려면, 문재인 대통령을 비롯한 자본주의 국가 지도자들 간의 '합리적' 선택에 기대를 걸 게 아니다. 100년 전 3·1운동에 나선 대중이 그랬듯이, 아래로부터의 반제국주의 대중투쟁을 건설하는 것만이 확실하게 우리가 우리 운명의 주인이 되는 길일 것이다.

김영익, 〈노동자 연대〉 277호(2019년 2월 28일).

남·북·미 판문점 회동:
이제 "북·미 적대 관계가 종식"될까?

2019년 6월 30일 판문점에서 열린 남·북·미 정상들의 회동과 북·미 정상회담은 많은 사람들의 예상을 벗어난 일이었다. 회동을 제안한 트럼프 정부조차 1시간 전까지 김정은 북한 국무위원장이 판문점에 올지 확신하지 못했다고 알려졌다. 그만큼 단기간에 결정돼 급작스레 성사된 만남이었다. 그리고 트럼프는 북한 땅을 밟은 최초의 현직 미국 대통령이 됐다.

조만간 북·미 실무협상이 시작될 예정이다. 2월 하노이 북·미 정상회담 실패 이후 중단된 북·미 공식협상이 재개되는 것이다.

2월 하노이 북·미 정상회담이 실패하면서, 한반도의 기류가 바뀌고 긴장이 다시 쌓이는 것은 아닌지 우려하는 목소리가 많았다. 그간 트럼프 행정부는 대북 제재를 꾸준히 강화해 왔다. 이것은 2018년 6월 싱가포르 북·미 정상회담 후에도 변함없었다. 7~12월 미국이 추가한 제재 조처는 12건이나 됐다.

〈표〉 싱가포르 북미 정상회담 이후 미국의 대북 독자 제재 목록(2018년)

날짜	집행 기구	제재 이유	제재 내용
7.23	재무부 해외자산관리국, 국토안보부의 관세국경보호청 및 이민세관집행국, 국무부	제재를 통한 미국의 적 대처법	사업체 공급망에 북한 국적 또는 시민권 노동자 사용 금지
8.3*	재무부 해외자산관리국	금융 활동	러시아 은행, 단동중성무역, 조선은금회사, 리종원
8.15*	재무부 해외자산관리국	대북 운송	러시아 기업 3, 개인 1
8.21*	재무부 해외자산관리국	선박 환적	러시아 기업 2, 선박 6
9.6	재무부 해외자산관리국	소니픽쳐스 해킹, 워나크라이 랜섬웨어	박진혁, 조선엑스포합영회사 자산 동결
9.13*	재무부 해외자산관리국	외화 수익 창출	중국 기업 1, 러시아 기업 1, 정성화
10.4*	재무부 해외자산관리국	무기와 사치품 거래	터키 국적자, 터키 회사, 리성은(몽골 주재 참사)
10.25*	재무부 해외자산관리국	북과 상품 계약, 돈세탁	싱가포르 국적자 1명, 회사 2, 선박 2척 제재 대상 지정
11.19*	재무부 해외자산관리국	제재 기업에 연관, 제재 회피 조언	남아공 국적자 특별지정 제재대상 지정
11.26*	법무부	돈세탁	싱가포르 기업 1, 중국 기업 2 자산 몰수
11.29	대통령, 국무장관	인신매매피해자보호법	비인도적 지원, 교육 및 문화 교류 지원금, 세계은행 및 IMF의 대출 등 금지
12.10	재무부 해외자산관리국	인권 침해	최룡해, 정경택, 박광호 제재

*는 북한 이외의 제3국 제재.

출처: 〈연합뉴스〉. 서재정, "'해와 달이 된 오누이'와 대북제재에 대한 오해", 〈오마이뉴스〉(2019년 4월 23일)에서 재인용.

2월 하노이 정상회담 실패 이후에도 대북 제재는 계속 강화됐다. 그중 몇 가지를 소개하자면, 5월 트럼프 정부는 석탄을 운송하는 북한 화물선을 압류했다. 6월 19일 미국 재무부는 북한의 제재 회피를 도왔다며 러시아 금융기업을 제재 대상으로 지정했다(이날은 중국 국가주석 시진핑이 북한을 방문하는 날이었다).

제재는 군사적 조처와 연관될 수밖에 없다. 미국과 그 동맹국 함대들은 북한의 제재 회피를 감시한다며 한반도 인근 해역과 동중국해 일대를 감시하고 있다. 이것은 잠재적으로 중국을 겨냥한 군사행동이기도 하다. 한·미 연합훈련도 꾸준히 진행되고 있다. 5월 주한미군사령관은 대규모 훈련은 아니지만 "필수 임무 수행을 위한 (연합)훈련"을 올해에만 100번 이상 진행했다고 말했다.

바로 이런 상황에서 북한이 잇달아 단거리 미사일 발사를 해 온 것이다. 단지 북한의 일방적 '도발'로 치부할 수 없는 일이었다.

이렇게 긴장이 다시 쌓여 가는 상황보다 남·북·미 간에 대화가 재개되는 것이 나은 일임은 분명하다. 대화 재개에 심기가 불편해진 것은 자유한국당 같은 우파들뿐일 것이다.

이제 세간의 관심사는 다시 재개되는 대화가 결실을 맺을 수 있는지다. 트럼프가 싱가포르에서 김정은과 악수하고 하노이에서 뒤통수를 친 일이 이번에는 재현되지 않을 수 있을까?

이번 판문점 회동으로 트럼프는 민주당 대선 경선으로 쏠린 미국 국내의 시선을 일순간에 자신으로 돌리는 데 성공했다. 특히, 이번 판문점 회동은 트럼프가 이민자 부녀 익사 사건에 따른 정치적 부담을 덜어 내는 데에 도움이 될 것이다.

물론 트럼프가 갑자기 판문점 회동을 제안한 것은 단지 국내 정치적 목적 때문만은 아니었을 것이다. 미국 권력자들은 제한된 역량으로 자국 패권을 어떻게 유지할지를 두고 크게 고심하고 있다. 세계 자본주의의 핵심 지역 곳곳에서 동시에 제기되는 도전에 직면했기 때문이다.

그중 이란 문제가 있다. 트럼프는 대이란 강경책을 밀어붙여 왔고, 결국 폭격 10분 전 상황까지 갔다. 폭격은 결국 취소됐다지만, 당분간만 취소일 가능성도 있다. 미국과 이란의 갈등을 악화시킬 요인들이 너무 많기 때문이다. 이란과의 갈등이 점증하는 상황에서, 트럼프 정부로서는 한반도 상황이 더 악화하지 않게 당분간 관리할 필요가 있을 것이다.

그러나 앞으로 미국과 북한이 파격적 만남에 부합하는 파격적 합의를 이룰 수 있을지는 미지수다. 협상 테이블을 둘러싼 국제 정세가 만만치 않기 때문이다.

일본에서 열린 G20 정상회담에서 트럼프와 시진핑은 중단된 미·중 무역협상을 재개하기로 합의했다. 트럼프 정부는 예정된 대중국 추가 관세 부과를 미루기로 했다.

그렇다고 해서 미국과 중국의 무역 전쟁이 끝날 것이라고 믿는 사람은 거의 없다. 양측이 핵심 쟁점에서 이견을 거의 좁히지 못했기 때문이다. 향후 양측 협상의 전망이 밝지 않은 까닭이다. 미국과 중국이 무역 전쟁에서 잠시 휴전하기로 합의한 것에 불과해, 미국과 중국 간의 제국주의 갈등은 다시 점증할 공산이 크다.

계속 점증하는 동아시아 제국주의 갈등은 한반도에 직·간접으로 영향을 미칠 수밖에 없다. 북·미 협상이 협상 테이블 바깥의 상황 때문에 흔들릴 여지가 많은 것이다.

미국 권력자들이 대북 정책에서 의견 일치를 이루지 못하고 분열해 있는 점도 북·미 협상의 변수다. 미국 민주당의 유력 대선주자인 조 바이든이 판문점 회동을 연일 비난하는 것은 시사적이다.

트럼프 정부의 고위 인사들은 대북 정책에서 의견 일치를 이루지 못하고 있다. 그러나 당분간 대북 제재를 유지해야 한다는 점에서는 한목소리를 내고 있다. "영변 외 핵 시설"을 계속 문제 삼는다는 점도 마찬가지다.

6월 30일 문재인 대통령은 영변 핵단지 폐기가 "되돌릴 수 없는 실질적 비핵화의 입구"라고 말했다. 그렇지만 트럼프는 그것이 "하나의 단계"일 뿐이라고 했다.

이 점은 향후 북·미 실무협상에서 우여곡절이 계속 있을 수 있음을 시사한다. 비핵화의 정의부터 쟁점이 될 것이다. 그리고 비핵화 조처와 미국의 상응 조처 사이의 순서 등 양측이 앞으로 합의해야 할 쟁점들이 산적하다. 그 순서가 "단계적"(북한)이냐, "동시적"(미국)이냐를 놓고 양측의 줄다리기는 계속될 것이다.

합의와 합의 이행의 속도도 쟁점이다. 판문점에서 트럼프는 "속도보다 올바른 협상을 추구"한다고 했다. 그러나 오랫동안 제재와 군사 위협에 시달린 북한에게 "속도"는 꽤 중요하다.

실무협상에서 잠정적 합의가 도출되더라도, 그때마다 "검증" 문제가 빠짐없이 등장할 것이다. 과거 북핵 협상이 "검증" 문제를 둘러싼 갈등으로 중단된 적이 많았다.

북핵 협상 외의 문제도 있다. 트럼프 행정부는 궁극적으로 핵무기와 그 유관시설뿐 아니라 북한의 대량살상무기 전체를 제거하는 데 관심이 있다. 그 밖에 인권 문제 등 미국이 북한에게 들이밀 카드는 핵무기 외에도 많다.

트럼프와 김정은이 벌써 세 번이나 만났지만, 그새 북핵 문제 해결에서 실질적으로 진전된 것은 거의 없다. 냉정하게 말해, 부시 2세 행정부 때에 견줘도 더 나은 합의와 문제 해결 수준을 보이지 못하고 있다. 앞으로도 북·미 협상은 가다 서다를 거듭할 공산이 크다.

7월 2일 문재인은 이번 판문점 회동이 "북미 간 적대 관계의 종식과 새로운 평화 시대의 본격적인 시작 선언"이라고 말했다. 그러나 많은 사람들은 이미 싱가포르 합의에서 하노이 실패로 가는 과정을 봤으므로 문재인보다는 훨씬 신중하게 지켜볼 것이다.

장기화된 경제 위기 속에 제국주의 갈등은 계속 악화하고 있다. 이 점은 평화를 위해 외교로 잠정적 합의를 이루는 것조차 쉽지 않음을 가리킨다. 한반도도 예외가 아니다.

따라서 진정한 좌파는 남·북·미 대화를 응원하거나, 그 성공을 위해 시스템에 협력하는 데 역량을 투여해선 안 된다. 오히려 항구적 평화를 쟁취하기 위해서 반제국주의적·반자본주의적 운동을 건설할 토대를 구축하기 위해 애써야 한다.

트럼프의 패권 전략에 협력하겠다고 약속한 문재인

세간의 시선은 판문점 회동에 쏠렸으나, 트럼프의 방한 목적이 단지 김정은과의 만남에 국한되지는 않았다.

문재인은 6월 30일 한미 정상회담 후 기자회견에서 한미 동맹이 한반도를 넘어 글로벌 이슈에서 협력하는 포괄적 전략 동맹임을 다시 한 번 확인해 줬다. 그러면서 "지역적·세계적 문제에 적극 협력할 것"이라고 약속했다. 즉, 미국의 패권 전략에 적극 협력할 것이라고 공언한 것이다.

거기에는 트럼프 정부의 중국 포위 전략에 대한 협력이 포함돼 있다. 문재인은 미국의 인도·태평양 전략에 협력하겠다고 직접 말했다. 2017년 트럼프 방한 때 문재인은 중국을 의식해 인도·태평양 전략에 대한 지지를 명시적으로 밝히지 않았었다. 그러나 이번에는 달랐던 것이다.

그리고 문재인은 "오만 해역에서의 통항의 자유가 중요하다"고도 말했다. 통항의 자유는 미국이 이란 등과의 갈등에서 즐겨 쓰는 표현이다. 미국이 이란과의 갈등에서 동맹국들의 협력을 요구하는 가운데 문재인 정부가 미국에 협력할 여지를 준 것이다.

문재인 정부는 '한반도 평화 프로세스'에서 트럼프 정부의 협력을 끌어내려면 미국의 패권 전략에 협력하는 것이 불가피하다고 주장할 것 같다(노무현도 본질적으로 이런 논리를 댔다).

그러나 그것이 한반도 평화에 진정 도움이 될까? 미국의 중국 포위에 협력하는 것이 한반도 불안정 해소에 도움될 리가 없다. 미국은 중국 포위 전략과 대북 정책을 분리해 다루지 않는다. 6월 초 미국 국방부는 중국 포위 전략을 소개한 《인도·태평양 전략 보고서》에서 북한을 "불량 국가"로 지목했다.

이런 사례는 제국주의 국가들과의 협력과 양보로 한반도 평화를 실현한다는 구상이 얼마나 많은 난점을 내포하고 있는지를 보여 준다. 이런 구상으론 항구적 평화를 구현할 수 없고, 오히려 중장기적으로 부메랑이 돼 한반도에 악영향을 미칠 수도 있다.

김영익, 〈노동자 연대〉 292호(2019년 7월 2일).

평화협정으로 평화가 찾아올까?

한반도는 동·서 제국주의 국가들의 개입 속에 전쟁(1950~1953년)의 참화를 겪었고, 그 이후에도 냉전의 최전선이었다. 냉전이 끝난 지 거의 30년이 돼 가는 오늘날에도 한반도는 새로운 지형의 제국주의 간 갈등의 한복판에 있다. "모든 선택 사항이 테이블 위에 놓여 있다"는 트럼프의 협박과 무력시위, 북한의 반발(핵실험과 미사일 발사)은 한국인들이 지난 수십 년 동안 신물 나게 겪어 온 일들이다.

그래서 한국인들은 평화를 염원해 왔다. 오랜 경험에서 우러나온 민중의 바람은 우파의 안보 선동으로 쉽사리 꺼질 만한 게 아니다.

많은 사람들이 정부 당국 간의 협정·협상이 평화를 가져오리라 기대한다. 그런 기대의 밑바탕에는, 결국 지배자들이 마음먹고 서로 합의한다면 적어도 전쟁은 피할 수 있으리라는 소박한 믿음이 있다. 남북한 지배자들의 힘이 거기에 못 미친다면, 한반도 주변의 강대국들이 각자의 이해관계를 대화로 조정해 한반도 평화를 보장하는 약속을 하면 문제가 해결될 것이라고 믿는다.

그래서 많은 진보·좌파도 구체적 내용은 다소 차이가 있지만 대체로 평화협정 체결을 원한다. 평화협정이 체결돼 한반도 주변 강대국들한테서 안전보장을 약속받고 한반도가 비핵화되면, 한반도의 긴장이 근본적·항구적으로 해소될 수 있다는 전망이다. 지난 수십 년 동안 한반도 주변 강대국들의 안전보장 약속에 기초한 한반도 평화협정, 평화 체제 구상과 요구가 여러 형태로 계속 등장한 까닭이다.

평화조약이 체결된 경험이 없는 상황에서 빈번하게 긴장을 겪고 있으니, 무수히 많은 사람들이 평화협정 체결을 바라는 것은 이해할 만한 일이다. 따라서 혁명적 마르크스주의자들은 평화협정 요구에 일시 타협할 수도 있다. 그렇지만 타협의 목적은 세계 제국주의 체제하에서는 평화가 일시적일 뿐이고 오히려 군사 경쟁과 전쟁이 통칙이라는 것을 설명할 공감대와 기회를 얻기 위해서다.

평화협정이 한반도에 항구적 평화를 보장해 줄 것이라는 생각에는 의문을 제기할 수밖에 없다. 평화협정 체결을 위해 다양한 진보·좌파가 내놓은 다양한 청사진의 바탕에는 공통으로 이런 생각이 깔려 있다. '오늘날 한반도의 불안정은 자본주의 체제의 근본 동역학과 관계 없고 한국 국가가 외교를 제대로 하면 문제를 해결할 수 있다.'

그러나 우선 한반도 평화협정의 주체가 될 동아시아 정권들을 살펴보자. 평화협정의 주체로는 대체로 남·북한과 미국과 중국이 거론된다. 그러나 그 협정의 당사자들은 바로 김정은, 시진핑, 그리고 트럼프다!

요즘에는 한반도 문제가 동아시아 전체의 불안정과 연동돼 있음이 매우 분명하기 때문에, 많은 진보·좌파들도 한반도 평화협정·비핵화에 더해 동북아 비핵지대화나 동북아 다자안보협력체를 구축해야 한다고 주장한다. 그러나 그렇게 평화 체제 구축의 당사자들을 확대해 본들, 푸틴과 아베가 더해질 뿐이다. 진정한 평화 실현이 조금도 득이 되지 않는 사람투성이다.

둘째, 동북아 주요국의 정권들이 이렇게 소름 끼치는 자들로 채워진 건 단지 우연의 일치가 아니다. 장기화하는 경제 침체와 그만큼 치열해진 경제적·지정학적 경쟁의 결과이기도 하다. 10여 년 전 처음 6자회담을 열었을 때에 견줘, 오늘날 동북아 주요 국가들의 이익 충돌은 더 악화됐다.

동아시아는 지난 30년간 세계화의 물결 속에 역동적으로 성장해, 오늘날 세계 자본주의 경제의 새로운 중심지로 변모했다. 동아시아 경제들의 상호 의존 관계도 상당히 발전했다. 그러나 경제적 상호 의존은 역설이게도 경제적 경쟁을 수반한다. 기업들은 국제적 경쟁에서 조금이라도 유리한 조건을 확보하려고 자국 국가의 힘에 기댄다. 기업들의 경제적 경쟁이 국가들의 경쟁과 국가 이익의 충돌로 발전하는 것이다. 경제 위기는 이런 추세를 더 악화시킨다.

지난 30년간 세계화의 최선두에서 경제성장을 이룩한 오늘날 동아시아에서 전통적 형태의 영토 분쟁이 빈번해지는 등 지정학적 갈등과 군비경쟁이 악화하고 있다. 여기에는 바로 자본주의의 동역학, 그리고 이것에서 비롯한 제국주의 문제가 있다. 단지 특정 통치자의 개성이나 특정 정당의 성격으로 환원할 수 없는 것이다.

그러므로 지정학적 경쟁의 주체들인 동아시아 국가들이 항구적 평화 정착의 주체가 되리라고 기대할 수가 없다. 엄청난 수준의 군비 경쟁을 벌이는 동아시아 국가들(미국, 일본, 중국, 러시아, 남한, 북한 등)은 모두 지속적 평화를 구축할 능력도 의지도 없다. 제국주의는 세계 체제다. 따라서 미국을 비롯한 제국주의 강대국들은 한반도 문제를 다른 제국주의 국가와의 경쟁이라는 맥락 속에서 볼 수밖에 없다. 그런 가운데 국가 간 협상의 결과로 미국이 평화협정을 맺어, 중국 견제에 필수적인 주한미군을 철수하고 한미 동맹을 순순히 해체할까? 평화협정이 한반도 평화 정착의 핵심이라고 보는 사람들은 이 점을 너무 쉽게 간과한다.

고故 리영희 선생은 2005년 9·19 공동성명 직후에 열린 한 토론회에서 미국의 약속을 조금치도 믿을 수 없다는 점을 경고했다. 그 말은 오늘날에도 우리가 잘 기억해야 할 지적이다. "미국이 조약을 단 한 번도 지킨 사례가 없으므로 이 사실로부터 출발해 한반도와 동북아 지역 문제에 대한 우리의 생각과 판단의 단서를 잡아야 한다. … 북경회담 합의문이라는 종이 조각을 토대로 해서 상황을 판단[해서는 안 된다.]"

설사 우여곡절 끝에 한반도 문제를 놓고 주요 국가들의 이해관계가 조정돼 평화협정이 체결되더라도 문제는 남는다. 레닌은 자본주의 체제 하에서 국가들이 일시적으로 협정을 맺을 수 있지만, 항구적으로 평화를 유지하는 것은 불가능하다고 강조했다.

레닌의 대전제는 자본주의 하에서 발전은 매우 불균등하게 이뤄진다는 것이다. 그렇기 때문에, 그 발전의 수혜자인 강대국들은 나머지 세계를 지배할 수 있다. 그러나 자본주의 체제의 역동성 때문에 세계 경제력의 상대적 분포가 수시로 바뀐다. 이 때문에 국가 간 힘

표) 평화협정의 역사적 사례들

합의	내용	결과
1919년 베르사유 조약과 국제연맹 결성	•제1차세계대전 이후 전후 질서를 수립하기 위해 1919에 체결. •전쟁 재발을 막고자 베르사유 조약을 근거로 국제연맹 결성 •이후에 부전(不戰)조약과 여러 군축 조약도 체결됨.	•1939년 제2차세계대전 발발.
1939년 독소 불가침조약	•1939년 독일과 소련이 서로 침공하지 않기로 약속. 그리고 동유럽 지역의 세력권 분할. •이로써 나치 독일은 영국·프랑스와의 전쟁에 집중할 수 있었음. •소련은 서부전선에서 영·프·독이 서로 싸우면서 힘을 다 빼기를 기대. 민족 이기주의적 발상.	•'사회주의'를 표방한 소련이 나치와 손잡은 일은 수많은 반파시즘 투사들을 절망케 함. •1941년 히틀러의 독일이 소련을 침공하면서 불가침조약은 역사의 쓰레기통으로 사라짐. 전쟁으로 소련 인민 2000만 명 이상 희생됨.
1993년 오슬로 협정	•미국의 개입으로 팔레스타인해방기구(PLO)와 이스라엘 정부가 맺은 평화협정. •PLO가 이스라엘을 인정하는 대신, 이스라엘의 점령 아래 자치 정부를 꾸리기로 함.	•자치 정부는 허울일 뿐이었고, 팔레스타인 자치 지역 대부분을 이스라엘이 통제하고 영토 확장을 지속함. •오슬로 협정이 거짓 약속임을 확인하고 분노한 팔레스타인 사람들이 2000년에 거대한 대중 항쟁을 일으킴(2차 인티파다).

의 균형도 끊임없이 바뀐다. 따라서 국가들 사이에는 합의가 안정적으로 유지될 수 없다고 레닌은 강조했다.

오늘날 미국과 중국의 관계에도 이런 분석을 적용할 수 있다.

레닌의 지적대로 자본주의 국가들 간의 치열한 경쟁 속에서 국가

간 합의는 안정적 평화를 이루기는커녕, 순식간에 휴지 조각이 되는 경우가 숱하게 많다. 제1차세계대전이 끝나고 1919년 베르사유 조약이 맺어지자, 한 프랑스 장군은 냉소적으로 이렇게 말했다. "이것은 기껏해야 20년짜리 휴전협정에 불과하다."

그럼에도 제국주의 지배자들은 세계대전을 막겠다고 1921년 워싱턴해군군축조약, 1928년 부전조약 등 여러 협정을 맺었다. 그러나 1930년대 대불황으로 제국주의 국가들이 재무장에 착수하고, 1939년 제2차세계대전으로 내달리면서, 그 합의들은 순식간에 무용지물이 됐다.

한반도에서도 형식상으로는 평화협정은 아니지만 그와 유사한 국가 간 합의로 한반도의 긴장을 누그러뜨리려는 다양한 시도가 있었다. 그러나 그런 합의는 새로운 긴장 고조의 전주곡이었음이 번번이 입증됐다. 1992년 남북기본합의서와 한반도비핵화공동선언은 1993~1994년 한반도 위기를 막지 못했다. 한반도 평화 체제 구축을 향한 가장 진전된 합의라고 평가받았던 2000년 6·15 남북 공동선언과 2005년 9·19 공동성명도 미국의 대북 압박 강화를 막지 못했고, 2006년 북한은 처음으로 핵실험을 감행했다.

국내 좌파들도 대부분 평화협정 체결을 강령의 한 요소로 채택했다. 그래서 "제국주의에 맞선 투쟁"과 "현 정전체제를 평화협정체제로 전환"하는 투쟁을 병행한다고 한다.

아직까지 정식으로 평화협정이 체결된 적이 없어 그 한계가 대중적으로 입증되지는 않았지만, '노동자·민중의 반제국주의·반자본주의 투쟁'과 평화협정 요구 투쟁 사이에는 모순이 존재한다.

냉전 종식 이후의 주요 평화 합의들

합의	내용	결과
1992년 남북기본합의서 한반도비핵화선언	·남북이 상호 체제 인정하고, 무력 침략하지 않겠다고 약속. ·남북 모두 핵에너지를 평화적 목적에만 이용하고 핵무기 관련 시설을 보유하지 않기로 약속.	미국이 북핵 의혹을 제기하며 대북 군사 위협을 가하면서 1994년 한반도에 전쟁 위기 고조.
1994년 북·미 제네바 합의	·북한은 기존의 흑연감속로를 포기하고 관련 핵 시설을 동결하기로 약속. ·대신에 미국은 경수로를 제공하고, 대북 군사 위협 중단과 관계 정상화까지 약속함.	·북한은 이 합의에 기대를 걸었지만, 미국은 처음부터 합의를 이행할 의향이 없었음. ·미국은 금세 새 의혹을 제기하며 대북 압박을 지속함.
2000년 6·15 남북공동선언	·최초의 남북 정상회담. ·남북 각각의 통일 방안의 공통점에 근거해 통일을 지향하고, 경제 등에서 남북 협력을 활성화하기로 함.	·2001년 집권한 미국 부시 정부가 대북 압박을 강화하며 새로운 북핵 의혹을 제기하자 긴장 고조. ·이 맥락에서 2002년 6월 서해에서 남북 간 해상 교전 발생.
2000년 10월 북·미 공동 코뮈니케	미국과 북한은 정전협정을 평화보장체제로 바꾸고, 관계를 개선하기로 약속.	·2002년 부시 정부가 북한을 "악의 축"의 하나로 지목하며 휴지 조각이 됨. ·미국의 위협에 반발해 2003년 북한은 핵동결을 해제하고 핵무기 개발로 나아감.
2005년 9·19 6자회담 공동성명	·비핵화와 반대급부의 단계적 이행을 약속. ·별도의 포럼에서 한반도 평화 체제를 논의하기로 합의.	·미국이 새로운 대북 금융 제재를 단행하면서, 바로 합의가 위기에 빠짐. ·결국 2006년 10월 북한이 처음으로 핵실험 감행.

평화협정 운동은 여타의 급진적 운동(주한미군 철수, 한미 동맹 반대)을 결합시켜도 결국 현존 제국주의 체제 하에서 평화 공존을 목표로 삼는 것이다. 협정의 주체에 제국주의 국가들이 포함돼 있고, 그들한테서 평화를 보장받는 게 평화협정 체결의 요체인 것이다.

평화 공존은 실현되기 어려운 길이기도 하지만, 정치적으로 후퇴하기 십상인 길이기도 하다. 과거 제3세계 민족주의 정권들이 제국주의에 맞서다가도 결국 타협을 모색하게 된 까닭이다. 그리고 역사적으로 서방 진영 안에서 "평화 공존"론은 자국 정부가 평화 공존을 받아들이도록 (계급투쟁이 아니라) 계급을 초월해 단결하자는 개혁주의 정치에 더 부합했다.

따라서 평화협정 같은 외교 중심 접근법을 비판적 문제의식 없이 수용할수록, 좌파 단체들도 온건 개혁주의자들처럼 6자회담이나 북·미 또는 남·북 회담의 성사와 지속 그리고 그 안에서 한국 정부의 적극적 구실을 촉구하는 수준에 멈출 수 있다.

과거에 많은 활동가들이 평화통일 운동을 대중적으로 벌이다가도 국가 간 협상이 벌어지면 수동적 관찰자나 응원자 구실에 머물곤 했다. 그래서 정부에 정책 조언을 하다가 1990년대 후반부터 2000년대 초반까지 직접 부르주아 개혁주의 정부에 들어가는 길을 선택한 통일 운동가들이 있었다.

좌파가 평화협정 요구와 운동을 진지하게 자신들의 '반자본주의·반제국주의' 노선에 접목시키려 하면 할수록, 결국 체제 인정 논리가 스며들 여지가 커진다. 평화 문제에서도 로자 룩셈부르크가 그토록 강조했던 "개혁이냐, 혁명이냐"는 중요한 것이다.

한편 "적극적 평화주의"를 표방하는 일부 좌파는 평화협정 요구를 당면 과제로 채택하는 데 회의적이다. 평화협정이나 상호 군축 협상이 "군비를 억제하기보다는 오히려 군비 증강의 변명이나 눈가리개로 주로 기능했다"고 옳게 보기 때문이다.

이들은 또한 1970년대 서유럽 평화운동의 경험에서 배워, 평화운동이 "일방주의적 군축, 즉 자국 정부가 단독으로 취하는 군축"을 지향해야 한다고 주장한다. 북한의 핵무장을 옹호하는 진보 일각의 태도나 한미 동맹의 핵우산을 인정하는 일부 개혁주의자들의 태도에 견줘, 이런 주장에는 분명 장점이 있다.

그러나 1970~1980년대 서유럽 평화운동에는 약점이 있었다. 핵무기 공포에 놓인 모든 합리적 대중이 계급을 초월해 단결하면, 군축에 성공해 핵무기 없는 자본주의가 가능하다고 본 것이다. 특히, 노동계급의 계급투쟁이 반제국주의 운동에서 할 수도 있는 중심적 구실을 기각했다.

오늘날 한반도 불안정이 자본주의의 동역학에서 비롯한 문제임을 아는 혁명적 마르크스주의자들은 반제국주의 운동이 반자본주의 운동과 융합되도록 노력해야 한다. 그러려면 이윤 체제인 자본주의를 마비시킬 수 있는 유일한 사회 세력, 즉 노동계급이 중요하다. 자본가들은 거의 모든 일에서 노동자들에 의존하고, 전쟁도 예외가 아니다. 항구적 평화가 실현되려면 바로 이 부분을 파고들어야만 한다. 평화협정 운동은 그 외면적 매력에도 불구하고 본질적 한계를 안고 있다.

김영익, 〈노동자 연대〉 205호(2017년 4월 19일).

"한반도 비핵화"가
공동전선의 요구가 될 수 없는 이유

2016년 여름 박근혜가 사드 배치 결정을 강행할 때 명분은 현저하게 커진 "북핵 위협"이었다. 북한이 대륙간탄도미사일을 잇달아 시험 발사하자, 문재인 정부도 같은 이유로 사드 배치 과정을 조기에 매듭지으려 한다.

북한의 계속된 핵과 미사일 실험을 계기로 미국과 한국은 군사행동을 정당화하고 동맹을 강화해 왔다.

이런 상황이 사드 배치 반대 운동에도 영향을 주고 있다. 한반도에서 긴장이 높아지고 북핵 '위협'을 명분으로 사드가 배치되면서, 운동 내에서 북핵 문제를 둘러싼 논쟁이 거듭되고 있는 것이다.

평화주의 단체들은 북핵도 똑같이 주요한 비판 대상으로 삼아야 사드 철회의 대국민 설득력이 높아진다고 주장한다. 사드 반대 운동 연대체인 사드저지전국행동이 '사드 배치 철회'만 주장해서는 운동이 발전할 수 없다는 것이다. 그래서 사드저지전국행동이 "한반도 비핵화"를 요구로 채택해야 한다는 것이다. 미국과 한국이 평화협정 체결로 북한에 안전을 보장하려면, 북한도 그에 상응해 핵무기를 폐기해야 한다는 것이다. 이런 생각에는 평화운동이 북한 핵무기를 지지하는 운동처럼 비쳐서는 안 된다는 합리적 핵심이 담겨 있다.

고전적 마르크스주의자들도 북한 핵을 비롯한 모든 핵무기에 반대한다. 북한의 거듭된 핵과 미사일 시험은 남한에서 노동계급의 반자본주의·반제국주의 운동을 건설하는 데 도움이 되지 않는다. 북한 핵무기는 한반도 안전을 담보해 주기는커녕 오히려 한국 지배자들이 사드 배치를 강행하고 미국의 패권 정책에 협력하는 것에 명분을 줄 뿐이다.

그러나 북한 핵무기가 서방 제국주의의 공세에 대한 효과적 대안이 될 수 없다는 주장 수준을 넘어, "한반도 비핵화"를 사드 반대 대중운동의 요구로 채택하는 것에는 커다란 문제점이 있다.

"한반도 비핵화"는 구체적 맥락 속에서는 흔히 "북한 비핵화"를 의미한다. 예컨대, 2017년 6월 한미 정상회담 공동성명에서 트럼프와 문재인은 "완전하고 검증 가능하며 불가역적인 한반도 비핵화"(CVID)가 대북 정책의 공통된 목표라고 천명했다. CVID는 미국이 북한을 압박할 때 거론하는 비핵화 방안이다. 그러나 지금 한국의 진보·좌파에게는 사드 배치를 비롯한 미국 제국주의의 공세와 그에 대한 한국 정부의 협력을 막아야 하는 과제가 있다.

또, 중간 규모의 산업국인 북한의 '위협'을 세계 최강국 미국의 위협과 대등한 수준에서 볼 수 없다. 7000기가 넘는 핵무기를 실전 배치하고, 이미 북한보다 60년 먼저 대륙간탄도미사일을 개발한 미국과 그 동맹국들이 모두 대화 재개의 조건으로 북한의 선先 핵 포기를 요구하는 것은 완전한 위선이다.

"한반도 비핵화" 요구는 또한 비현실적이기도 하다. 미국은 북한과 대화 테이블에서 만나더라도 자신의 필요에 따라 합의를 번번이 폐기하거나 대화를 중단시키곤 했다. 이런 경험 때문에 핵무기 개발에 매달려 온 북한은 핵무기를 쉽사리 포기하지 않을 것이다. 그러면 "한반도 비핵화"를 요구한 운동은 결국 마비될 것이다.

이런 구체적 맥락 속에서 보면, 사드 반대 대중운동 측의 "한반도 비핵화" 요구 채택은 미국의 제국주의적 압박이 한반도 불안정의 당면 원인이라는 점을 흐리는 효과를 낸다. 이는 미국의 공격적 대외 정책에 반대하는 운동을 건설할 수 없게 만든다.

사드저지전국행동이 이 요구를 채택하면 운동은 분열할 것이다. 지금 진보·좌파는 북핵에 관한 견해가 서로 다르다. 사드 반대 운동이 북핵 문제에 관한 견해를 통일시키려 하면, 논쟁하느라 진이 빠져 힘을 모아서 운동을 건설하기 어려울 것이다. 실제로 지난 1년 내내 사드저지전국행동 내에서는 이런 일이 벌어졌다.

진보·좌파는 2000년대 이라크 전쟁 반대 운동의 경험을 되돌아봐야 한다. 당시 반전운동은 '테러 반대, 전쟁 반대'식의 양비론에 빠지지 않고, 사태의 핵심인 (테러를 빌미로 한) 미국의 전쟁 몰이 반대를 분명히 해 대중운동을 건설할 수 있었다.

지금도 마찬가지다. 한국의 진보·좌파는 강령의 차이를 넘어, 사드 배치를 강행하고 한반도 긴장을 부추기는 미국의 패권 추구와 문재인 정부의 협력에 제동을 걸어야 한다.

지금 문재인 정부는 사드 배치를 곧 완료할 태세다. 이제 사드 배치는 박근혜뿐 아니라 문재인의 선택이기도 하다. 따라서 사드 반대 운동이 문재인 정부에 독립적 태도를 취하는 것이 중요하다. 문재인 정부에 대한 태도 문제는 '한반도 비핵화'를 요구로 내세우는 것과 매우 밀접한 관계가 있다.

김영익, 〈노동자 연대〉 219호(2017년 8월 23일).

한반도 긴장의 책임을 둘러싼 논쟁

한반도 불안정 상황을 둘러싸고 진보·좌파 내에서는 여러 쟁점이 불거지고 있다. 그중 가장 첨예한 쟁점 하나가 바로 '북한 문제'다. 현 불안정에 북한이 미국과 남한에 못지않게 책임이 있다는, 아니 더 크다는 주장이 있다.

〈한겨레〉 2017년 12월 7일 자 신문에 실린 일본 국제기독교대 서재정 교수의 칼럼('내로남불'이 문제다)은 이 쟁점과 관련해 몇 가지 유용한 관점을 제시했다.

서 교수는 힘의 우위로 북한의 핵·미사일 위협에서 한국을 보호해야 한다는 주장을 비판한다. 즉, "내가 군사력을 증강하는 것은 '로맨스'이지만 남이 군사력을 강화하는 것은 '불륜'"이라는 '내로남불'식 태도가 "군비경쟁의 악순환"을 부른다는 지적이다. 서 교수는 '내로남불'식 태도에서 한발 더 나아가 북한 측 대응을 "침소봉대"하는 것도 문제라고 날카롭게 비판했다. "북이 핵·미사일을 완성하면 미군을 몰아내고 적화통일을 추구할 것이라고 한다. 북한 정부 성명이 언급한 '영토완정'을 김일성의 '국토완정'과 동일시하는 것은 그 정점이다."

그가 이런 주장들의 문제를 칼럼에서 거론한 데는 그럴 만한 이유가 있다. 2017년 11월 30일 서 교수는 시민평화포럼·참여연대가 주최한 '트럼프 방한 이후 한반도 정세전망' 토론회에 발제자로 참석해, 토론자인 시민평화포럼 이승환 공동대표와 이 문제로 논쟁을 벌였다.

이 토론회는 북한이 신형 장거리 미사일을 발사한 직후에 열렸다. 이 대표는 한반도 정세에 대해 "비관적"이라고 했다. 그런데 그 비관적 전망의 주된 책임을 미국과 한국이 아니라, 북한에 물었다. "많은 사람들이 트럼프가 문제라고 얘기하지만, 핵과 관련해 북한이 오히려 대화와 협상의 문[턱]을 더 높이고 있는 게 객관적으로 현재 상황[이다.] … 미국 측이 '비핵화 전제 → 비핵화 언명 → 비핵화 진심' 등으로 계속 협상의 문턱을 낮추고 있는 반면, 북한은 '전제 조건 없는 대화 → 비핵화 협상 불가' 등으로 협상의 문턱을 높이고 있다."

물론 이 대표도 한국(과 미국) 측의 대응에 문제가 있다고는 했다. 그러나 이는 북한 핵무력 강화의 "명분"이나 "빌미"를 줬다는 정도의 문제였다.

이 대표 주장의 정점은 이른바 '영토완정'론이었다. 그는 미사일 발사 직후에 북한이 발표한 성명에 "영토완정"이란 표현이 들어간 데 주목했다. "영토완정"이 1950년 한국전쟁의 배경이 된 김일성의 "국토완정"(국토통일) 노선과 같다는 것이다. 거기에 북한의 "조국통일대전" 주장까지 결합되면 불길하다고 말했다. 즉, 북한이 "현상 유지"가 아니라 "공세적 대남정책"에 나설 가능성이 있다는 얘기였다.

서재정 교수의 비판대로 이승환 대표의 주장은 '내로남불'이자 침소봉대다.

북핵 협상이 재개되지 않는 주된 책임을 북한에 묻는 것은 현 긴장 상황에 대한 완전히 전도된 인식이다. 북핵 문제를 비롯한 지금의 한반도 불안정은 근본에서 미국 역대 정부의 동아시아 정책이 누적적으로 쌓인 결과다.

거기에 더해, 트럼프가 대중국 견제를 강화하며 북한을 상대로 "최대한의 압박"을 가해 사태를 크게 악화시켰다. 트럼프 정부는 북한을 위협하는 연합훈련과 전략 자산 전개를 강화하고 "북한 완전 파괴"를 운운하는데, 미국보다 "협상 문턱을 높인" 북한이 더 문제라고 주장하는 것은 어불성설이다.

2017년 현재 북한이 "영토완정", 즉 적화통일을 진지하게 추구한다는 말은 우익의 냉전주의에 부화뇌동하는 말로 들렸다.

오늘날의 한반도는 1950년과는 많이 다르다. 당시 북한은 스탈린의 재가로 소련의 군사 지원을 받을 수 있었다. 그러나 오늘날 한반도의 세력 관계에는 중대한 변화가 있었다. 소련은 해체됐고 남·북한 간의 경제력 격차는 뒤집혔다. 서 교수의 지적대로, 한국의 경제 규모가 북한의 45배이고 북한이 한국의 국방비를 따라잡으려면 정부 예산의 5배를 지출해야 할 형편이다. 미국은 여전히 북한을 핵무기로 공격할 계획을 유지하고 있다. 이런 세력 관계 속에서 북한 국가는 "국토완정"은커녕 생존을 걱정해야 한다.

이 대표의 주장은 이런 현실을 애써 무시했다. 한·미 군사력에 견줘 "압도적인 힘의 열세"에 처한 점이 북한이 핵과 미사일에 매달리게 한 주된 원인일 것이다.

11월 30일 토론회에서 이승환 대표는 "비판적·성찰적 평화운동"이 필요하다고 했다. 여기서 비판과 성찰은 진보 일각의 북한 핵 지지를 성찰하고, 북한 핵을 반대(비판)하는 평화운동을 건설하자는 의미다.

물론 북한의 핵과 미사일은 (국제 노동계급의 반제국주의적 단결을 이루지 못하게 한다는 점에서) 제국주의적 압박에 대한 비효과적인 대응이다. 북한이 사회주의와는 완전히 동떨어진 곳임을 보여 주는 것이기도 하다.

그렇다고 북한 핵을 비판해야 대중적 평화운동 건설이 가능하다는 주장이 옳은 것은 아니다. 북핵에 반대해 대중운동을 건설하자는 주장은 대중의 (지배계급의 생각이 투영된) 상식에는 부합해, 후진적 대중의 수동적 공감 정도는 받을지도 모르겠다.

그러나 그런 체제 순응적 정치로는 제국주의에 맞서는 적극적이고 능동적인 대중운동을 건설하기 어렵다. 자국 정부의 친제국주의·군국주의 정책에 대한 비판을 희석시킬 것이기 때문이다.

지정학적 위기(전쟁)를 야기하는 동역학은 도외시하고 북한의 '도발'만 문제 삼는 발상은 (냉전주의와도 구분하기 힘든) 조국방어주의가 진보·좌파 내에 스며들 여지를 준다. 이승환 대표의 주장은 그 위험성을 여실히 보여 줬다.

이런 함정에 빠지지 않으려면 한반도 불안정이 근본에서 미·중 갈등의 고조, 즉 제국주의 간 갈등에서 비롯한 것임을 봐야 한다.

진보·좌파가 건설해야 하는 평화운동은 제국주의 및 한국의 친제국주의·군국주의 정책을 반대하는 운동이다. 즉, '우리' 국가에 대항하는 운동이어야 한다.

김영익, 〈노동자 연대〉 233호(2017년 12월 13일).

남북 관계를 정략적으로 이용해 온
남북 지배자들

2018년 9월 20일 문재인 대통령이 백두산에서 김정은 북한 국무위원장과 손을 맞잡은 후 서울로 돌아오는 사이에, 여당과 보수 야당들은 박근혜 정부의 대표적 개악 공격이었던 규제프리존법을 국회에서 통과시켰다. 세간의 시선이 평양 남북 정상회담으로 쏠린 틈을 이용해, 용의주도하게 개악을 실행한 것이다.

이처럼 지배자들은 남북한 군사적 긴장만이 아니라 대화·유화 국면도 자신들에게 유리하게 이용해 왔다. 남북 관계를 자신의 체제를 강화하는 데 이용한다는 면에서는, 북한 지배자들도 똑같았다.

가장 대표적인 사례로 1972년 7·4남북공동성명이 있다. 이 성명은 그 직전에 미국이 소련을 견제하려고 중국과 손을 잡으면서 형성된 긴장 완화 분위기(데탕트) 속에서 나왔다.

나는 새도 떨어뜨린다는 중앙정보부(국가정보원의 초기 명칭) 부장 이후락이 비밀리에 평양을 방문해 김일성을 만났다. 북한에서도 부수상이 내려와 박정희를 만났다. 그래서 7·4남북공동성명이 발표되자, 사람들의 기대는 한껏 부풀어 올랐다. 서중석 역사문제연구소 이사장은 이때 "해방 후 가장 들뜬 분위기"였다고 회고했다.

박정희 정권은 7·4남북공동성명을 "유신을 위한 멍석 깔기"로 이용했다. 그해 10월 남북 대화 분위기가 절정에 이른 시점에 박정희는 영구 집권의 길을 여는 유신헌법을 공포했다. 그러나 "7·4남북공동성명에 워낙 고무돼서 통일 세력이 반박도 못했고 그러면서 혁신계 일부에서는 10·17쿠데타[유신헌법 공포와 비상계엄령 선포]를 지지하기도 했다."(서중석)

같은 기간 북한에서도 흡사한 일이 벌어졌다. 북한도 자칭 사회주의 헌법을 선포하고는 김일성의 권력을 강화한 것이다. 참으로 "싸우는 형제"다운 사건이었다.

지배자들은 정권에 대한 지지를 높이려는 의도에서 이산가족 상봉도 이용한다. 1985년 이산가족 상봉 같은 사례가 있다.

1980년 광주 항쟁을 피로 짓밟고 집권한 전두환 정권은 1985년 즈음에는 완연히 살아나는 노동운동(예컨대 대우자동차 파업, 구로 동맹파업)과 학생운동에 대처해야 했다. 1985년 2월 총선에서 여당이 사실상 패배하면서 곤란한 처지였다.

전두환 정권은 그해 9월에 분단 이래 처음으로 이산가족 상봉을 실행했다. 그리고 후속으로 남북 회담을 이어갔다. 사람들의 시선이 다른 쪽으로 옮겨 가길 의도한 것이다.

그러나 이런 분위기는 오래가지 않았다. 1986년 10월 한 야당 의원이 통일이나 민족이 반공보다 우위에 있는 국가 이념("국시")이 돼야 한다고 말했다가 국가보안법 위반 혐의로 구속됐다. 비슷한 때에 정부는 운동을 강경하게 탄압하기 시작했다. 그러나 정부의 강경 대응은 몇 달 뒤 1987년 6월 항쟁이라는 대대적 반격에 부딪혔다.

물론 남북한 지배자들 모두 제국주의 세계 체제가 허용하는 범위 안에서만 남북 관계를 정략적으로 이용할 수 있었다. 그리고 남한 지배자들은 거의 언제나 미국 제국주의에 편승했다.

1988년 노태우 정부가 발표한 7·7선언을 계기로 남북 대화가 열렸다. 냉전 해체 분위기 속에 대화가 진전되면서 '남북 사이의 화해와 불가침 및 교류·협력에 관한 합의서(남북기본합의서)'와 '한반도 비핵화에 관한 공동선언'이 나올 수 있었다.

그러나 1991년 이라크 전쟁에서 승리한 미국이 동아시아에서 패권을 재천명할 수단으로 북한을 악마화하자, 이 분위기는 지속될 수 없었다. 결국 1993~1994년 북핵 위기에서 남북기본합의서와 한반도 비핵화공동선언은 아무 구실도 하지 못했다.

김대중 정부는 남북 관계 발전에 의욕적으로 달려든 정부였다. 그래서 2000년 6월 최초의 남북 정상회담이 성사되고 6·15남북공동선언이 나왔다. 이 남북 정상회담은 김대중 정부가 국내 정치에서 운신의 폭을 넓히는 데 도움이 됐다. 당시 정부는 민족 화해·협력 분위기를 이용해 운동을 분열시키고, 노동자 운동의 발목을 잡으려 했다.

그러나 긴장 완화 분위기는 2년이 채 못 갔다. 2002년 미국이 북한을 "악의 축"의 하나로 지목하고 새로운 북핵 개발 의혹을 제기했다. 여기에 북한이 반발하면서 북핵 위기가 다시 고조됐다.

비록 제국주의 세계 체제 하에서 운신의 폭이 한정되긴 하지만,

이처럼 남북의 지배자들은 그 속에서도 남북 관계를 정략적으로 이용해 온 긴 역사가 있다.

이번에도 문재인 정부는 남북 정상회담으로 고조된 민족 화합 분위기를 이용해 노동자들에게 요구와 투쟁(민족을 분열시키는 계급투쟁)을 자제하라는 압력을 넣을 것이다. 그러면서 친시장 행보를 강화할 것이다.

따라서 운동 내 일각의 견해처럼, 한반도 평화 문제에서는 정부와의 협력이 필요하고 심지어 가능한 일이라고 본다면, 노동자 운동이 정부의 당면한 공격에 맞서 일관되게 투쟁하기 어려워질 것이다. 우리가 노동계급의 역사적 경험에서 배워야 하는 까닭이다.

김영익, 〈노동자 연대〉 260호(2018년 9월 27일).

노동운동이 문재인을
평화·통일의 동반자로 삼아야 할까?

2018년 봄부터 남·북/북·미 정상회담이 잇달아 열리면서, 많은 노동조합 지도자들이 "평화·번영·통일 시대가 왔다"는 기대감을 품게 됐다. "화염과 분노"로 점철된 2017년에 견줘 분명 극적인 변화다.

많은 노조 지도자와 활동가는 남·북(정부들)의 협력, 즉 민족 공조가 한반도에서 대화 국면을 지속케 할 가장 주된 동력이라고 믿는다. 그리고 문재인 정부가 촛불의 힘으로 탄생한 덕분에 한반도 평화의 운전자 구실을 할 수 있다고 본다.

이런 시각은 노동자 운동의 실천에 직접·간접으로 영향을 미친다. 예컨대, 노동자 운동 내에서 이런 주장을 하는 사람도 있다. "노동존중, 노동기본권 보장에서 우유부단한 문재인 정권에 한편으로 저항하고 비판하면서도 평화번영, 통일의 길에서는 협력을 아끼지 말아야 [한다.]", "계급적, 계층적 이해관계를 뛰어넘어 … 각계 민중이 하나로 뭉치는 길[에] 민주노총은 확고한 전략을 가지고 있어야 한다."

그러나 기본적으로, 민족 공조로 제국주의의 위협에서 벗어나 한반도의 항구적 평화를 이룰 수 있다는 생각은 환상이다. 한반도의 항구적 평화는 남·북한 당국의 의지로 실현되는 것이 아니다. 심지어 북·미 관계에 전적으로 좌우되는 것도 아니다.

한반도 상황은 세계 제국주의 체제의 상황과 연동돼 있기 때문이다. 제국주의 체제의 정치·경제 상황과 제국주의 국가들 사이의 관계가 한반도 상황에 훨씬 중요한 요인으로 작용한다.

지금 세계는 장기 불황에서 헤어나지 못하면서 강대국 간 경쟁과 갈등이 점증하고 있다. 특히, 미국과 중국의 경쟁이 머지않은 미래에 매우 위험하게 전개될 가능성이 커지고 있다. 이런 상황이 한반도 정세와 트럼프의 대북 정책을 좌우하는 주요한 변수다. 따라서 지금은 트럼프가 북한과 대화하고 있지만, 상황 변화에 따라 그 기조는 언제 다시 바뀔지 모른다.

게다가 문재인 정부는 제국주의에 일관되게 저항할 정치 세력이 아니다. 남·북 군사합의, 대북 제재 문제 등에서 트럼프 정부와 견해가 다소 다르지만, 미국과의 공조를 근본에서 흔들 선택은 하지 않으려 한다.

문재인 정부는 촛불 정부를 자임하면서도 지난해 내내 평화 문제에서 촛불의 바람과는 전혀 다르게 행동했다. 사드 임시 배치, 위안부 문제 등이 그런 사례다. 트럼프 정부가 국내 정치적 이해관계 등으로 대북 정책의 방향을 바꾸지 않았다면, 문재인 대통령의 남북 정상회담 추진도 실현되지 못했을 가능성이 높다.

최근에도 문재인 정부는 문제 있는 결정들을 내리고 있다. 국방 장관 정경두는 현재 임시 배치된 사드를 정식 배치하겠다고 못 박았다. 정부는 미국 미사일방어체계 편입 논란 때문에 주저해 온 SM-3 미사일 도입도 이미 진행하고 있다.

12월 유엔 총회에서 북한인권결의안이 새로 채택될 예정이다. 북한 인권은 분명 문제이긴 하지만, 트럼프 정부가 북한을 압박하는 수단의 하나다. 그럼에도 문재인 정부는 유엔 북한인권결의안 통과에 동참하고 있다. 북한처럼 인권 문제가 심각한 미국(불법 월경 이민자에 대한 발포, 트랜스젠더 천대, 여성 비하 등등)의 제국주의적 대북 공세에 협력하는 것이다.

일각에는 문재인 정부를 압박해 견인하는 게 가능하다고 보는 견해가 있다. 그러나 그런 견해는 어불성설이다. 문재인 정부는 자본주의·제국주의 세계 체제에 얽히고설킨 한국 지배계급의 이해관계를 (그 나름으로) 표현하려 하고 있기 때문이다.

과거 경험을 돌아보면, 외려 문재인 정부의 협조 압박에 조직 노동자 운동 지도층이 견인될 공산이 크다.

세계경제의 불확실성이 다시 커지는 가운데, 정부는 노동계급을 향한 공격을 멈추지 않고 있다. 그 와중에 남북 관계 개선을 노동자들의 불만을 달래는 카드로 이용한다. 노동조합 지도자들이 남북 화해·협력을 중시함을 잘 알기 때문이다.

2018년 11월 5일 여·야·정 협의체에서 문재인 대통령과 여야는 평화 체제 구축을 위한 초당적 협력에 합의했다. 동시에 규제 혁신, 탄력근로제 확대, 광주형 일자리 등도 꺼내들었다.

이런 상황 속에 실제로 김정은 북한 국무위원장의 연말 서울 답방이 성사된다 해도, 그것이 외형적으로 평화 프로세스의 진전으로 여겨지겠지만 동시에 청와대는 김 위원장의 답방을 탄력근로제를 비롯한 연말 노동 개악 시도에 대한 분노를 희석시키는 데도 이용할 것이다.

그런데 노동자 운동 내 일각에는 연말에는 판문점 선언 비준을 위해 정부·여당과 공조해 자유한국당을 압박하는 데 주력해야 한다는 주장이 있다. 그리되면 정부·여당의 노동 악법 통과에 맞서 효과적으로 투쟁하기 어려워질 수 있다.

이처럼 노동자 운동이 남북 화해·협력을 위한다며 계급을 초월한 단결을 노동계급의 이익보다 중시하면(심지어 동등하게 여기더라도), 지배자들의 공세에 대처해 자신의 힘을 제대로 발휘하기 어려워질 것이다. 개별 사업장의 경제 투쟁에는 어느 정도 열의를 보일지라도, 투쟁이 어느 수준 이상으로 발전하고 확산돼 정부를 흔들 만큼 되는 것은 주저할 테니 말이다.

한반도는 남북 민중의 의사와 무관하게 제국주의 두 열강에 의해 분단됐다. 따라서 남북은 남북의 주민 다수가 원하는 방식으로 통일할 수 있어야 하고, 혁명적 마르크스주의자들은 이를 지지한다.

그런데 분단된 후 남북에는 각각 독립적 국가가 건설됐고, 산업 성장에 성공했다. 이것은 남북 각각의 내부에 선명한 계급 분단이 생겼다는 것을 의미한다. 즉, 계급투쟁이 더 중요해진 것이다. 노동계급에게 통일은 그보다는 분명 부차적인 과제다.

제국주의 열강에 맞서 평화와 통일을 쟁취하는 데서는 민족 전체가 단결할 수 있지 않느냐고 생각할 수 있다. 그러나 제국주의의 압력은 민족 구성원들이 계급을 초월해 단결하는 외적 압력으로 작용하기보다는, 내부에서 계급투쟁을 뚜렷하게 만드는 동력으로 작용해 왔다.

통일을 최우선 과제로 여기고 계급투쟁을 그에 종속시키려 한다면, 제국주의 세계 체제에 맞서 한반도의 항구적 평화를 실현할 진정한 동력을 약화시킬 것이다. 바로 노동계급의 사회 변화 잠재력 말이다. 노동자들이 자신의 계급적 요구를 위해 투쟁해야, 반자본주의·반제국주의 투쟁도 동력을 얻을 수 있다.

한국 현대사를 돌아봐도, 노동계급의 거대한 진출이 있을 때 남북 자유 왕래 등을 요구하는 대중적 통일 운동이 일어날 수 있었다.

반자본주의·반제국주의 투쟁을 통한 항구적 평화 실현이 당장에는 비현실적이고 이상적으로 보일 순 있다. 그러나 종전선언 한다면서 제주에서 관함식을 열고 무기 수입에 열 올리는 모순투성이 정부에 기대를 걸고 그 정부와의 협력을 추구하는 것보다는 훨씬 현실적이고 효과적인 대안이다.

김영익, 〈노동자 연대〉 267호(2018년 11월 20일).

김정은 위원장 서울 답방에 관한 태도

북·미 정상회담이 가시화되면서 김정은 북한 국무위원장의 서울 답방도 머지않았다는 기대가 커졌다. 북·미 정상회담 이후 2019년 3~4월 김정은 답방을 추진한다는 얘기가 청와대에서 나온다. 3·1절 서울에서 문재인 대통령과 김정은 위원장이 손을 맞잡는 그림도 실현 가능하다는 것이다.

물론 김 위원장의 서울 답방은 반대할 일이 아니다. 답방 실현은 노동계급이 정치적 교훈을 배우는 계기가 될 것이다. 세계 제국주의 체제 속에서 부차적 플레이어인 남북 정부 당국 간 협상으로 항구적 평화 실현이 가능하지 않음을 배우는 정치적 경험이 될 것이다.

많은 노동운동 활동가들이 서울에서 열릴 4차 남북 정상회담이 "역사적 분수령"이 되기를 기대한다. 남북 정상 간 외교로 한반도의 평화 체제 진입이 대세가 됐다는 믿음이 이런 기대의 저변에 깔려 있다.

그러나 남북 정상 외교보다 제국주의 세계 체제의 상황이 한반도 상황에 훨씬 결정적인 요인이다. 지금도 북·미 관계가 풀릴 듯하니까 답방 성사 가능성이 커지고 있는 것이다. 남북 정상들의 의지로 한반도에서 항구적 평화를 실현할 수 있다고 믿는 것은 무망하다.

민주노총 김명환 집행부를 비롯해 많은 노동운동 지도자들이 문재인 정부가 미국의 동아시아 정책 틀에서 벗어나지 못한다고 옳게 비판한다. 그럼에도 한반도 평화 문제에서 노동운동이 문재인 정부의 국정 과제와 "부분적으로 공존"하는 바가 있다고도 말한다.

남북 정상회담이 "역사적 분수령"이라고 믿고 그 한 축인 문재인 정부와 (평화 문제에서 부분적으로라도) 공통점이 있다고 여긴다면 노동운동이 평화 문제에서 문재인 정부와 동반자가 될 수 있다는 생각이 자연스런 논리적 귀결이 될 것이다. 이 논리대로라면 문재인 정부가 추진할 가능성이 낮은 일, 즉 "분단 적폐"(한미 동맹, 국가보안법 등) 청산을 위한 투쟁은 이와 별개로 벌이면 될 일이다.

그러나 문재인 정부는 한국 지배계급의 이해관계를 가장 능률적으로 구현하려 애쓰는 정치 세력이다. 문재인 정부를 평화 문제에서 전혀 신뢰할 수 없는 까닭이다. 사드, '위안부' 문제에서 드러나듯이 말이다. 정부는 전임 우파 정부가 세운 대북 선제 타격 계획을 이름만 바꾼 채 거의 그대로 계승했다. 심지어 그 예산을 대폭 늘렸다.

평화 문제에서 문재인 정부와 협력을 추구하는 것은 "분단 적폐" 청산을 위한 투쟁과 근본적으로 상충할 수밖에 없다. 당장 주한미군 철수 요구는 (그것을 단지 말이 아니라 진지하게 추구하려 한다면) 평화협정 후에도 주한미군이 남아야 한다고 믿는 문재인 정부와 정면으로 충돌한다. 근본적으로 다른 방향을 지향하는 두 힘을 모으려 한들 그것으로 힘이 배가되는 것이 아니라 0이나 마이너스가 되는 꼴이다.

역사적 경험을 돌아보건대, 이런 상황에서는 노동운동이 자본주의 개혁 정부를 견인하기보다 정반대로 견인당하는 일이 벌어져 왔다. 그리고 정상회담에서 다뤄질 만한 것(경협 등)을 중시하면 할수록, 정작 노동계급에게 중요한 문제(자유 왕래, 주한미군 철수 등)는 후순위가 될 공산이 크다.

따라서 노동운동은 평화 문제에서 문재인 정부와 (부분적) 협력을 추구할 게 아니라, 그 정부와는 독립적으로 아래로부터의 반제국주의 운동 건설에 주력해야 한다.

김영익, 〈노동자 연대〉 274호(2019년 1월 24일).

4장
일본 과거사 문제와 한·미·일 동맹

한일 갈등의 기본 성격과 세계적 맥락

이것은 본질적으로 제국주의 문제다

일본 아베 정부가 반도체 소재 등에 관한 대對한국 수출규제 조처를 단행한 지 한 달 남짓 지났다. 아베 정부는 한국의 대표적 수출 품목들을 겨냥해 처음부터 수출규제 조처 효과를 극대화하려고 했다.

이 일은 어느 날 느닷없이 벌어진 일이 아니다. 최근 한일 관계에서는 갈등이 계속 불거져 나왔다. '위안부' 문제를 비롯해 일본 과거사 문제가 계속 불거져 왔다. 일본 초계기가 한국 군함을 위협하는 일도 일어났다.

게다가 8월 2일 일본은 대한국 수출규제를 확대하는 조처를 내놨다. 아베 정부는 한국의 국무회의에 해당하는 각의를 열어, 한국을 '화이트 리스트'(백색국가)에서 제외하기로 결정했다. 화이트 리스트는 전략물자 수출 때, 관련 절차를 간소화해 주는 국가의 목록이다. 미국을 비롯한 서방 국가들은 대량살상무기 확대를 막겠다며 대량살상무기 제조에 이용될 만한 물품(이른바 '이중 용도 물품')의 거래를 규제하는 국제 제재 체제를 구축해 왔다. 바세나르 협정이 대표적이다. 화이트 리스트에 포함되면 그런 규제 절차를 면제받을 수 있다.

이제 한국이 일본의 화이트 리스트에서 제외되면 한국 기업들은 첨단 소재, 전자, 통신, 센서, 항법 장치 등 군사 전용 가능성이 있는 최대 1100여 개 품목에 대해 일본 당국의 개별 수출 허가를 받아야 한다.

일본은 한국을 화이트 리스트에서 제외해, 통관절차 통제로 한국을 압박하려고 한다. 화이트 리스트 제외에는 또한, 한국이 전략물자를 공유할 만한 동맹국이 아니라는 메시지를 대내외에 보내 한국에 대한 정치적 압박 효과를 극대화한다는 목표도 있다.

일본 아베 정부가 수출규제 조처를 내리며 한국을 압박하는 이유는 무엇일까? '위안부' 문제든 강제동원 문제든 일본 과거사 문제가 일본 제국주의의 재도약 문제와 직결돼 있기 때문이다. 아베는 평화헌법 개정을 꾸준히 시도하며 "전쟁할 수 있는 나라 일본"을 만들려 애써 왔다. 그런데 "전쟁할 수 있는 나라" 일본이 과거에 끔찍한 전범국이었음을 인정할 수는 없는 노릇이다. 일본 지배자들은 일본 제국주의의 위신을 걱정한다. 즉, 일본 과거사 문제는 오늘날의 제국주의 문제의 일부인 것이다.

특히, 강제동원 피해 배상 문제는 미국·일본이 구축한 동아시아 제국주의 질서를 뒷받침하는 외교 합의들을 건드린다. 1965년 한일기본조약과 함께 맺어진 한일청구권협정 때문에 강제동원 피해자를 비롯한 과거 일제 침략 피해자들이 여태 피해를 인정받지도, 배상받

지도 못했다. 이 한일 국교 정상화 과정에서 일본과 한국은 청구권 문제가 "완전히 그리고 최종적으로 해결된 것이 된다"고 합의했다. 이를 근거로 일본 정부는 피해자들의 개인 배상 요구를 무시했다. 한국 역대 정부들도 사실 피해자들의 개인 청구권을 인정하지 않아 왔다. 그런데 2012년에 이어 2018년 한국 대법원은 강제동원 피해자들의 개인 청구권 문제가 한일청구권협정으로 해결된 것은 아니라고 판시한 것이다. 한일청구권협정, 한일기본조약 등의 1965년 한일협정은 지금까지 한일 관계를 규정하고 한·미·일 삼각동맹의 구축을 뒷받침해 온 외교 합의의 하나였다.

1960년대 초 당시 미국은 일본이 동북아에서 미국의 역할을 나눠 맡기를 원했다. 그리고 서독이 서유럽을 맡는 이른바 "삼면체제"의 한 축이었던 것이다. 미국은 대소련 동북아 전초기지인 한국을 일본이 경제적으로 원조하기를 원했다. 그래야 한국을 반소를 위한 "제3세계 쇼윈도"로 활용할 수 있었다. 이를 위해서 미국은 일본이 한국에 차관과 기술을 공여하기를 원했다.

일본은 미국의 요구에 화답했다. 1960년 미일안보조약을 개정해 미일 간 공동작전과 일본의 군비 증강을 의무로 규정하는 내용을 새로 넣었다. 그리고 한국과의 관계 정상화라는 미국의 요구에도 응했다. 물론 일본으로선 한국을 일본 경제의 영향권에 둠으로써 얻는 혜택이 만만치 않았다.

결과적으로 1965년 한일협정은 한일 관계를 다져서 동북아에서 미국 제국주의의 동맹 구조를 강화하는 데 기여했다. 한·미·일 경제의 분업 구조가 본격적으로 형성되기 시작한 것도 이때였다.

한국 지배자들은 군사 쿠데타로 집권한 박정희 하에서, 또 미국의 촉구 속에 자본축적(경제성장)을 위한 외자 획득을 위해 기꺼이 일본 제국주의와 화해했다. 그러면서 일본과 경제·안보 면에서 깊이 유착하기 시작했다.

물론 이 화해는 일제 강점 경험이 생생한 한국인들의 거센 반발을 불렀다. 그 후에도 일본 과거사 문제는 현대 일본 제국주의의 재부상에 대한 우려와 중첩돼, 대중적 반발을 부를 잠재적 폭탄으로 남아 있었다.

일본 과거사 문제는 21세기 한일 관계에서도 계속 쟁점이 돼 왔다. 특히, 미국은 중국을 효과적으로 봉쇄하려고 최근에 한국을 일본에 묶는 한일 동맹을 강화하고 싶어 한다. 이것은 일본 지배자들도 원하는 것이다. 아베 정부는 중국 견제의 선봉장 구실을 기꺼이 받아들였고, 미일 동맹을 갱신하며 일본의 군사적 구실을 확대·강화해 왔다. 이 맥락 속에서 한국과의 군사 협력 강화도 원했다. 미국과 일본의 구상대로 되려면, 한국과 일본의 군사 협력 관계 발전이 필수적이었기 때문이다.

그러나 그때마다 일본 과거사 문제가 걸림돌이 됐다. 2012년 당시 이명박 정부가 몰래 한일군사정보보호협정(한일 지소미아)을 국무회의에서 통과시키려 했다가 비난 여론에 밀려 취소한 일도 이런 맥락 속에서 벌어진 일이다.

당연히 미국은 이런 상황을 못마땅해했다. 2015년 2월 힐러리 클린턴의 외교 책사이자 당시 미국 국무부 정무차관 웬디 셔먼은 한 연설에서 한국 지도자들이 과거사와 영토 문제 등에서 "과거의 적을 악당으로 만들어 값싼 박수"를 받으려 해서는 안 된다고 말했다. 2015년 박근혜 정부 하에서 한일 양국이 맺은 '위안부' 합의는 미국의 개입이 낳은 결과였다. 뒤이어 2016년 마침내 한국과 일본은 군사정보보호협정(지소미아)을 체결했다.

그러나 당연히 한일 위안부 합의는 수많은 한국인의 공분을 샀고, 박근혜 정부는 엄청난 원성을 샀다. 한일 위안부 합의는 박근혜 퇴진 촛불 운동이 청산 대상으로 지목한 적폐의 하나였다.

문재인 정부는 이런 여론을 의식해야 했다. 그래서 한일 위안부 합의로 만들어진 화해·치유 재단을 마침내 해산했다. 아베 정부는 한일 상호군수지원협정 체결을 문재인 정부에 여러 차례 요구했지만, 한국 내 "반일 감정" 때문에 문재인 정부는 이에 소극적이었다.

따라서 일본의 이번 수출규제 조처는 자국의 대외 정책이 어그러진 데 대한 불만을 표출하는 성격이 강하다. 더구나 일본 지배자들은 중국의 부상에 따른 위기감이 상당하다. 그리고 제국주의 체제 내에서 자국의 위상을 어떻게 지킬지를 놓고 부심하고 있다. 이 점이 한국에 대해 지금처럼 강경한 반응을 보이는 가장 중요한 요인이다.

2010년 일본은 경제 규모에서 중국에 뒤처지기 시작했다. 같은 해에 댜오위다오(센카쿠열도) 영토 분쟁 때문에 중국이 일본에 희토류 수출 금지 조처를 내리자 일본은 중국의 압력에 밀려 한발 물러서야 했다. 그래서 청일전쟁 이래 처음으로 중국에 밀렸다는 불안감이 일본 지배자들 사이에서 커졌다.

중국의 추월은 일본 경제의 상대적 비중 하락이라는 문제를 제기했다. 동아시아 전체에서 일본 국내총생산GDP이 차지하는 비중은

세계 GDP에서 주요 국가들이 차지하는 비중 변화

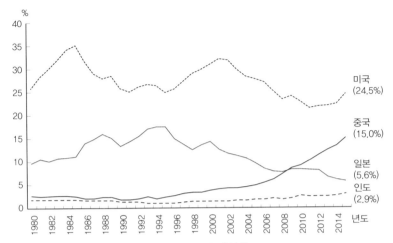

자료: IMF, *World Economic Outlook Database*, April 2016

동아시아 GDP에서 각국이 차지한 비중의 변화

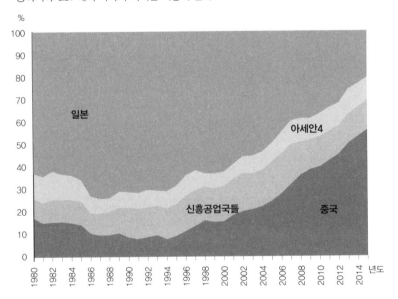

아세안4: 인도네시아, 말레이시아, 필리핀, 태국   신흥공업국들: 한국, 대만, 홍콩, 싱가포르

자료: IMF, *World Economic Outlook Database*, April 2016

1987년 74.1퍼센트였는데, 2015년에는 21.2퍼센트로 떨어졌다(반면 중국은 8.3퍼센트에서 56.5퍼센트로 급증했다).

동아시아 지역의 경제력 비중 변화는 국가 간 권력 관계의 변화를 수반했다. 오랫동안 일본 경제의 앞마당처럼 여겨지던 동남아시아에서 이제 중국의 존재가 더 부각됐다. 동아시아 지역의 제국주의 질서 속에서 일본의 상대적 위상이 예전과는 달라진 것이다.

아베 정부는 바로 이런 위기감 속에서 출범한 정부다. 아베 정부가 헌법에 대한 해석을 바꿔(이른바 '해석 개헌') 집단적 자위권을 도입하고, 이제 실제로 개헌까지 하려고 나서는 까닭이다. 아베 정부는 군비를 GDP 대비 2퍼센트까지 늘리려고 하는데, 이것은 물론 미국 트럼프 정부가 바라는 바이기도 하다.

전통적으로 일본은 한반도를 제국주의적 안보의 최전선으로 인식하고 한반도에 대한 영향력 유지에 주의를 기울여 왔다. 그런 점에서 일본은 최근의 세력 관계 변화로 인해 한국을 우려의 눈으로 바라본다. 중국과 경제적 관계가 긴밀해진 한국이 혹시 훗날 중국과 제휴하지 않을까 우려하는 것이다. 한·미·일 동맹 강화 흐름 속에 일본이 '과거를 잊고 안보 협력을 강화하자'고 지속적으로 한국에 주문하는 이유의 하나다.

이제 일본은 자국의 제국주의적 위상을 지키고자, 트럼프가 한 것처럼 한국에 대한 수출규제라는 보호무역 조처까지 꺼내 들었다. 한일 갈등은 일본이 제국주의 체제 속에서 차지하는 위상을 지키려는 데서 비롯했다. 즉, 이 문제는 제국주의 문제다.

다른 한 짝인 미국 제국주의를 간과하지 말아야 한다

일본 제국주의에 반대한다는 것은 미국 제국주의에 반대해야 함을 의미한다. 미국과 일본은 오랫동안 유착해 왔기 때문이다. 지금 일본의 행보도 미국의 아시아·태평양 전략의 효과로서 일어나고 있는 일이다. 즉, 미국·일본이 함께 추진하는 대외 정책과 이에 협력하는 한국 정부의 친제국주의적 행보에 반대하는 게 중요하다.

미국은 일본 과거 침략사 청산 문제에서 이미 원죄가 있다. 제2차 세계대전 종전 직후 미국은 자국의 패권 유지를 위해 천황제를 비롯한 일본의 구질서를 존속시켰다. 그리고 1951년 샌프란시스코강화 조약으로 식민 지배와 전쟁범죄 문제에서 일본에 면죄부를 줬다. 그래서 앞에서도 언급했듯이, 한국과 일본이 맺은 주요 외교 합의들은 모두 미국·일본 제국주의의 이해관계가 반영된 것들이었다.

지금도 이 상황은 본질적으로 바뀌지 않았다. 앞에서 강조했듯이, 미국은 대중국 견제에서 일본을 가장 중요한 파트너로 인식한다. 미국 국방부가 올해 발표한 《인도·태평양 전략 보고서》에서 "미일 동맹은 인도·태평양에서 평화와 번영의 주춧돌이다" 하고 강조한 까닭이다.

미국은 한·미·일 동맹 강화와 이에 필요한 제반 조처에 관심이 크지, 일제 침략 과거사 문제 해결에는 별로 관심이 없다. 7월 22~23일 일본과 한국을 방문한 백악관 국가안보보좌관 존 볼턴이 진정으로 관심을 보인 사안은 한일 갈등이 아니라, 일본과 한국의 호르무즈해협 파병 문제였다. 이것은 미국이 중립적 외관과 달리 사실상 일본

편을 들고 있음을 반영하는 것임과 함께, 미국 제국주의의 우선순위가 어디에 있는지 보여 주는 일이다.

그리고 8월 6일 존 볼턴은 언론 인터뷰에서 한국과 일본 같은 동맹국 방어를 위해 중거리 미사일을 배치해야 한다고 말했다. 중국의 코앞인 한국에 중국을 타격할 미사일을 배치하겠다는 얘기다. 중국은 한국에 중거리 미사일이 배치되면, 한국이 "미국의 총알받이"가 될 것이라고 경고했다. 이것은 지금 우리가 직면한 진정한 문제가 제국주의 문제임을 명백히 보여 준다.

문재인 정부는 미국의 중재를 원한다. 그러나 미국의 '중재'는 더 나쁜 결과를 낳을 수 있다. 미국이 나선다면 한국에 양보 압력을 가할 공산이 크고, '2015년 위안부 합의' 같은 반동적 결과를 낳을 공산이 크기 때문이다.

경제 민족주의 문제는 어떤가?

일본이 한국에 수출규제 조처를 단행하자 한국 내에서는 민족주의적 공분이 일었다. 진보·좌파의 대부분은 이 문제를 한국에 대한 일본의 "경제 침략" 문제로 인식한다. 이런 좌파 민족주의적 상황 인식은 일본의 경제 "침략"에 맞서 "우리" 경제를 보호하고 그것을 위해 계급을 가로질러 단결해야 한다는 주장에 직면해 취약성을 드러낸다. 이런 인식은 진보·좌파 다수가 일본산 불매운동을 지지하는 것으로 나타나고 있다.

그러나 오늘날 세계 자본주의 체제 내에서 한국의 경제적·지정학적 위상은 일제강점기는 물론 1960~1970년대와 판이하게 다르다. 오늘날 한국은 일본에 억압당하는 나라가 아니다. 한국의 지배계급은 일본의 지배계급과 함께 자본축적과 안보를 이뤄 왔다. 즉, 오늘날 한일 갈등은 '민족문제'라고 할 수 없다.

그러므로 국제주의자로서 고전적 마르크스주의자들은 지금의 일본 상품 불매운동을 지지할 수 없다.

우선 자본의 국제적 통합과 제국주의를 구분해야 한다. 일부 좌파적 민족주의자들은 자본의 통합을 제국주의와 동일시한다. 그래서 그들은 세계경제와 단절한 민족적(일국적) 대안을 지지한다. 그러나 나라 간 생산과 시장의 통합을 촉진하는 경제적 과정인 자본의 국제적 통합은 자본주의 강대국들이 서로 경쟁하는 체제인 제국주의 자체와는 구분된다.

불매운동이 언론의 인기를 끄는 와중에, 지금이 일본한테서 기술 "독립"을 할 적기라는 목소리가 나온다. 이를 위해 국산화를 지원하고 "우리" 경제를 보호하자는 것이다. 이처럼 불매운동의 저변에는 보호무역주의 논리가 깔려 있다. 그러나 보호무역주의는 자유무역과 마찬가지로 노동계급의 대안이 될 수 없다. 보호무역이든 자유무역이든, 자본주의 국가는 항상 자국 자본의 이해관계를 보호하고, 자본들이 노동자들을 '자유'롭게 착취하는 체제의 유지에 힘쓴다.

일본산 상품을 거부하는 게 노동계급 전체의 이익에 부합하는가? 일본에서 물건을 수입하는 기업에서 일하는 한국 노동자들에게 불매운동은 득이 될 수 있을까?

이처럼 불매운동의 저변에 깔린 논리는 여러 문제를 가져다줄 수 있다. 무엇보다, 한국 노동자들을 민족주의적 방향으로 이끌어 한국 자본가계급과 유대감을 느끼게 만든다. 다른 한편, 한국 노동계급을 일본 노동계급과 정서적으로 단절케 만든다.

실제로 적잖은 진보파들은 한일 갈등과 관련해 문재인 정부를 폭로하지도 차이점을 드러내지도 않으면서, 노동계급 의식을 노동계급 국제주의가 아니라 민족주의로 이끌고 있다. 그러나 과연 문재인 정부는 노동계급이 적어도 제국주의 문제에서는 협력할 만한 대상인가?

게다가 오늘날 한국 경제가 일본 경제와 단절하고 이른바 '자립 경제'로 나아가는 것은 공상일 뿐이다. 한국은 1960년대 이래 세계경제를 지향하는 수출 경제로 성장해 왔다. 그리고 한국 경제는 일본 경제에 일방으로 이용(또는 침략)당하는 존재가 아니다. 한국의 대기업들은 일본 기업들과 긴밀히 유착하면서 경쟁과 함께 이해관계도 공유하는 관계를 반세기 넘게 발전시켜 왔다. 그래서 한국 기업들은 일본으로부터 자본재·중간재를 수입해 중국과 미국 등지에 중간재나 완성품을 수출하는 구조가 안착해 있다.

이처럼, 한국 지배계급은 정당을 막론하고 세계 자본주의·제국주의 체제 속에서 일본을 포함한 서방 국가와 여러 면에서 얽히고설켜 있다. 그래서 제국주의 문제에서도 계급에 따라 이해관계가 다를 수밖에 없다. 앞서 언급했듯이, 문재인 정부를 비롯한 한국 지배계급은 일본 제국주의에 일관되게 맞설 이해관계를 갖고 있지 않다. 많은 진보파들이 나경원과 황교안 같은 지배계급의 우파만을 "토착 왜구"라고 간주하지만, 실상 역사와 이해관계를 모두 고려한다면 한국 지배계급 전체가 토착 왜구라고 해도 과언이 아니다.

문재인 정부는 일본의 경제 보복 조처에 반발하며 일관되게 저항할 듯한 모양새를 보여 왔다. 문재인 스스로 "일본에 두 번 지지 않겠다"고 했다. 정부·여당은 명량해전 12척, 항일 의병 같은 자본주의 이전 시대 역사 얘기까지 꺼내며 일본의 경제 압박에 단호히 저항할 듯한 모양새를 취한다.

그러나 사실 김대중·노무현의 민주당 정부도 이전의 우파 정부들처럼 일본 과거사 문제에서 일관되게 일본 제국주의에 항의하지 않고 결국 배신적 타협을 모색했다. 예컨대 2004년 노무현도 당시 일본 총리 고이즈미를 만나 이렇게 말했다. "내 임기 동안에는 정부 차원에서 [위안부 문제를] 공식적인 의제나 쟁점으로 제안하지 않을 생각 [이다.]"

그러나 이듬해 일본이 독도 문제로 도발해 오자 노무현은 태도를 바꿔 일본에 단호히 대응하겠다고 했다. 그리고 한일회담 당시의 비공개 외교문서 일부를 공개했다.

그러나 2005년 8월, 당시 국무총리 이해찬(현 민주당 대표), 당시 민정수석 문재인이 포함된 '한일회담 문서공개 후속대책 관련 민관공동위원회'(민관공동위)는 공동 발표문에서 "청구권협정을 통하여 일본으로부터 받은 무상 3억 불은 … 강제동원 피해보상 문제 해결 성격의 자금 등이 포괄적으로 감안되어 있다고 보아야 할 것임"이라고 발표했다.

지금 문재인 정부는 당시 민관공동위가 강제동원 피해자들의 개인 청구권을 부인한 게 아니라고 변명한다. 물론 민관공동위 백서에는 피해자들에게 손해배상청구권이 있다고 적혀 있다. 그러나 동시에 민관공동위는 백서에 "우리 정부가 일본에 다시 법적 피해보상을 요구하는 것은 신의칙상 곤란"하다고도 해 놓았다. 강제동원 피해자들에게 개인 청구권은 있지만, 이 문제 해결을 위해 한국 정부가 나서지는 않겠다는 것이었다.

더 중요한 것은 실천인데, 노무현 정부는 강제동원 피해자에 대한 일본의 배상을 위해 애쓰기는커녕 자신들이 청구 대상이라고 말해 놓은 위안부 피해자, 사할린 동포, 원폭 피해자 문제 해결에서도 임기가 끝날 때까지 거의 아무것도 하지 않았다.

문재인 정부도 역대 정부처럼 한국 자본주의가 일본과 맺고 있는 관계를 의식한다. 지금도 문재인 정부는 일본의 수출규제가 낳을 경제적 손실에 주된 관심이 있고, 여기에 대응하고 항의하는 데 초점을 맞추고 있다. 즉, 가장 핵심적 문제인 제국주의에 저항할 생각은 없다.

오히려 핵심 문제인 한·미·일 군사동맹 유지에 문재인 정부는 헌신하고 있다. 문재인은 이미 2017년 트럼프와의 첫 정상회담에서 "한·미·일 3국 협력을 증진시켜 나가겠다"고 약속했다. 그리고 이후로도 과거사 문제로 "한일 간 미래지향적 관계"를 훼손하지 않겠다고 강조해 왔다.

그 결과 문재인 정부는 과거사 문제에서 일관성이 없었다. 화해·치유 재단은 해산했지만, 위안부 문제 해결을 위한 "재협상은 요구하지 않을 것"이라고 했다. 강제동원 문제에서도 문재인 정부는 6월, 한일 기업들의 자발적 출연금으로 기금을 만들어 피해자에게 위자료를 지급하는 타협안('1+1'안)을 일본에 제안했었다. 물론 일본 정부는 이 타협안도 거부했다. 최근 문재인 정부는 일본이 협상에 응한다면 전에 제시한 '1+1'안에서 더 후퇴할 수 있음을 시사했다. 7월 15일 문재인은 이렇게 말했다. "우리가 제시한 방안['1+1'안]이 유일한 해법이라고 주장한 바 없으며 양국 국민들과 피해자들의 공감을 얻을 수 있는 합리적인 방안을 함께 논의해 보자는 것이었다."

현재 정의당, 민중당을 비롯한 한국의 진보파들은 모두 한일군사정보보호협정(지소미아)을 폐기해야 한다고 옳게 주장한다. 문재인 정부와 여당 인사들 중에도 지소미아 폐기 가능성을 시사하는 말을 하는 사람들이 있다. 그러나 이것은 지소미아 문제를 거론함으로써 미국의 관심과 중재를 이끌어 내겠다는 정부·여당의 책략 차원에서 제기될 뿐이다. 미국은 한국이 지소미아를 폐기하지 못하게 가로막고 있다. 한·미·일 동맹을 지지하기로 한 이상, 문재인 정부가 한일 지소미아를 스스로 폐기할 가능성은 매우 작다.

한편, 문재인 정부는 "자주국방"을 강조하며 군비 증강에 힘을 기울이고 있다. 그러면서 F-35 같은 미국산 첨단 무기를 수입하는 데 열을 올린다. 한국이 구입한 F-35의 수리는 미국이 지정한 지역정비창에서 해야 한다. 그런데 미쓰비시중공업(강제동원 배상 판결을 받은 그 기업!)의 정비라인이 그 지역정비창으로 지정돼 있다. 이것만 봐도, 문재인 정부의 항일 제스처가 갖는 한계와 위선이 드러난다.

아쉽게도 진보계 다수파는 지소미아 문제에서 문재인 정부를 폭로하거나 차이점을 드러내지 않고 있다. 진보계 다수가 주축이 돼 구성한 연합체 아베규탄시민행동은 지금 지소미아 폐기를 위한 청와대 국민 청원을 강조하고 있다. 즉, "대통령님한테 [지소미아를 폐기할] 힘이 없다면 국민들이 그 힘을 주자"는 것이다.

진보파 일각에서는 문재인 정부가 추진한 한반도 평화 프로세스에 일본 아베 정부가 반발해 지금의 갈등을 일으키고 있다고 본다. 그러나 한·미·일 동맹을 유지하는 한, 한국 정부의 운신의 폭에는 명백한 한계가 있다. 문재인 정부는 미국의 대북 정책에 보조를 맞추며 북한에 접근해 왔다. 미국이 주도하는 국제 대북 제재에 단 한순간도 이의를 제기한 적이 없다. 이 점에서, 아베의 계획을 좌절시키기 위해서라도 남북이 힘을 합쳐야 한다는 좌파적 민족주의자들의 주장도 비현실적이라고 할 수 있다. 한국과 일본이 한반도 평화 프로세스로 심각하게 갈등을 빚는다고 보는 것은 지금의 한반도 주변 정세를 잘못 보는 것일 뿐 아니라, 한반도 평화 프로세스를 굳건히 추진할 수 있도록 문재인 정부를 도와야 한다는 민중주의적(좌파적 포퓰리즘) 함의가 있다.

반면 지금 문재인 정부와 대기업들은 일본산 불매운동(과 국산품 애용 정서)에 편승해, 평소 자신들이 하고자 한 일을 추진하고 있다. 부품·소재 산업 국산화를 촉진하겠다며, (화학물질) 규제 완화를 추진한다고 했다. 이 틈에 환경·노동 등의 규제를 풀려는 것이다. 얼마 전에 열린 민관정 협의회에서 주로 논의한 게 이런 신자유주의적 의제들이었다. 거기에 정의당 박원석 정책위의장이 참석한 것은 안타까운 일이다.

삼성은 반도체 부문에서 주52시간제를 완화해 달라고 정부에 노골적으로 요구하고 있다. 문재인의 복심인 양정철은 수출 대기업은 국가 대표 기업이요, 삼성은 슈퍼 애국자라고 치켜세웠다. 좌파적 민족주의는 이런 부르주아적(자본주의적) 민족주의에 저항할 일관된 대안을 결코 제시하지 못한다. 외국의 경제 전쟁에 맞서 보호무역을 강화하자는 입장이 부르주아 민족주의와 마찬가지로 국가의 부강을 목적으로 삼기 때문이고, '좌파적' 원칙이 오늘날에도 여전히 통합돼 있는 세계 자본주의 경제 안에서 실현 불가능하기 때문이다.

그래서 한일 갈등 국면에서 문재인과 여권을 포함해 계급을 초월한 범국민적 단결을 주장하는 것은 일본의 제국주의적 공세에 대한 진정한 대안이 될 수 없다. 특히, 노동계급 투쟁이 주된 양상인 이 시국에 문재인 정부를 무비판적으로 지지하는 것은 정세 역행 방침이거니와, 진정한 반제국주의 운동 건설에도 도움이 안 될 것이다. 진보파는 문재인 정부와는 독립적으로 반제국주의 운동을 건설해가야 한다.

맺음말

일본 제국주의에 반대하고자 하는 사람들은 불매운동 같은 민족주의적·민중주의적 대안이 아니라 계급투쟁적 반제국주의 운동을 건설하려 애써야 한다. 일본 아베 정부의 개헌 시도와 무장 강화 시도에 반대하고, 미국이 계획하고 일본이 앞장서며 한국이 협력하는 아시아·태평양 지역에서의 제국주의적 패권 정책에 반대해야 한다.

이 점에서 우리는 호르무즈해협 파병 반대 같은 운동의 의미를 놓치지 말아야 한다. 지금 미국은 호르무즈해협에서 이란을 견제할 다국적 함대 구성을 위해 애쓰고 있다. 이 바다를 통과하는 석유에 한·중·일 등이 상당히 의존한다는 점에서, 그리고 인근의 페르시아만 연안국들이 세계적 금융 중심지로 성장했다는 점에서도 이것은 단지 먼 나라 문제가 아니다. 미국은 외관상 동아시아와 밀접한 관계가 없어 보이는 그런 곳에서 성조기 밑에 태극기와 욱일기를 단 군함들을 모으려 한다.

한일 갈등 와중에 문재인 정부는 이 요청에 적극 화답하려 한다. 일본도 마찬가지다. 호르무즈해협에 파병하지 않더라도, 호르무즈해협에서 약간 떨어진 곳에 함선과 초계기를 파견하거나 연합사령부가 설치되면 인력을 파견하는 방안을 검토하고 있다.

이런 일에 항의하는 게 진정한 반제국주의 운동 건설의 출발이 될 수 있다. 비록 그 호응이 크지 않고 소수에서 출발하는 운동일지라도, 그런 방향을 향해 인내심 있게 나아가는 좌파가 지금 있느냐 없느냐는 훗날 미래의 결과를 바꾸는 데 결정적 요인이 될 수 있다. 지금 혁명적 좌파는 스스로 그런 잠재적으로 결정적 변수가 돼야 한다.

김영익, 〈노동자 연대〉 294호(2019년 8월 5일).

진보·좌파는 한일 갈등에
어떤 태도를 취해야 하는가?

진보·좌파 일부를 포함해 흔히들 일본의 경제 보복을 "경제 침략"이라고 규정한다. 일본 아베 정부가 한국 경제에 타격을 가하고 이를 통해 문재인 정부 흔들기(내정간섭)를 하려 한다는 것이다. 특히, 한반도 평화 체제 구축을 저지하는 것이 아베 정권의 진정한 속셈이라고도 한다. 과연 그런가?

많은 한국인이 아베 정부의 뻔뻔스런 과거사 부정에 분노하는 것은 당연하다. 식민 지배의 기억이 대중 의식 속에 살아 있어서다.

그러나 과거사 문제를 현재 아시아의 긴장과 갈등이라는 맥락 속에 놓고 이해해야 한다. 지금 문제가 되는 것은 단지 역사 해석이 아니라, 과거 전쟁범죄를 부정하면서 현재 일본이 벌이는 일이기 때문이다.

이런 관점은 두 가지 장점이 있다. 첫째, 역사적 변화를 간과하면서 현재를 단순히 과거("경제 침략"이나 민족 억압)와 똑같이 보는 잘못을 피할 수 있다. 변화를 깨닫지 못하면 한국 지배계급(또는 그 한 분파)이 제국주의에 맞설 의지와 능력이 있다는 어리석은 기대를 부추긴다. 변화를 직시해, 현재 아시아의 긴장과 갈등이라는 맥락 속에서 한국 국가가 하는 구실을 포착해야 한다.

둘째, 한일 갈등을 아시아(세계에서 가장 중요한 지역으로 떠오른)라는 더 큰 틀 속에서 조망하면 단편만 보는 잘못을 피할 수 있다. 시야를 한반도 주변에 가두면 세계 체제로서의 제국주의와 그 현 국면의 특징을 제대로 이해하기 어렵다. 그 결과 한반도를 둘러싼 사건들의 함의도 알기 어렵다.

과거사 문제와 현 제국주의 질서

그러면, 과거 전쟁범죄를 부정하면서 현재 아베 정부가 벌이는 일은 무엇인가? 그것은 아시아·태평양에서 일본의 위상과 개입력을 높이고자 군사 대국화를 추진하는 것이다. 이것은 지금도 착착 진행되고 있지만, 아베는 평화헌법 개정으로 이 길을 더 확고히 다지려 한다.

일본이 정면으로 겨누고 있는 것은 중국이다. 아시아·태평양은 복잡하고 모순이 큰 지역이다. 중국 경제가 급속하게 성장하면서 일본·한국을 비롯한 지역 주요국들과 중국의 경제적 관계가 더 밀접해짐과 동시에, 정치·군사적 긴장과 갈등도 심각하게 증대했다.

이 정치·군사적 긴장은 중국의 부상을 저지하고 패권을 유지하려는 미국의 대외 정책에서 비롯한다. 미국의 전략은 중국의 경쟁국들을 포섭해 중국을 포위하는 것이다. 미국은 일본과 인도를 동맹의 주축으로 삼고 그 하위에 한국과 동남아시아 국가들을 묶어 두고 싶어 한다.

아베는 총리 취임 얼마 후인 2013년, 아시아에서 중국을 견제하는 역할을 하겠다며 "일본의 귀환"을 선언했다. 미국이 "아시아로의 중심축 이동" 전략을 본격화한 지 1년여 만이었다. 그 얼마 전 미국은 일본 하토야마 총리를 굴복시켰다. 하토야마는 "탈미입아"(미국 의존에서 벗어나 중국을 중시하겠다)를 선언하고 주일미군의 전략적 요충지인 후텐마 공군기지 이전을 추진하고 있었다.

그 뒤 일본은 아시아에서 저돌적인 정치·군사적 조처를 마다하지 않는 세력 과시를 해 왔다. 댜오위다오(센카쿠열도)를 둘러싼 갈등이 대표적이다. 이런 적대는 일본이 과거 전쟁범죄를 인정하지 않아서라기보다, 미국과 동맹해 중국의 부상을 저지하고 중국을 고립시키려는 데서 비롯하는 것이다.

과거사와 현재 제국주의 질서의 관계를 제대로 이해하는 게 중요하다. 후자를 위해 전자가 이용(부정, 왜곡, 타협 등)되는 것이지, 과거사 때문에 현재의 갈등이 생기는 게 아니다. 과거사는 중국에게는 일본을 제외한 아시아 국가들을 결속하기에 유리한 쟁점인 한편, 일본에게는 중국의 부상을 위협으로 규정하고 아시아 국가들을 중국 포위 전략에 끌어들이는 데에 걸림돌이다.

그렇잖아도 심각한 이 지역의 복잡성과 모순은 2008년 이후의 장기 경제 침체와 트럼프의 등장으로 한층 증폭됐다. 특히, 중·미 무역 전쟁은 이 지역의 기존 생산 분업 체계에 혼란을 일으키고 있다. 게

다가 트럼프의 미국 우선주의가 국제 무대에 만들어 낸 틈을 경쟁국들이 서로 자신에게 유리하게 메우려고 달려들고 있다.

그럼에도, 특정 방향 없이 뒤엉켜 자란 나무만 보지 않고 (높은 하늘에서 내려다보는 새처럼) 전체 숲을 보면 아시아 긴장 증대의 핵심을 짚을 수 있다. 그것은 부상하는 중국과 그것을 저지하고 패권을 지키려는 미국의 경쟁이다. 중국의 부상을 저지하는 미국의 전략에서 일본이 미국의 핵심 동맹이고 한국은 그 하위 파트너 구실을 하는 것으로 돼 있다.

한반도 주변에 국한된 시야, 핵심을 놓친다

진보·좌파의 많은 사람들은 최근의 한일 갈등을 이런 맥락으로부터 떼어 내어 이른바 한반도 정세 변화를 이번 사태의 원인으로 본다. 한국에 대한 일본의 경제 보복은 평화로 향하는 한반도 정세 변화에서 배제돼("패싱") 존재감이 약화되고 불안해진 일본이 제 위상을 확인시키고자 벌이는 일이라는 것이다.

이런 견해에는 북미 대화(와 그 지렛대로 여겨지는 북한 핵무기)에 대한 착각, 한국 정부의 주도력에 대한 착각, 미국과 일본의 균열(세계 체제의 다극화 정도)에 대한 과장 등 여러 혼란이 반영돼 있다. 트럼프 등장 이후의 불확실성은 이런 혼란에 일조했을 법하다.

무엇보다 이런 견해는 시야가 한반도로 국한된 탓에 그 바깥에서 벌어지(고 한반도에 영향을 미치)는 진정한 핵심을 놓친다는 문제점이 있다. 제국주의를 세계적 체제로 보지 않고, 한반도와 특정 강대국의 관계 문제로 협소하게 이해하기 때문이다.

그러나 한반도를 분석의 출발점으로 삼는 사람들의 오해와 달리, 미국은 일본을 "패싱"하고 있지 않다. 올해 6월 미국은 《인도·태평양 전략 보고서》를 발표했는데, 거기서 일본을 인도·태평양 지역의 가장 중요한 동맹으로 규정했다. 트럼프 시대에도 미국의 "아시아 중시"가 계속될 것임을 보여 준 이 보고서는 중국의 경제·군사적 급부상이 21세기를 규정하는 요소라고 지적했다. 부상하는 중국이 이 지역 경제 질서와 안보를 흔들고 아시아 국가들의 "주권을 침해"하고 있다는 것이다. 그러면서 미국은 미일 동맹을 주춧돌 삼고 그것을 중심으로 인도·호주·한국·아세안 등 동맹국들을 연결함으로써, 중국에 맞서 지역 "평화와 번영"(즉, 미국 중심의 기존 질서)을 지키겠다고 선언했다. 이 보고서는 대만과의 파트너십 강화를 공식화하고 있다. 이는 미국의 인도·태평양 전략이 얼마나 공세적인지 잘 보여 준다. 많은 분석가들은 미국과 중국이 대만을 놓고 전쟁을 벌일 수도 있다고 우려해 왔는데, 이런 가능성에 한 걸음 더 다가간 것이다.

이런 전체 그림을 보지 않은 채 북미 대화와 남북 대화가 지역 평화의 견인차가 되고 있는 양 착각하고 일본 "패싱"이라는 그릇된 인상에 기대어 한일 갈등을 보면, 반제국주의 운동의 핵심 쟁점과 대상을 놓치게 된다. 아시아의 긴장과 갈등을 부추기는 미일 동맹과 그에 협조해 온 한국이 문제인데, 마치 트럼프와 문재인은 한반도 평화 세력을 대표하고 이를 망치려는 일본 제국주의만 문제인 것처럼 말이다.

민중주의(진보 포퓰리즘) 전략의 노동 개악 반대는 불충분하다

일본 제국주의 반대가 문제라는 것이 아니다. 한국 진보·좌파는 일본의 과거사 부정과 군사 대국화에 일관되게 반대해야 한다. 문제는 한국 정부를 일본에 맞서는 같은 편이라고 믿고 지지하는 입장이다. 진정한 진보·좌파라면 문재인 정부를 비판하면서 그와 독립적으로 일본 제국주의에 반대해야 한다.

물론 노동운동 안에는 문재인 정부가 한일 갈등을 명분으로 규제 완화와 노동시간 연장을 추진하는 것에 반대하는 목소리가 높다. 이런 비판은 완전히 옳다. 그러나 불충분하다. 정부의 노동정책만 문제고 외교·안보정책은 그럭저럭 괜찮은 게 결코 아니기 때문이다.

이런 불충분한 태도로는 규제 완화와 노동시간 연장 반대도 효과적으로 하기 어렵다. 한일 갈등 문제를 놓고는 문재인 정부 비판을 삼가고 국민(민족)적 단결을 지지하면서 노동 개악에만 반대한다면, 설득력과 입지가 좁을 수밖에 없기 때문이다. 국민(민족)적 단결의 분위기 속에서는 정부가 노동자 희생 강요를 정당화하기 쉽다(IMF를 불러들인 경제공황 때 금 모으기 운동에서 봤듯이). 정의당이 경제보복 대책 민관정협의회에 참여한 것이 안타까운 까닭이다. 비록 규제 완화와 노동시간 연장 반대를 표명했지만 이는 그 안에서 군색하고 마이동풍일 뿐이다. 대국민 정치적 상징이라는 면에서는 더욱 그렇다.

진보·좌파는 한일 갈등 문제를 놓고 포퓰리즘(민중주의)이 아닌 대안적 분석과 해결책을 제시해야 한다. 그 해결책이 설사 단기적으로는 아무런 효과를 못 낼지라도 말이다. 노동 개악에만 반대한 채 한일 갈등 문제에서는 포퓰리즘 정치를 절반쯤 수용해서는 안 된다. 문재인 정부의 외교·안보정책을 폭로하고 비판해야 한다. 그리고 반제국주의 노선을 채택해야 한다.

한국은 미국의 아시아 전략을 지지하고 협조해 왔다. 미국의 전략이 아시아 긴장의 원인이자 일본 제국주의 발호의 발판인데도 말이다. 이것이 자유한국당만의 문제일까? 민주당 정부는 달랐을까? 결코 그렇지 않다.

노무현 정부는 주한미군의 "전략적 유연성"에 합의했는데, 그 핵심은 주한미군이 한국 방위뿐 아니라 중국과의 분쟁에도 개입할 수 있게 도와주는 것이다. 한국 영토를 대중국 발진기지로 내준 셈이다. 그리고 미국의 중국 포위 전략에 대한 결정적 협조였다. 중국 봉쇄를 위한 전략적 기지라고 비판받는 제주 해군기지의 신설을 결정한 것도 노무현 정부였다.

문재인 정부도 다를 바 없다. 사드(고고도미사일방어체계)가 한 사례다. 문재인 정부는 박근혜 정부 말기에 사드 문제를 다음 정부로 넘기라고 큰소리치더니, 집권 이후 바로 배치해 버렸다. 사드 반대 운동을 분열시키면서 미국 좋은 일을 한 것이다. 사드 배치는 미국의 오랜 염원으로, 한·미·일 3국의 MD(미사일방어체계) 구축 협력의 한 고리다. MD가 중국 포위 전략의 핵심적 일부임은 전혀 비밀이 아니다.

한일군사정보보호협정은 한·미·일 3국의 MD 연결을 위한 중요한 협정이다. 이 협정으로 한국과 일본의 군수 지원과 정보 교류가 원활해져야 한국과 일본의 미사일방어체계 연동이 가능하기 때문이다. 이렇게 문재인은 박근혜의 한일군사정보보호협정 체결을 사드 배치로 완성해 준 것이다. 문재인 정부에게 진지한 한일군사정보보호협정 반대를 기대할 수 없는 까닭이다. 정부 일각의 한일군사정보보호협정 폐기론은, 그 중요성을 전제로 미국의 중재를 끌어내자는 지렛대론일 뿐이다.

역대 민주당 정부는 "균형"(미국과 중국 사이)을 말하면서도 실천은 늘 한미 동맹에 충실했다. 그들에게 단호함, 확신, 자신감 부족이 문제였는지는 몰라도, 결론이 문제였던 적은 없다. 말에 속지 말고 실천을 봐야 하는 이유다. 문재인 정부의 반일 투사 행세 이면에서 지금도 이런 일이 벌어지고 있다.

지금도 계속되는 민주당 정부의 대일 협력

최근 문재인 정부는 미국의 인도·태평양 전략에 협조하겠다고 발표했다. 앞에서 언급했듯이, 인도·태평양 전략은 중국의 부상을 저지하려는 미국의 공세적 전략으로, 일본이 주축 구실을 한다. 그동안 이에 대한 지지 표명을 꺼렸던 문재인은 지난 6월 말 한미 정상회담에서 지지 입장을 밝혔다. DMZ(비무장지대)에서 열린 깜짝 북미 정상회담에 가려졌지만, 당시 미국 국무부는 트럼프의 한국 방문 성과로 "인도·태평양 전략 협력 심화"를 꼽았다. 한국 경제지 등 친기업주 언론들은 만시지탄이라면서도 가슴을 쓸어내리며 환영했다.

최근 미국이 중거리핵전력INF 조약을 탈퇴하고 아시아에 중거리 미사일 배치를 추진하고 있는 것도 인도·태평양 전략과 무관하지 않다. 미국은 INF 조약 탈퇴가 중국을 겨냥해 미사일 전력을 강화하기 위한 것임을 숨기지 않고 있다. 한국은 일본, 호주 등과 함께 미사일 배치 후보 지역으로 거론되고 있다. 이것이 한 달 전 문재인의 인도·태평양 전략 협조 표명과 무관한 것일까?

만약 한국에 중거리 미사일이 배치된다면 문재인 정부는 전략적 유연성, 제주 해군기지, 사드 배치에 이어 아시아 불안정을 몇 곱절 끌어올린 주역이 될 것이다. 안토니우 구테흐스 유엔 사무총장은 미국의 INF 조약 탈퇴로 "세계는 핵전쟁을 제어하는 장치를 잃게 됐다"고 논평했다. 아시아는 제어 장치를 잃은 핵무기 전장이 될 수 있는 곳이다.

문재인 정부는 미국이 요청한 호르무즈해협 파병에도 응하려 한다. 미국의 이란 압박에 동참하는 것이다. 미국이 이란을 압박하는 이유는 간단하다. 2003년에 시작한 이라크 전쟁(한국도 참전했다)에서 미국이 패배한 반면, 이란이 이 지역의 진정한 승자로 떠올랐기 때문이다. 한국의 호르무즈해협 파병은 미국의 세계 패권 유지에 협조하는 것이자, 인도의 서해를 경유해 남중국해와 동중국해로 이어지는 미국과의 인도·태평양 군사 협력에도 부드럽게 편입되는 길일 수 있다.

이처럼 최근의 지정학적 중요 쟁점들(인도·태평양 전략과 중거리 미사일 배치, 호르무즈해협 파병)에서 한국 정부는 한결같이 일본과 행보를 같이하고 있다. 그러면서 일본 제국주의에 맞선다고? 한국은 일본 제국주의에게 억압받는 처지이기는커녕 일본 제국주의의 한 급

아래 협력자다.

강대국의 압박이 다 민족 억압은 아니다

어떤 사람들은 여전히 이런 의문을 품을 수 있다. 그럼에도 과거사 문제를 둘러싼 일본의 경제 보복은 강대국의 압박 아닌가? 그렇다. 지금 일본은 아시아로 뻗어 나아가는 데서 과거사 문제가 걸림돌이 되지 않도록 한국의 타협을 얻어 내려 한다. 아시아·태평양에 걸린 일본의 판돈이 큰 만큼 일본의 경제 보복은 강하고, 장기화될 수도 있다.

강대국들이 자신의 이익을 관철하기 위해 경제적·군사적 힘을 과시하고 사용하는 것은 현대 자본주의의 일상사다. 세계 자본주의는 위계적으로 이뤄진 살벌하고 냉혹한 체제다. 가령 미국은 자국의 이익을 관철하려고 다른 강대국 지배계급들과 갈등을 빚는다. 단지 중국이나 러시아에게만이 아니다. 미국 중심의 경제 질서와 자신의 세계 전략을 수용하게 만들려고 전통적 동맹국들에게도 압박을 가하고 갈등을 일으킨다.

일본의 아시아통화기금 설립 방해(1990년대 말), 이라크 전쟁을 둘러싼 프랑스와의 갈등(2000년대 초반), 일본 내 주일미군 기지 이전 철회 압박(2009년), 유럽 지배계급들과 다방면에서의 노골적 갈등(최근) 등이 그런 사례다. 그렇다고 해서 이런 국가들이 미국의 종속국인 것은 아니다. 또, (중국과 달리) 경제적 갈등이 군사적 갈등으로 직결되는 것도 아니다.

식민지 경험이 있는 나라와 강대국 사이의 관계는 좀 더 복잡해 보일 수 있다. 외세의 압박에 대한 기억과 반감이 있어서다. 그러나 옛 식민지였던 국가들의 일부가 이후 급속한 경제성장으로 자본축적의 중심을 이뤘다는 사실을 직시해야 한다. 한국은 그 대표적 사례다. 물론 제국주의 질서 속의 틈새와 모순 덕분이었지만 말이다. 한국은 미국, 중국, 일본, 유럽 강국의 대열에는 끼지 못하지만, 경제 규모(GDP 기준) 세계 12위, 군사력 세계 7위의 중간 규모 강국이기는 하다. 비록 한국과 일본이 경제적으로나 군사적으로 대등하지는 않지만, 현재 한일 관계가 과거 식민지 종속 상태와 다를 바 없다고 보는 것은 잘못이다. 오늘날 한국 지배계급은 일본 자본의 이익을 위해서가 아니라 자기 이익을 위해서 제국주의에 협력자 구실을 한다. 그래서 그 질서의 유지에 이해관계를 가지고 있다. 이들 또는 그 한 부분이 노동자·민중과 한편이 돼 일본 제국주의에 맞서기를 기대하는 것이 환상인 이유다.

　마찬가지로, 일본 상품 불매운동은 일본의 경제 보복을 (식민지) "경제 침략"과 동일시하는 문제점을 보여 준다. 한국민이 단결해 일본산 불매로 대응함으로써 일본 경제에 타격을 가하고(그러면 일본 노동자들도 피해를 볼 것이다), 더 나아가 일본(특히 그 생산물)에 의존하지 않는 경제를 지향하자는 것이다. 이것은 경제적으로 공상적이고 정치적으로 퇴보적이다. 생산이 국제분업 구조 속에서 이뤄지고 있는 오늘날, 일국적 경제로 돌아가는 것은 가능하지도 않고 무엇보다 정치적 대안이 될 수 없다. 한국 지배계급은 기껏해야 국제적·지역적 분업 구조의 일부를 재편하면서 그런 조정과 효율화에 따른 고통을 노동계급에 전가하려 할 수 있다. 이런 때 노동운동이 일본에 맞서 민족의 이익을 지키는 데 앞장서야 한다고 보면, 고통 전가에 맞서 노동계급의 조건을 방어하기가 힘들 것이다. 민족주의(그리고 포퓰리즘) 열풍 속에서는 한편으로 국내 지배계급과의 협조(노동자 이익을 앞세우기보다 국민의 이익을 위해 힘을 합치자며), 다른 한편으로 일본 노동계급과의 반목이 조장되기 쉽다.

민족주의가 아니라 국제주의

이 점에서 민주노총 지도부가 한일 갈등을 "경제 침략"으로 섣불리 규정하고 불매운동에 동참하는 것은 안타깝다. 노동운동이 조·중·동 등과 자한당만을 친일 적폐 세력으로 규정해 반대하고, 문재인 정부에 대해서는 비판을 삼가고 사실상 협조해서는 안 된다. 그러면 노동운동의 정치적 독립성이 훼손되고 노동운동이 약화되기 쉽다.

문재인 정부가 한일 갈등 국면 속에서 민족주의·포퓰리즘 열풍을 불러일으킴으로써 이미 두어 달 전부터 정세가 정부와 집권당에 유리하게 시나브로 기울어 왔다. 공식 정치 영역 내에서 여야 세력 관계뿐 아니라, 정부와 노동운동 사이의 관계도 기류가 그랬다. 주로 노동운동이 포퓰리즘(민중주의)적으로 대응한 효과였다.

노동운동은 일본의 경제 보복에 맞서 자국 정부와 (일부) 자본가들의 편을 들고 협조해선 안 된다. 그것은 제국주의와 자본주의에 맞서 효과적으로 싸울 수 있는 방법이 아니다. 민족주의·민중주의가 아니라 국제주의적인 반제국주의 운동을 해야 한다. 자국의 이익이 아니라 (국제) 노동계급의 이익을 옹호해야 하는 것이다. 미국·일본 제국주의와 그에 협조하는 한국 정부에 반대하고, (경제 침략 규탄 불매운동이 아니라) 아시아 노동자·민중의 공통의 이익인 중거리 미사일 한국 배치 반대, 호르무즈해협 파병 반대, 일본 평화헌법 개정 반대, 한일군사정보보호협정 폐기 등에 실질적으로 힘을 기울여야 한다.

김하영, 〈노동자 연대〉 294호(2019년 8월 8일).

위안부 문제는 무엇이고,
왜 이토록 해결되지 않을까?

2015년 12월 28일에 한일 두 정부는 '위안부'* 합의를 발표했다. 이 합의로 일본은 위안부 문제의 법적 책임과 공식 배상을 회피한 채 위안부 문제가 최종적이고 불가역적으로 해결됐다고 선언할 수 있었다. "향후 유엔 등 국제사회에서 상호 비난·비판을 자제"하기로 해 이 합의는 유네스코 기록물 등재 등 국제 캠페인에서 '위안부' 피해자들을 불리하게 만들었다. 합의 결과는 한국민들의 공분을 자아냈다.

합의 발표 직후 필자는 〈노동자 연대〉 기사에서 다음과 같이 지적했다. "박근혜도 위안부 합의를 끝까지 고수하려 할 것이다. 그러나

---

* '위안부'는 사실 부적절한 용어다. 여기서 '위안'은 일본군의 전쟁 수행을 돕고자 일본 군인들에게 위안을 제공함을 의미하기에, 당시의 일본군 입장이 반영된 용어다. 그래서 '일본군 성노예'로 고쳐 불러야 한다는 견해가 많지만, 피해자들이 이 말을 좋아하지 않고 대중에게 익숙하지도 않다. 이 글에서는 불가피하게 '위안부 문제', '위안부 피해자'라고 표기한다.

이 때문에 박근혜는 광범한 반대 정서에 직면하게 됐고, 이 문제는 남은 임기 내내 박근혜의 발목을 잡을지 모른다."* 한일 위안부 합의 같은 박근혜의 적폐를 향한 분노는 2016~2017년 박근혜 퇴진 운동에서 확인됐다.

그러나 정권이 바뀌었는데도 위안부 문제는 해결은커녕 한일 위안부 합의 파기조차 이뤄지지 않았다.

2017년 9월 한일 정상회담 후 청와대 국민소통수석 윤영찬은 정상회담 결과를 브리핑하면서 이렇게 말했다. "한일 양국 정상은 북한의 핵·미사일 도발로 인한 동북아 긴장이 고조되는 상황에서 양국이 과거사 문제를 안정적으로 관리하면서 미래지향적이고 실질적인 교류와 협력을 강화해 나가기로 했다." 이처럼 문재인 정부는 위안부 문제를 비롯한 일본 침략 과거사 문제 해결과 한일 경제·안보 관계의 진전을 분리(이른바 '투 트랙')하겠다고 밝혀 왔다. 그러나 무게 중심은 후자에 있었다.

2017년 12월 27일 문재인 정부의 외교부는 한일 위안부 합의 과정에 관한 조사 결과를 발표하며, 박근혜 정부가 일본과 소녀상 이전 약속, "성노예" 용어 사용 자제 등 추악한 이면 합의까지 했음을 폭로했다. 그러나 문재인 정부는 위안부 합의를 무효라고 선언하지도, 일본에 재협상을 요구하지도 않았다. 위안부 문제의 온전한 해결을 바라는 국내 여론과 미국·일본의 압력 사이에서, 문재인 정부는

---

* 김영익, "한일 '위안부' 합의는 미국의 아시아 중시 정책과 관계 있다", 〈노동자 연대〉 164호(2016년 1월 1일).

절충을 선택한 것이다.

이처럼 위안부 문제는 단지 과거의 일이 아니다. 오늘날 한반도를 둘러싼 강대국들의 첨예한 이해관계와 얽히고설켜 있다. 해결이 어렵고 더딘 까닭이다.

제국주의 전쟁의 희생자들

위안부는 근로정신대, 일본군으로 강제징집된 청년들과 더불어 1930~1940년대 일본 제국주의의 전쟁을 위해 희생된 사람들이다.

흔히 제2차세계대전을 민주주의 대 파시즘 간의 전쟁으로 오해한다. 그러나 제1차세계대전과 마찬가지로 제2차세계대전도 제국주의 간 전쟁이었다.

제2차세계대전 발발의 결정적 계기는 1930년대 대불황이었다. 이때 유례없는 경제 위기가 전 세계를 강타했다. 1929~1932년에 전 세계 생산량은 38퍼센트, 무역은 66퍼센트 감소했다. 이에 대응해 각국은 앞다퉈 보호무역주의를 강화했고, 이 때문에 세계경제가 점차 경쟁적인 무역·군사 블록들로 쪼개지기 시작했다.

당시 일본 경제도 심각한 위기에 빠져 헤어 나올 기미를 보이지 않았다. 1930년에 일본의 수출과 무역은 전년도 대비 각각 32퍼센트, 30퍼센트나 줄었다.

모든 자본주의 강대국들이 어려움을 겪었지만, 거대한 식민지를 보유한 영국과 프랑스 등에 견줘 독일과 일본이 상대적으로 더 큰 타격을 입었다. 미국, 영국, 프랑스 등이 식민지와 본국을 잇는 배타적 블록을 쌓자, 일본은 평화적으로 경제를 회복시키고 성장할 방법이 없음을 깨달았다. 그래서 식민지를 확장하고(특히 중국), 더 많은 영토·시장·자원을 자국에 통합해 자급자족적 제국 경제를 구축하고자 했다.

첫 행보는 1931년 만주사변이었다. 일본은 괴뢰국 만주국을 세워 만주를 독차지했다. 일단 발동한 영토 확장의 논리는 여기에서 멈추지 않았다. 화베이華北 지방을 중국에서 분리해 차지하려는 의도에서 일본은 1937년 중일전쟁을 일으켰다. 그러나 중국이 항복하지 않고 저항하면서, 전쟁이 장기화됐다. 그러자 일본의 목표는 곧 중국에서 동남아시아로 확대됐다.

그러나 일본의 영토 확장은 중국을 비롯해 아시아 곳곳에 세력권과 식민지를 보유하고 있던 영국, 프랑스, 미국 등 서구 제국주의 국가들과의 충돌을 불가피하게 만들었다. 결국 전쟁은 1941년 태평양전쟁으로 확대돼, 일본은 미국과 정면충돌했다.

중일전쟁에서 태평양전쟁으로 확전되는 과정이 일본 제국주의가 위안부를 대거 징모하고 위안소 제도를 체계화하는 배경이 됐다.

전쟁이 장기화하고 중국 내륙으로 전선이 확대되자, 명분 없는 전쟁에 총동원령으로 징집된 일본 군인들의 불만이 커졌다. 예상 외로 중국 측의 저항이 거세 피해가 커지자 사기도 떨어졌다. 이 때문에 일본군 내에서 하극상이 많아졌다. 그러나 병력이 부족해, 일본 군부가 병사들에게 적절한 교대와 휴식을 보장할 형편이 아니었다. 태평양전쟁 발발로 전선이 동남아시아와 태평양 군도로 더욱 확장하면서, 이런 어려움은 훨씬 더 커졌다.

일본 군부는 전선 뒤의 광활해진 배후와 후방 지역 관리에도 애를 먹었다. 이 와중에 일본 군인들에 의한 민간인 학살, 약탈, 강간 사건이 비일비재했다. 이는 후방에서 점령지 주민의 불만과 반일 감정을 키워 반일 저항으로 나아가게 만들 수 있었다.

1938년 일본 북중방면군 참모장이 중국 내 휘하 부대에 보낸 한 문건은 당시 일본 군부의 인식을 보여 준다.

군인 및 군대의 주민에 대한 불법행위가 주민의 원한을 사서 … 공산 항일분자의 민중 선동 구실이 돼 치안 공작에 중대한 악영향을 끼쳤[다.] … 각 지역에서 일본 군인의 강간 사건이 전면적으로 전파돼 실로 예상 밖의 심각한 반일 감정을 조성[했다.]

따라서 후방을 안정시키고 병사들에게 "위안"을 제공하기 위해 조선, 대만 등지의 식민지 여성들을 위안부로 동원하자는 구상이 일본 군부 내에서 나오게 됐다. 일본 군부는 군이 관여하는 위안소 설치를 성병 증가로 인한 병력 손실을 줄이는 방법으로도 여겼다. 그래서 중일전쟁 발발 직후부터 위안소가 급격히 늘어, 체계적으로 일본 점령지 곳곳에 설치됐다(그러나 위안소 설치 이후에도 일본군의 강간은 위안소 바깥에서 끊임없이 이어졌다).

위안부가 된 사람들은 여러 아시아 나라 출신이었고 포로로 잡힌 백인도 있었다. 그러나 조선인이 가장 많았다. 현재 한국 정부가 추정하는 조선인 위안부 피해자는 약 8만~20만 명이지만, 실제 20만 명보다 더 많았을 가능성이 높다.

조선인 위안부 피해자들은 대부분 가난한 농촌 가정의 자식들이었다. 이들은 일본 당국이 선정한 징모업자들한테 '여공으로 취직시켜 주겠다', '돈을 벌게 해 주겠다'는 말을 듣고 집을 나섰다. 1930년대 식민지 조선의 농촌은 일본 제국주의의 수탈적 농업 정책으로 매우 피폐해진 상태였다. 이때 농촌의 가난한 어린 여성들에게 여공이 된다는 것은 기회로 여겨졌다. 위안부 징모업자들은 여성들의 이런 사정을 악용한 것이다.

《제국의 위안부》 저자인 세종대 박유하 교수는 징모업자들의 구실에 주목하며, 이 업자들이 진짜 문제였지 위안부 모집에 직접 관여하지 않은 일본 정부한테는 법적 책임을 물을 수 없다고 강변한다. 그러나 당시는 국가가 인력과 자원을 철저히 통제하던 전시였다. 징모업자가 다수의 여성들을 데리고 국경을 넘는 것조차 일본 당국의 허가 없이는 불가능했다. 이런 점만 봐도 징모업자들은 일본 제국주의의 지원과 감독 속에 활동했음을 능히 알 수 있다. 그리고 박유하 교수의 주장과 달리, 피해자 다수는 동원 당시 미성년자들이었다. 또, 일본 군인이나 경찰이 총부리를 겨누고 강제로 끌고 가거나 징모업자들이 인신매매로 끌고 간 피해 사례도 많다. "내지[일본 본토]에서는 위안부 모집에 위법행위가 발생하지 않도록 통제했지만, 식민지에서는 그러한 조치를 취하지 않았습니다. … 결국 식민지에서는 군이나 경찰이 선정한 업자의 경우에는 위법적인 수단[유괴·인신매매]으로 군'위안부'를 모집하는 것이 가능했던 것입니다."*

---

* 요시미 요시아키, 《일본군 '위안부' 그 역사의 진실》, 역사공간, 2013, 55~56쪽.

위안부 피해자들이 위안소에서 겪은 처참한 고통을 여기서 일일이 다 거론하기는 어렵다.

위안부 피해자들은 대부분 끝내 고향으로 돌아가지 못했다. 많은 여성들이 위안소의 폭력과 가혹한 대우를 견디지 못하고 중도에 사망하거나, 전쟁에 휘말려 죽었다. 또, 패전이 임박한 일본군에 의해 버려졌다. 퇴각하는 일본군은 위안부 피해자들의 안전을 책임질 의사가 없었다. 심지어 퇴각 과정에서 일본군은 곳곳에서 위안부들을 학살했다. 일본 제국주의 만행의 증거를 없애려는 의도였다. 일부 역사학자들은 일본군 위안부 피해자 중 살아남은 비율을 25퍼센트 정도라고 추산한다. 이는 당시 전장에 투입된 병사, 노예무역 시대에 아프리카에서 아메리카로 끌려간 흑인 노예의 사망률보다도 높다.

간신히 살아서 돌아왔더라도, 고통은 끝나지 않았다. 생환한 피해자들은 자신이 위안부였다는 사실이 알려질까 봐 두려워하며 숨죽여 살았다. 스스로 결혼을 하지 않는 경우가 많았고, 결혼을 하더라도 출산을 못 하거나 성적 관계를 맺는 데 어려움을 겪었다. 해방 이후에도 친일파 인사들이 국가권력과 경제력을 움켜쥔 점도 피해자들이 오랫동안 침묵하게 했다. 이처럼 위안부 생활은 피해자들의 삶 전체를 망가뜨렸다.

1945년 이후 미국의 동아시아 정책

위안부 문제는 일본 제국주의에 의한 끔찍한 전쟁범죄였다. 당연히 전쟁이 끝났으면, 즉시 위안부 피해를 낱낱이 밝히고 그 책임자들을 응당 처벌해야 했다. 그러나 그런 일은 일어나지 않았다.

일본의 제국주의적 과거 청산이 어려웠던 것은 근본적으로 1945년 이후 미국이 동아시아에 구축한 제국주의 질서와 밀접한 관련이 있다.

제2차세계대전이 통념처럼 '민주주의 대 파시즘'의 전쟁이었다면, 전쟁의 종결은 식민지와 전쟁으로 식민지 민중이 겪은 아픔을 드러내고 그 유산을 청산하는 계기가 됐어야 했다. 그러나 미군은 해방군으로서 온 게 아니라, 자신의 제국주의적 이해관계를 관철하려는 점령군으로서 동아시아에 들어왔다.

좌파 역사학자 가브리엘 콜코는 당시 미국의 전략은 세계 자본주의 체제를 안정시키고 미국 자본주의에 유리하게 재편하는 것이었다고 지적했다. 1930년대 대불황과 제2차세계대전으로 자본주의는 심각한 위기를 겪고 있었고, 이 때문에 세계 곳곳에서 반식민주의 반란과 민족 해방 혁명이 일어날 가능성이 매우 높았다. 특히, 중국에서 국민당과 공산당 간에 내전이 발발해, 마오쩌둥 군대가 승리할 기세였다. 패전국 일본에서도 1945년 말 38만 명이던 노동조합원이 한 달 만에 100만 명이 더 느는 등 노조원 규모가 폭발적으로 증가했고, 무엇보다 노동쟁의가 급격히 분출했다.

따라서 미국의 시급한 과제는 위기에 빠진 자본주의를 안정시키고 반제국주의적 혁명의 가능성을 제거하는 것이었다.

제2차세계대전의 특징은 승자가 점령 지역에 자신의 체제를 이식할 수 있었다는 점이다. 미국은 자국 자본의 이익과 시장 확보를 위해 자유 시장 자본주의의 국제 질서를 확대하려 했고, 일본 같은 국가들이 다시는 1930년대의 배타적 경제블록을 형성하지 못하게 막고, 이들을 미국이 주도하는 새 질서에 편입시키려 했다.

이런 점들이 미국의 동아시아 전략과 대일본 정책에 영향을 줬다. 우선, 미국은 일본 '천황'의 지위를 유지해 줬다. "소련이 주도하는 '전 세계 공산화'를 저지하는 데 천황제 유지가 긴요하다"고 본 것이다.[*]

가장 중요한 전범인 '천황'이 제자리를 유지함으로써, 일본 구질서의 핵심이 보존될 수 있었다. 전쟁과 식민 지배의 책임이 있는 자들이 대부분 자신의 지위와 권력을 지키고 미국의 파트너가 됐다. 그런 인사 중에는 현 일본 총리 아베의 외할아버지인 기시 노부스케 같은 자도 있었다.

이 점은 나치가 패배한 유럽에서도 미국·영국의 개입과 스탈린의 협조로 구질서가 재건되고 그리스·프랑스·이탈리아 등지에서 파시스트 부역자들이 자신의 지위를 회복한 일과 맥락을 같이한다.[**]

미국은 일본이 식민지 민중을 대상으로 저지른 범죄의 진실과 책임을 묻는 데 관심이 없었다. 미국은 소수 개인을 제외한 전범 대부분에게 관대한 처분을 내렸다. 미군 당국은 위안부에 관한 상세한 정보를 조사했지만, 이 문제는 일본 전쟁범죄를 다룬 도쿄재판의 대상이 되지 않았다.

냉전이 본격화하자 미국은 일본을 재무장시키고 동아시아에서 자국의 핵심 군사동맹국으로 세우려 했다. 1950년 한국전쟁 발발 후

---

[*]　존 다우어, 《패배를 껴안고》, 민음사, 2009.

[**]　크리스 하먼, 《민중의 세계사》, 책갈피, 2004, 680~686쪽.

미국은 서둘러 일본과 샌프란시스코강화조약을 맺고, 일본을 국제 무대에 복귀시켰다. 이 조약을 맺을 때 일본의 식민 지배를 받았던 한국, 중국 등은 아예 초대조차 받지 못했다. 당연히 위안부 문제 등은 언급도 없이 넘어갔다.

1960년대 한·일 관계 정상화 과정에도 미국은 개입했다. 미국은 자국 패권의 유지와 냉전 비용 절감을 위해 아시아에서 일본 중심의 집단안보 체제를 구축하고자 오랫동안 집요하게 한국과 일본에 국교 정상화를 촉구했다. 경제성장을 위해 자금을 확보하고 세계시장에 뛰어들길 원한 박정희 정권은 미국의 요구에 적극 호응했다. 박정희 정권은 1965년 한일청구권협정에서 식민 지배가 낳은 피해에 관한 청구권은 "완전히 그리고 최종적으로 해결"됐다며 일본에 합의해 줬다.

이후 일본은 샌프란시스코강화조약과 1965년 한일청구권협정을 근거로 위안부는 물론이고 강제동원·핵피폭 피해자 등에 대한 배·보상 문제는 다 해결된 것이라고 우길 수 있었다. 미국의 개입 속에 한국 지배자들이 한국 자본주의의 이익을 위해 민중의 고통을 헐값에 팔아넘긴 것이다.

이처럼 1945년 이래 미국은 일본을 미국이 주도하는 동아시아 동맹 체제의 중심에 두는 것을 패권 전략의 핵심으로 삼았다. 이 덕분에 면죄부를 받은 일본 지배자들은 과거사 문제 해결을 외면했다. 경제와 안보 문제에서 미국·일본과 얽히고설키게 된 한국 지배자들도 이 문제에서 대다수 한국인의 바람을 계속 외면했다.

그러나 이는 미국 제국주의에 부메랑이 돼 돌아오기도 했다. 과거 일본의 침략과 식민지 경험이 있는 아시아 민중의 반발을 샀기 때문이다. 미국이 관장한 한일 국교 정상화 때문에 박정희 정권이 집권 후 처음으로 대중적 저항에 직면한 것이 대표적 사례다.

미래를 위해 과거를 묻지 마세요?

수면 아래 잠겨 있던 위안부 문제가 공론화되고 피해자들이 직접 나서서 진상 규명과 일본의 책임 인정을 요구하게 된 것은 1987년 노동자·민중의 항쟁이 폭발한 뒤였다. 특히 1991년, 김학순 씨(작고)가 처음으로 피해자로서 공개 증언에 나섰다. 이를 계기로 1992년 처음으로 일본 국가가 위안부 모집·관리에 관여했음을 증명하는 일본 정부 문서가 폭로됐다.

그러나 일본은 국가의 법적 책임은 한사코 부인했다. 범죄 가해자들과 그 후예들이 일본 지배계급의 핵심에 자리 잡고 있었고, 이자들이 1990년대 일본의 재무장을 주도했다. 과거 제국주의 전쟁과 그 과정에서 벌어진 범죄를 인정하고 책임을 진다는 것은 군사 대국화로 나아가려는 그들에게 있을 수 없는 일이었다.

일본의 군사 대국화를 후원하는 미국이 과거사 문제를 온전히 푸는 데 도움을 줄 리 만무했다. "미국은 한일 과거사 문제 해결을 위한 중개자가 아니라 책임의 또 한 축을 이루고 있는 당사자"였다.*

한국 정부의 태도도 문제였다. 역대 한국 정부는 일본과의 경제·

---

* 윤명숙,《조선인 군위안부와 일본군 위안소 제도》, 이학사, 2015.

안보 관계를 '위안부' 문제 해결보다 더 중시했다. 그래서 한사코 한일 간의 "미래지향적 관계"가 "과거"보다 더 중요하다는 견해를 고수했다. 그러다가 일본 우익이 망동을 부리거나 국내 여론이 악화하면 한국 정부는 뭔가 하는 듯한 제스처만 취하는 행태가 반복됐다. "1951년 이후의 대일 협상에서 한국 정부가 식민지배에 대한 피해 보상을 일본에 요구한 적은 단 한 차례도 없었다. 한일 관계 [정책은] 언제나 국내용과 대외용이 따로 존재했다."*

1991년 노태우 정부는 이런 견해를 밝혔다. "1965년 한일청구권협정 체결로 양국 정부 간에 국제법상 권리·의무는 일단락된 사항이므로 정부 차원에서는 대일 보상 제기가 불가하[다.]" 이처럼 한국 정부가 피해자들의 개인 청구권을 일본에 직접 제기할 수 없다는 입장은 이후 정부들에서도 유지됐다.

그래서 2004년 당시 대통령 노무현도 일본 총리 고이즈미를 만나 이렇게 말했다. "내 임기 동안에는 정부 차원에서 [위안부 문제를] 공식적인 의제나 쟁점으로 제안하지 않을 생각[이다.]" 이듬해 일본이 독도 문제로 도발해 오자, 노무현은 다시 태도를 바꿔 일본에 단호히 대응하겠다고 했다. 그러나 1965년 협정으로 위안부 문제가 해결된 건 아니라고 밝힌 것 외에 실질적 조처를 취한 건 없었다.**

이명박 정부도 처음에는 이전 정부들의 기존 입장을 고수했다. 그런데 2011년 헌재가 위안부 문제 해결을 위해 정부가 외교적 노력을

---

* 김동춘, 《대한민국은 왜?(1945~2015)》, 사계절, 2015, 200쪽.

** 윤명숙, 앞의 책 참조.

하지 않는 것은 위헌이라고 판결했다. 설상가상으로 이듬해 이명박 정부는 미국의 촉구 속에 한일군사정보보호협정을 비밀리에 추진한 것이 폭로돼, 거센 비난 여론에 직면했다. 그런 가운데 한일 간에 위안부 외교 회담이 시작됐다.

그러나 미국은 위안부 문제로 한일 관계 개선이 지체되는 것에 큰 불만을 품었다. 미국은 중국 견제를 위해 한·미·일 삼각동맹을 구축하기를 바랐기 때문에, 위안부 문제에 적극 관여해 한일 양측에 협상 타결을 압박했다. 그 압력의 주된 방향은 한국을 향했다.

2015년 2월 당시 미국 국무부 차관 웬디 셔먼은 이렇게 말했다. "한국과 중국이 이른바 위안부 문제를 놓고 일본과 다투고 있[다.] … 물론 민족주의 감정이 여전히 이용될 수 있으며, 어느 정치 지도자든 과거의 적을 비난함으로써 값싼 박수를 받는 것은 어렵지 않다. 그러나 그런 도발은 진전이 아니라 마비를 초래한다." 같은 해 4월 8일 당시 미국 국방 장관 애슈턴 카터도 같은 얘기를 했다. "[한일 간] 협력에 의한 잠재적 이익이 과거에 있었던 긴장이나 지금의 정치 상황보다 중요하다. … 우리 세 나라[한·미·일]는 미래로 눈을 돌려야 한다."

그래서 2015년 12월 28일 한일 위안부 합의가 발표되자 미국이 가장 크게 환영한 것이다.

한일 위안부 합의가 미국의 관장 하에 나온 약속이라는 점은 위안부 문제가 오늘날의 제국주의 문제와 깊이 관련돼 있음을 보여 준다. 그리고 한미 동맹을 중시하는 한국 지배자들이 앞으로 위안부 합의를 스스로 파기할 가능성이 매우 낮다는 점도 보여 준다.

위안부 문제의 이런 측면을 인식하는 것은 문제 해결의 실마리를 푸는 데 중요하다. 지금까지 많은 사람들이 정부의 외교적 노력을 (심지어 미국의 중재를) 기대했으나, 세계 제국주의 체제 안에서 미국·일본과 여러 면에서 얽혀 있는 한국 국가가 이 문제를 온전히 해결할 동기를 발견하기는 매우 어렵다.

따라서 문제 해결의 실마리는 아래로부터 찾아야 한다. 특히, 한·미·일 지배자들이 가리키는 "미래"를 거부하고 제국주의와 자본주의에 맞서 저항하는 것이 과거사 문제를 해결하고 완전히 다른 미래를 건설하는 데 가장 중요할 것이다.

김영익, 《마르크스21》 25호(2018년 5~6월).

냉전기 미국의 대일본 전략

미국은 동아시아에서 중국을 견제하는 데 일본이 더 큰 구실을 해 주기를 바란다. 특히 냉전 해체 이후, 두 나라는 전후 일본의 군사 대국화를 가로막아 온 제약들을 허물면서 군사적 일체화를 향해 나아갔다. 이것은 일본의 군사 대국화에 날개를 달아 주고 있다.

그런데 이 재앙의 씨앗은 이미 냉전기에 뿌려졌다. 1945년 이래 미국의 동아시아 전략의 핵심은 일본을 미국의 동맹으로 묶어 두고 일본이 미국의 동아시아 '대리인' 구실을 하도록 만드는 것이었다.

오늘날 일본 국가의 뿌리는 제2차세계대전 종전 직후로 거슬러 올라간다. 흔히 미국의 초기 일본 점령 정책은 '민주화·비군사화'로 불린다. 그렇지만 일본에서 우익 정권이 수립되기를 바란 미국은 전후에 천황의 지위를 유지시켜 줬고, 전범들을 정부 안으로 받아들였다. 종전 직후에 폭발한 노동자들의 저항과 급진화에 맞서 일본 자본주의를 방어하기 위해서였다. 1946년 5월 1일 전국 곳곳에서 열린 메이데이 집회에 경찰 추산으로만 125만 명이 참가했을 만큼, 당시 일본 노동자들의 투쟁은 체제를 뒤흔들고 있었다.

소련이 핵실험에 성공하고 중국에서 공산당이 권력을 잡자 미국한테 일본의 전략적 가치는 매우 중요해졌다. 미국은 일본의 경제 재건과 재무장을 서둘렀다('역코스'). 일본이 동아시아에서 '반공의 방파제' 구실을 할 수 있게 해야 했다. 한국전쟁 중에 미국은 일본 공산당과 노동운동을 대대적으로 탄압했고('레드 퍼지'), 일본에 (장차 자위대로 발전할) 경찰예비대 창설을 요구했다.

1951년 미국은 샌프란시스코강화조약(대일강화조약) 체결을 주도해, 일본이 전쟁 책임을 거의 지지 않고 독립할 수 있게 해 줬다. 동시에, 미일안보조약을 체결해 미군이 일본에 계속 주둔할 '권리'를 보장받았다. 이것은 일본이 미국의 세계 전략에 편입되는 것을 의미했다. 또, 미국은 자유당의 개헌 시도를 지지하고, 개헌을 실현할 강력한 세력을 형성케 하려고 두 보수 정당(자유당과 민주당)의 통합을 지원했다(이 개헌 시도는 성공하지 못했다).

1960년 미국과 일본은 한 걸음 더 나아가려 했다. 1957년 말 소련이 미국보다 먼저 대륙간탄도미사일 실험에 성공하고, 이듬해 중국과 대만이 대만해협에서 군사 충돌을 벌이자, 동아시아 지역에서 군사적 긴장이 높아졌다. 이런 상황을 배경으로 미국과 일본은 미일안보조약을 개정했다. 새 미일안보조약은 미군이 일본에 계속 주둔하는 것뿐 아니라(제6조), 미·일 공동작전(제5조)과 일본의 군비 증강(제3조)을 새로운 의무로 규정하는 내용도 담고 있었다.

최근 미국은 거듭 댜오위다오(일본명 센카쿠열도)가 "미일안보조약의 적용 대상"이라고 확인했는데, 바로 이때 개정된 안보조약 제5

조('어느 한쪽이 무력 공격을 받으면 이를 자국에 대한 위협으로 받아들여 미·일이 공동 대처한다')에 근거한 것이다.

애초에 미국은 이 조약에 '집단적 자위 능력을 발전시킨다'는 문구를 포함시키고 집단적 자위권의 적용 범위를 '태평양' 지역으로 규정하고 싶어 했다. 그러나 국내의 반발을 의식한 일본 정부의 반대 때문에 이런 내용은 포함될 수 없었다(이것은 일본의 집단적 자위권 도입이 미국의 숙원 사업이었음을 보여 준다). 그럼에도 새 안보조약이 미·일 공동작전과 일본의 군비 증강을 위한 근거를 마련한 것은 분명했다. '헌법 규정을 따른다'는 조건을 달았지만, 헌법을 확대 해석하면 얼마든지 자위대의 활동 수준과 범위를 넓혀 나갈 수 있는 것이었다.

일본 민중은 격렬하게 반발했다. 일본 민중은 일본이 미국과의 군사동맹을 강화해 미국의 전략에 더 깊숙이 편입되는 것을 원치 않았다. 수만에서 수백만 명 규모의 대중 시위가 벌어졌고, 이 투쟁은 1960년 6월 15일 580만 명이 참가한 2차 총파업으로 절정에 올랐다. 저항이 얼마나 거셌던지, 당시 총리 기시 노부스케는 저항을 잠재우려고 자위대 동원까지 고려했을 정도였다. 이 때문에 아이젠하워의 일본 방문이 좌절됐고, 기시 내각은 물러날 수밖에 없었다.

이 투쟁은 안보조약 시행을 저지하지는 못했지만, 일본과 미국 지배자들에게 일본 대중의 강력한 반전·평화 정서를 확인시켰다. 크게 놀란 일본 지배자들은 이후 헌법 개정과 재무장 추진을 단념했고, 한동안 미국도 일본에 군사적 요구를 하는 것을 자제해야 했다. 이 때문에 냉전기 미국의 아시아 패권 전략에서 일본의 주된 구실은 (미군)

기지 제공과 (아시아의 반공 정권에 대한) 경제 지원에 머물렀다.

오키나와

물론 일본의 이런 기여(기지 제공과 경제 지원)는 미국이 동아시아를 지배하는 데 매우 값진 것이었다. 특히 오키나와 미군 기지를 유지하는 것은 (지금까지도) 미국이 결코 양보할 수 없는 '핵심적 이익'이다.

오키나와는 미·일, 한·미, 미·대만, 미·필리핀, ANZUS(미국·뉴질랜드·호주) 동맹 등 냉전기에 미국이 아시아에서 구축한 반공 포위망의 중심이었다. 이런 지정학적 위치 때문에 오키나와는 "미국의 힘

오키나와 주둔 미군 기지 현황

(검정색)

**동아시아 주둔 미군의
최대 집결지**

오키나와는 일본 영토의
0.6퍼센트만을 차지하지만
주일미군 시설의 74퍼센트가 이곳에 몰려 있다.

을 아시아 전역에 투사하는" 미국의 전초기지가 됐다.

미국은 1950년부터 본격적으로 오키나와에 미군 기지를 건설했고, 이곳을 동아시아 최대 미군 기지로 만들었다. 미국은 1952년에 일본 본토를 독립시킨 후에도 1972년까지 오키나와를 직접 통치했다.

베트남전쟁 내내 오키나와 미군 기지는 B-52 폭격기 등이 출격하는 기지이자 병참·보급·수리를 담당하는 기지로 이용됐다. 1965년에 미국 태평양사령부 총사령관인 그랜드 샤프는 "오키나와 기지가 없었다면 미국은 베트남전쟁을 치를 수 없었을 것"이라고 말했다.

베트남전쟁 기간 동안 미국은 오키나와를 식민지처럼 통치했다. 이 때문에 오키나와 주민들의 불만이 폭발했다. 이 때문에 1972년 미국은 일본 정부에 오키나와를 반납해야 했다. 그러나 이것은 형식상의 변화였을 뿐, 미군 기지의 존재는 변한 것이 없었다.

1995년 한 소녀가 미군들에게 강간당한 사건을 계기로 오키나와에서 또 한 번 저항이 분출했다. 미군은 문제가 가장 심했던 후텐마 기지를 이전하겠다고 약속했다. 오키나와인들은 후텐마 기지를 오키나와현 밖으로 이전하라고 요구해 왔다. 그러나 지금 미국은 오키나와현 내 이전을 고집하고 있다.

오키나와의 한 여성 활동가는 오키나와를 "미일안보조약의 '쓰레기 하치장'"이라고 말한 바 있다. 오키나와인들은 미군에게 삶의 터전을 폭력적으로 빼앗겼고, 온갖 범죄의 희생자가 돼 왔다. 불행히도 최근 고조되는 동아시아 긴장은 오키나와를 또다시 최전선으로 만들고 있다.

미국은 동아시아에서 소련·중국의 영향력을 차단하고 반공 정권을 지원하는 데 일본의 경제력을 활용했다. 당시 미국의 입장에서 볼 때 이런 구실을 할 수 있는 경제력을 가진 나라는 일본이 유일했다. 미국은 일본이 동아시아 나라들과 교역을 확대하도록 지원하는 한편, 일본이 이 나라들에 경제원조를 하도록 촉구했다. 특히 1964년 중국이 핵실험에 성공하고, 미국이 베트남전쟁에서 수렁에 빠지자 미국은 일본이 지역 안보에 돈(원조)을 더 많이 쓰라고 요구했다. 일본 정부와 기업들은 이런 원조를 일본 자본이 해외로 진출하는 기회로 삼았다.

1965년 13년 동안 질질 끌어 온 한일협정이 체결된 것도 이런 배경에서였다. 미국은 한국에 대한 지원을 일본에 맡기려 했다. 그래서 한국과 일본이 하루빨리 관계를 정상화하도록 압력을 가했다. 결국 일본은 한국에 무상 자금 3억 달러와 차관 2억 달러를 제공하기로 했다. 이 돈은 박정희 정권이 국가 주도 수출 중심 공업화를 추진하며 장기 집권 기반을 닦는 데 긴요하게 쓰였다. 같은 해에 일본은 대만에도 1억 5000만 달러 상당의 엔화 차관을 제공했다.

1967년부터 친미 독재자 수하르토의 권력을 뒷받침하기 위해 일본 돈이 인도네시아로 대량 흘러 들어갔다. 일본은 이때부터 1970년대 내내 동남아시아 나라들 중 인도네시아에 가장 많은 엔화 차관을 제공했다. 이 밖에도 일본은 말레이시아, 태국, 필리핀 등에도 경제원조를 했다.

1980년대 신냉전을 배경으로 미국은 일본에 더 대담하게 요구했다. 1970년대부터 미국 자본주의는 이윤율 저하에 시달렸다. 1950년대와 1960년대의 '황금기'에 미국의 군비 지출은 세계경제 전체를 떠

받쳤는데, 이제 그 대가를 치르게 됐다. 막대한 군비 지출이 미국 경제에 부담으로 작용하기 시작했다.

반대로 냉전기에 일본은 방위비를 국민총생산GNP의 1퍼센트 이하로 낮게 유지하며 생산적 부문에 더 많이 투자할 수 있었고, 생산성과 경쟁력에서 미국을 바싹 추격하기 시작했다. 이 때문에 미국 내에서는 일본이 '안보 무임승차'를 그만둬야 한다는 목소리가 커졌다. 미국은 일본이 더 많은 돈과 힘을 쓰게 함으로써 미국의 부담을 줄이고자 했다.

이즈음부터 일본은 주일미군 주둔 비용을 분담하기 시작했다('배려예산'). 레이건 정권 하에서 일본에 대한 군비 증강 압력은 더욱 강화됐다. 경제 전선에서 미국이 플라자 합의를* 관철시킨 것도 이때다. 1978년 미·일은 미일방위협력지침(구奮가이드라인)을 제정했는데, 이 것은 처음으로 외부 위협에 의한 일본의 '유사 사태'를 염두에 두고 미군과 자위대의 공동작전 계획을 구체화한 것이었다.

1982년에 당선한 일본 총리 나카소네는 미국의 책임 분담 요구를 적극 수행할 태세가 돼 있었다. 나카소네는 '뼛속까지 헌법 개정론자'였고, 평화헌법으로 상징되는 '전후 정치를 총결산'해야 한다는 소신을 공개적으로 밝힌 최초의 정치인이었다. 1983년 나카소네는 미국에 가서 소련의 백파이어 폭격기에 대비해 일본을 "가라앉지 않는 항공모함"으로 만들겠다고 말했다. 나카소네는 서방 세계 제2위

---

* 플라자 합의 1985년 뉴욕 플라자호텔에서 열린 G5(미국·영국·독일·프랑스·일본) 재무 장관 회담에서 달러 가치는 낮추고 엔화 가치는 높이기로 한 합의. 국제시장에서 미국 상품은 싸게, 일본 상품은 비싸게 만드는 효과를 냈다.

라는 경제적 지위에 걸맞은 군사력을 갖추고자 한 일본 지배자들의 열망을 대변했다. 실제로, 나카소네 내각은 1986년에 방위비를 늘려 GNP 대비 1퍼센트를 돌파했고, '무기 수출 3원칙'을 완화해 미국에 무기 기술을 제공할 수 있도록 허용했다. 1983년 방위청은 '공해상에서 핵무기를 적재한 미국 함정을 자위대 함정이 호위할 수 있다'는 해석을 내렸다.

이처럼 냉전기에 일본은 미국의 동아시아 지배에서 핵심 파트너 구실을 해 왔다. 일본은 미국이 일본 영토에 동아시아에서 가장 큰 미군 기지를 지을 수 있게 보장했고, 동아시아의 친미 반공 정권을 지원하고 주일미군 주둔 비용을 제공하는 등 이 지역의 안보 비용을 미국과 분담했다.

일본 지배자들은 미국의 전략에 편입돼 성장하는 전략을 취했다. 일본은 미국 시장에 진출할 기회를 보장받았고, 미국의 든든한 후원 아래 동아시아 경제에도 진출했다.

그러나 이 동맹에는 항상 제약이 뒤따랐다. '전쟁범죄국'이라는 멍에 때문에 일본은 동아시아에서 미국의 가장 중요한 동맹이었음에도 미·일 군대가 일본 바깥에서 군사작전을 함께 펼칠 수는 없었다. 그래서 냉전 해체 이후 두 나라 지배자들은 이 제약을 무력화시켜서 동맹의 무대를 동아시아로, 나아가 전 세계로 넓히려고 안간힘을 써 왔다. 즉, 언제 어디서든 필요할 때면 두 나라 군대가 어깨 걸고 전투에 나설 수 있게 하려는 것이다.

이현주, 〈레프트21〉 117호(2013년 12월 7일).

냉전 해체 이후 미국의 대일본 전략

1945년 이래 미국은 일본을 자신의 동맹으로 붙잡아 두는 게 동아시아에서 자신의 헤게모니를 유지하는 데 매우 중요하다고 여겼다. 만약 일본이 미국의 잠재적 라이벌과 손잡는다면, 미국의 헤게모니에 위협이 될 것이다.

그런데 냉전 해체 무렵 미국은 일본을 의심스럽게 바라봐야 했다. 요즘 미국 지배자들이 중국이 미국을 따라잡을 것인지에 대해 걱정하듯이, 1980년대 말과 1990년대 초에는 일본이 그럴 수 있을지가 걱정거리였다. 냉전 시대에 미국 날개 아래 있으면서 훌쩍 커 버린 한 주요 동맹국이 소련이라는 공동의 적이 사라져도 미국을 등지지 않을지 확신할 수 없었던 것이다.

이때 미·일 동맹은 겉보기와 달리 무역, 대외 정책, 미군 기지 등의 문제들을 둘러싸고 삐걱거렸다. 게다가 1993년 일본 자민당의 장기 집권 체제가 붕괴하는 듯하고 비非자민당 연립정권이 들어선 점도 미국한테 불안감을 안겨 줬다.

미국의 '나이 구상Nye Initiative'은 바로 이런 상황에서 나왔다. '나이 구상'은 (1994년에 클린턴 행정부 국제안보차관보로 임명된) 조지프 나이의 '미·일 안보 재정의'에 근거한 냉전 이후 미국의 동아시아 전략 방안이다. '나이 구상'은 1995년 미국 국방부가 제출한 "동아시아 전략 보고서"(일명 "나이 리포트")에 잘 반영돼 있다. 이 보고서의 핵심 결론은 한마디로 미국이 동아시아에서 10만 병력을 유지함으로써 "세계적 위기에 대응하고 지역 패권 국가의 출현을 억제해야 한다"는 것이었다. 이를 위해 미·일 양국은 동맹을 강화하고, 그 안에서 일본의 구실을 확대하며, 이것을 '지역 및 국제적인 안전보장 촉진의 기본 메커니즘'으로 삼아야 한다는 것이었다.

나이 스스로 인정했듯이 이런 구상은 중국의 부상에 대비하기 위한 것이었다. 그러나 다른 한편으로 그 구상은 '일본이 미국에 불만을 느끼지 않도록' 하기 위한 것이기도 했다. 나이는 "일본이 성장하면서 [미국에] 의존적인 관계에 만족하지는 않"을 것이므로 "일본의 내셔널리즘을 상호 의존적인 방향으로 유도하는 것이 득책[좋은 책략]"이라고 지적했다. 즉, 미·일 동맹 속에서 일본의 적극적 구실을 장려함으로써, 중국을 견제하는 동시에 일본을 단속하려고 했던 것이다. 그래서 '미·일 안보 재정의'는 "냉전 후에도 일본이 미국 손바닥 안에 있다는 것"이라는 말도 나왔다(말레이시아 전략국제문제연구소 소장 노르딘 소피).

1994년 한반도 위기와 1996년 대만해협 위기는* 이 방향에 힘을 실

---

* 대만해협 위기 1996년 대만 총통 선거를 배경으로 '대만 독립' 목소리가 커지자, 중

어 주는 환경을 조성했다. 당시에 일본 경기 침체가 지속되고 대조적으로 미국 경제는 주목할 만하게 회복되면서 '일본의 위협'에 대한 미국 내의 우려도 누그러졌다. 그래서 미국 내에서 일본과의 '동맹 강화'에 신경 써야 한다는 목소리가 힘을 얻었고, 일본 내에서도 미국 일변도 대외 정책에서 벗어나자는 주장이 후퇴했다. 그리고 중국의 잠재적 '위험'에 대해 두 국가가 공동의 인식을 하게 된다. 1996년 '21세기 미일공동안보선언'과 1997년 '미일방위협력지침 개정(신新가이드라인)'은* 이런 인식의 산물이라고 할 수 있다. 그리고 이것은 미·일 동맹의 분명한 전환점이었다.

전환점

신가이드라인이 특히 '주변 사태'에 중심을 둔 것은 전과 두드러지게 다른 핵심 특징이었다. 구가이드라인이 소련으로부터의 '일본 방위'가 중심이었다면, 신가이드라인은 '주변 사태' 시 미국과 일본의 협력에 중점을 두고 있는 것이다. 일본은 '주변 사태'가 발생하면 일본이 미군을 '후방 지역'에서 지원하겠다고 약속했다. 냉전기에 일본은 미국에 기지를 제공하고 비용을 대는 일에 국한된 '수동적' 구실

국이 대만해협에 미사일 3발을 발사한 사건. 급기야 미국은 두 개의 항모 전단을 대만해협으로 파견해 긴장이 고조됐다.

* **미일방위협력지침(가이드라인)** 1978년에 처음 만들어진 것으로, 유사시 미군과 자위대의 행동 지침을 담고 있다. 1978년에 만든 것을 '구가이드라인', 1997년에 개정된 것을 '신가이드라인'이라고 부른다.

에 머물렀다면, 이제 더 나아가 자위대가 일본 바깥에서 미군을 도와 활동할 수 있도록 한 것이다.

당시 일본 정부는 한사코 이것이 집단적 자위권 행사에 해당하지 않는다고 했다. 그러나 사실상 이것은 집단적 자위권 행사를 일부 제도화한 것이었고, 그동안 일본이 유지해 온 전수방위 원칙을* 거스르는 것이었다. 게다가 신가이드라인은 '주변 사태'를 '일본의 평화와 안전에 영향을 미치는 사태'로, '지리적인 것이 아니라 사태의 성질에 착안한 것'이라고 정의했다. 미·일 군대가 극동을 넘어 그 밖의 지역에서도 협력할 수 있도록 열어 둔 것이다.

물론 당시 미국과 일본이 가장 염두에 둔 것은 한반도와 대만에서 벌어질 '유사 사태'였다. 당시 한 방위청 간부는 "일본 주변의 위기에서 일본의 구실이 가장 크다고 강조되는 것은 한반도 위기"라고 말했다. 이미 이때부터 미국은 한반도 유사시 일본이 자신의 군사개입을 지원해 주기를 바란 것이다.

이 무렵 미국은 일본을 미사일방어체계MD로도 끌어들였다. 1998년 북한의 로켓 발사가 좋은 명분을 제공했다. 미국과 일본은 북한 미사일을 평계댔지만, MD는 명백히 중국을 견제하기 위한 것이었다. 양국은 처음엔 공동 연구로 시작했지만, 곧 공동 개발로 나아갔고, 2000년대 들어서는 실전 배치도 시작했다.

부시 정부 하에서 미·일 동맹은 질적으로 한 단계 더 발전했다.

---

* 전수방위專守防衛 원칙 일본이 다른 나라로부터 공격을 당했을 경우에만 방위력을 행사할 수 있도록 한다는 원칙. '오로지 방어만 한다'는 뜻이다.

2000년 "아미티지·나이 보고서"는 "1997년의 신가이드라인은 상한 선이 아니라 하한선이 돼야 한다"고 주문했다. 가이드라인에 담긴 내용은 최소 수준이라는 것이다. 아미티지는 부시 정부에서 국무부 부장관을 지냈다.

1997년 신가이드라인은 분명 파격적이었지만 충분하지 않았다. 여전히 자위대는 전투나 전투지역에 개입해서는 안 된다는 규칙 아래서만 작전에 참가할 수 있었기 때문이다. 미국의 다음 목표는 이런 제한을 없애는 것이었다. "미일동맹을 미영동맹의 수준으로 격상시켜 일본을 '아시아의 영국'으로" 만드는 것이 미국의 목표였다. 이것은 구체적으로 "미일동맹 간의 '역할 나누기'와 '통합'"을 의미했다(정욱식 평화네트워크 대표).

부시 정부 하에서 이 계획은 놀랍도록 많이 진전됐다. 9·11 테러는 이 추세를 가속시키는 중요한 계기였다. 부시 정부는 미·일 동맹이 '테러'와 대량살상무기 같은 '전 지구적 도전'에 맞선 '전 지구적 동맹'이 돼야 한다고 강조했다.

평화헌법의 굴레에서 벗어나고자 안간힘을 쓰던 일본 총리 고이즈미는 부시의 '러브콜'에 적극 응답했다. 2001년 일본은 미국의 아프가니스탄 전쟁을 도우려고 인도양에 이지스함을 파견했다. 뒤이어 2004년에는 드디어 육해공을 망라한 자위대를 이라크에 파병했다. 60년 만에 처음으로 일본 군대가 전쟁에 참여한 것이다.

2005년 일본은 주일미군 재배치를 위한 비용을 상당 부분(총 3조 엔) 부담하기로 했다. 주일미군 재배치는 9·11 이후 미국이 '다양한 형태의 불특정 안보 위협'에 신속하고 유연하게 개입하기 위해 추진한 '해외주둔미군재배치계획GPR'에 따른 것이다.

주일미군 재배치 계획은 미국과 일본이 군사적으로 '일체화'하는 내용도 포함하고 있었다. '시설과 서비스 상호 이용'과 '합동작전체제'가 핵심 키워드였다. 예컨대, 미 제5공군 사령부와 일본 항공자위대 사령부를 병합하고, 미 육군 제1군단 사령부와 일본 육상자위대가 시설을 공유하기로 했다.

일본은 2004년부터 PAC-3(패트리어트 미사일)와 SM-3(스탠다드 미사일)등의 MD 자산을 실전 배치했다. 또, 미국과의 MD 협력을 원활하게 하려고(일본 내에서 생산한 MD 관련 부품들을 미국에 수출하기 위해서) 무기 수출 금지 조처를 완화했다.

미국은 이와 같은 계획들을 원활하게 추진하기 위해 일본에 평화헌법 개정도 요구했다. 집단적 자위권을 인정하지 않는 일본의 평화헌법을 개정하지 않고서는 일본을 '아시아의 영국'으로 만들려는 계획에 한계가 있기 때문이다. 가령 이라크에서조차 자위대는 여전히 군사작전을 펼칠 수 없었으며, 의료 등 '인도주의적' 역할을 수행할 때도 영국과 호주 군대의 보호를 받아야 했다. 아미티지는 "평화헌법 9조를 개정하는 수고를 하는 것보다는 헌법에 대한 공식 해석을 바꾸는 쪽이 더 간단하다"는 조언도 아끼지 않았다. 이런 추세는 오바마 정부 들어서도 지속됐다.

그러나 2009년에 일본에서 '탈미입아'를 내세운 민주당 하토야마 내각이 출범하면서 미·일 동맹은 잠시 삐걱거렸다. 중국이 2008년을 기점으로 일본의 최대 무역 상대국이 되자 동맹국인 미국 일변도에서 벗어나 중국을 중시해야 한다는 목소리가 나온 것이다. 그러나 미국은 2010년 천안함 사태를 계기로 동맹을 다시금 다잡았다. 무엇보다 이때 후텐마 미군 기지를 오키나와현 '내'로 이전하기로 한 합의가 매우 중요한 성과다.

질적 도약

아베 정부 하에서 미·일 동맹은 또 한 번 질적 도약을 하는 듯하다. 2008년 경제 위기와 '테러와의 전쟁'의 실패 속에서 미국은 더 절실하게 동맹국의 도움이 필요하다. 얼마 전 미일안전보장협의회에서 미국이 일본의 집단적 자위권 행사를 공개적으로 지지하고 나선 이유다. 이 협의회에서의 합의점으로서 미국은 일본에 주일미군 재배치 비용을 부담시키고, 각종 첨단 무기들을 일본에 들여다 놓기로 했다.

위에서 살펴봤듯이, 1990년대 중반 이후 지금까지의 명백한 추세는 미·일 동맹 강화였다. 미국은 일본의 힘을 키워서 이 지역의 안보 부담을 나눠 맡고, 이를 통해 중국을 견제하려 한다. 물론 목적은 미국의 패권 유지를 위한 것이다.

일본이 여기에 응하는 것은 일본이 미국의 '종속국가'여서가 아니다. 일본은 중국과 경제적 교류를 증대시키면서도 중국의 경제적·군사적 부상을 누구보다 걱정한다. 중국의 부상이 경제 대국으로서 일본이 지난 시기에 동아시아에서 누려 온 위상을 뒤흔들고 있기 때문이다. 특히 지난 2008년 이후 경제 위기를 배경으로 2010년 중국은 일본을 제치고 세계 제2위의 경제 대국의 자리에 올랐고, 이것은 일본 지배자들에게 엄청난 굴욕과 충격을 안겨 줬다. 최근 몇 년간 댜오위다오(일본명 센카쿠열도) 등을 둘러싸고 중·일 간 긴장과 갈등이 고조되는 배경의 일부인 것이다.

그러나 일본은 매우 빠른 속도로 군사력을 현대화하는 중국에 홀로 맞서기엔 부족함을 느낀다. 주로 전쟁범죄라는 '유산' 때문이다. 일본은 평화헌법으로 상징되는 전쟁범죄의 멍에에서 벗어나는 데 미국의 요구를 적극 활용하고 있다.

한때 미국은 이 지역의 미군의 존재가 일본 군국주의가 뛰쳐나오지 않도록 하는 "병마개" 구실을 한다고 했다. 그러나 현실에서 미국은 병을 포화 상태로 만드는 데 핵심적 구실을 한다.

바로 이 때문에 미·일 관계는 모순돼 있다. 즉, 미국은 일본의 군사 대국화를 부추기는 동시에, 일본이 미국의 날개에서 벗어나지 않고 하위 파트너 지위에 만족하기를 바란다. 그러나 어쩌면 일본 우익은 미래에도 미국의 날개 아래 머무르는 것에 만족하지 않을 수도 있다.

특히 일본의 핵무장 시나리오는 미국에겐 국론을 분열시킬 우려 사항이다. 그러나 최근 매사추세츠공대MIT 국제연구센터 소장 리처드 새뮤얼스는 한 보고서에서 일본이 북한과 중국의 위협을 빌미로 핵 개발에 나설 가능성이 있다고 내다봤다.

물론 일본의 다수 민중은 일본이 또다시 전쟁범죄를 저질러서는 안 된다고 생각하고, 일본의 군사 대국화를 환영할 리가 없겠지만 말이다. 우리는 일본에서 일본 제국주의와 자본주의에 반대하는 진정한 좌파가 탄생하기를 바라야 한다.

이현주, 〈레프트21〉 115호(2013년 11월 9일).

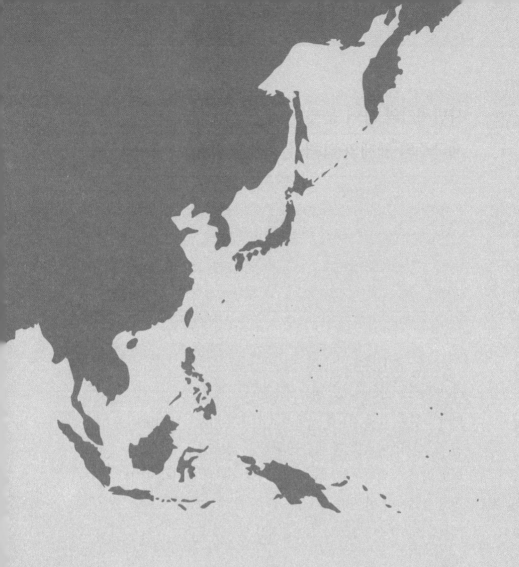

5장
북핵 문제 톺아보기

사반세기의 북핵 문제:
제국주의 체제의 압력이 초래한 결과

2016년 연이은 핵실험(4차·5차)에 이어, 올[2017년] 2월 북한은 중장거리탄도미사일IRBM인* '북극성-2'를 발사했다. 북극성-2를 발사하면서 북한은 고체 연료를 사용하고 궤도형 이동식 발사대를 사용하는 등 이전보다 진전된 미사일 역량을 선보였다. 불과 1980년대만해도 북한은 핵탄두를 제조하기는커녕 소련제 단거리 미사일을 수입해 분해하며 연구하기 시작한 수준이었다. 그런데 오늘날 북한은 핵실험을 5차례나 진행하고 인공위성 발사까지 하는 나라로 변모해버렸다.

이처럼 북한은 지난 사반세기 동안 끝내 핵무기 개발로 나아갔다. 그리고 이는 북한이 노동자를 억압·착취하며 군사적 경쟁에 매달린

---

* 중장거리탄도미사일IRBM 사거리가 3000~5500킬로미터에 이르는 탄도미사일을 가리킨다.

다는 점에서 남한과 본질적으로 다를 바 없는 체제임을 가리킨다.[*]

북한 당국은 핵무기 개발이 안전을 위한 불가피한 조처라고 강변해 왔다. "[핵실험은] 미국을 위수로 한 적대세력들의 날로 가증되는 핵 위협과 공갈로부터 나라의 자주권과 민족의 생존권을 철저히 수호하며 조선반도의 평화와 지역의 안전을 믿음직하게 담보하기 위한 자위적 조치이다."[**]

그러나 북한의 핵(미사일) 문제는 한반도 정세에 악영향을 끼치고, 한반도 주변의 강대국들이 동맹을 강화하고 군비를 증강하는 것을 정당화하는 명분이 됐다. 가령 2016년 1월 북한 4차 핵실험 이후, 미국은 전략폭격기와 항공모함까지 동원해 한반도와 그 주변에서 무력시위를 했다. 대북 제재가 강화되면서, 2016년 박근혜 정부는 남북 교류·협력의 상징인 개성공단을 폐쇄해 버렸다. 무엇보다 미국과 한국은 북한 핵 '위협'을 빌미 삼아 사드 한국 배치를 밀어붙이고 있다.

그러나 오늘날 한반도 불안정의 더 큰 책임은 미국 제국주의에 있다. 미국은 북한을 벼랑 끝으로 몰아 위험을 키운 당사자였다. 북한 핵 문제의 성격을 이해하려면 오늘날의 제국주의와 미국의 동아시아 정책이라는 맥락 속에서 봐야 한다.

---

[*] 북한 사회의 성격에 관한 마르크스주의적 분석은 김하영, 《북한 국가자본주의의 형성과 위기: 마르크스주의적 분석》, 노동자연대, 2014를 참고하시오.

[**] 2016년 1월 6일 북한 4차 핵실험 당시 북한 〈조선중앙통신〉의 보도 전문.

"불량 국가"와 1994년 위기

 냉전이 끝나자 많은 학자와 주류 언론은 냉전이 "서구 자유민주주의의 궁극적 승리"로 끝났다고 단정했다. 그리고 이제 미국 일극 중심의 세계 질서 하에서 강대국 간 전쟁이 없는 평화와 번영이 오래 지속될 것이라고 봤다.

 그러나 1990년대 미국 중심의 단극 체제로 보였던 세계 질서는 상당한 모순을 끌어안고 있었다. 냉전 종식으로 미국의 군사력은 필적할 만한 경쟁자를 찾을 수 없을 만큼 막강했지만, 경제적 지위는 장기적으로 계속 하락하고 있었다. 1945년 미국은 세계경제 산출의 거의 절반을 차지하는 강력한 경제력을 갖고 있었다. 그러나 냉전이 끝날 무렵에는 사정이 달라졌다. 중국이 선진국들보다 세 배나 높은 경제성장률을 기록했다. 또, 냉전 시절 미국과 동맹 체제 아래에서 유럽(특히, 서독)과 일본이 미국보다 훨씬 더 빨리 성장했다.

 그럼에도 미국 경제는 세계에서 가장 강력한 경제였지만, 1950~1960년대 장기 호황 때처럼 장기간 안정된 자본주의 발전을 지속시킬 능력이 더는 없었다. 1970년대 이래 장기화된 이윤율 위기 속에 미국 경제와 나머지 경제의 격차가 줄어들면서 경쟁이 더욱더 치열해졌다.

 일본·서독(독일) 등이 무섭게 성장했지만, 냉전이 지속되는 한 서방 진영 내에서 경제적 경쟁이 지정학적 충돌로 이어지지는 않았다. '공공의 적' 소련에 맞서 선진 자본주의 국가들이 미국의 헤게모니 아래 단결해 있었기 때문이다. 그런데 이제 그 공공의 적이 사라져 버렸다. 냉전 종식은 "두 초강대국이 아니라 여러 강대국들이 무대를 지배하는 훨씬 더 유동적인 제국주의 간 경쟁의 시대"를* 여는 계기가 됐다. 이런 변화 때문에 미국의 주요 이데올로그들은 미국이 앞으로도 세계 패권을 계속 유지할 수 있을지를 불안해했다.

이제 미국은 무슨 명분으로 해외 미군 기지들을 유지하고 군사행동을 정당화할 수 있을까? 냉전 때 성장한 다른 제국주의 강대국들한테 자신의 헤게모니가 존속돼야 하는 이유를 무엇으로 입증해 보일 수 있을까? 미국 지배자들은 이런 물음들에 답을 내놓아야 했다. 그래서 미국은 옛 소련을 대신할 '적'들을 찾았다. 이라크 같은 "불량국가"가 바로 미국이 찾아낸 새로운 '위협'이었다. 1991년 걸프전은 미국이 자신의 세계 패권을 다른 경쟁 제국주의 국가들에게 재천명하는 계기가 됐다.

동아시아에서 미국은 냉전 해체 이후에도 일본을 자국의 동맹 체제 아래에 묶어 두고 잠재적 경쟁자인 중국을 효과적으로 견제할 수단이 필요했다. 사실 미국은 1990년대 중반까지 일본을 의구심에 찬 눈으로 봤다. 냉전기에 너무 커져 버린 동맹국 일본이 냉전 해체 후 미국을 등지지 않을지 확신할 수 없었던 것이다. 이때 미국한테 북한은 '동아시아판 이라크' 구실을 맡을 적임자로 보였을 것이다. 1991년 걸프전이 끝난 후 당시 미국 합참의장 콜린 파월은 "순찰 중인 경찰[미국]이 다음 임무를 수행할 곳은 어디인가?" 하는 질문에 이렇게 답했다. "나는 이제 카스트로와 김일성에게 가 볼 생각이오."

---

* 알렉스 캘리니코스, 《마르크스주의와 오늘날의 제국주의》, 노동자연대, 2017.

한편 이때 북한의 핵 개발 문제가 수면 위로 부상하기 시작했다. 이미 1970년대부터 북한 관료들은 핵발전으로 전력난을 완화하는 길을 모색했다. 북한이 남한 박정희 정권과 비슷한 시기에 핵발전 계획에 착수한 것은 핵발전에 다른 목적이 있음도 보여 준다. 1970년대 미·중 데탕트 등의 유동적인 동아시아 정세 속에, 언제든 핵무기 개발로 전용할 수 있는 핵발전은 남북 지배자들에게 일종의 보험으로 보였을 것이다.

1980년대 들어 북한 경제가 본격적으로 구조적 위기에 봉착하면서 북한의 전력 사정은 더 나빠졌다. 설상가상 1991년 소련이 붕괴하면서 에너지 수입이 급감하는 등 사태는 악화일로였다. 북한 지배 관료들은 갈수록 핵발전소 건설에 매달리게 됐다.

영변 핵단지를 두고 북한 바깥에서는 '북한이 핵무기 개발에 본격 착수했다'는 의심이 점차 제기되기 시작했다. 1989년 프랑스 상업위성이 찍은 영변 핵 시설 사진이 공개됐다. 그리고 냉전 구도가 붕괴하고 1990년 소련이 남한과 수교하면서, 북한과 소련의 관계가 악화했다. 북한 지배자들은 자신들은 미국과 관계를 정상화하지 못했는데 소련이 남한과 수교하는 것을 심각한 안보 위기 상황으로 인식했다. 1990년 9월 남한과 수교를 추진할 것임을 알리러 소련 외무 장관 세바르드나제가 평양을 찾아가자, 북한은 그에게 분노에 찬 입장을 전달했다.

한·소 수교는 한반도의 영구 분단에 대한 국제적인 적법성을 부여하는 결과를 가져올 것이다. 소련이 남한을 공식적으로 승인하는 것은 다른

나라들이 그렇게 하는 것과는 근본적으로 다르며 더 심각한 문제를 초
래할 것이다.

소련이 남한을 승인하게 되면 남한은 … 북한을 집어삼키기 위해 더욱
무모한 시도를 할 것이다.

소련의 남한 승인은 1961년 체결된 북·소 안보조약의 근간을 무너뜨리
게 될 것이다. 그렇게 되면 북한은 아시아·태평양 지역에서 독자적인 행동을
취할 수 있고 정책 수립에 있어 소련과 협의할 의무에서 벗어날 것이다.

북한과 소련의 동맹조약이 파기되면 북한은 희망하는 무기를 개발하지 않
겠다는 약속에 더는 얽매이지 않을 것이다.[*](강조는 인용자)

소련의 안전보장에 의지할 수 없게 된 북한의 분노와 곤란함이 모
두 드러난 입장이었다. 그리고 "희망하는 무기"는 핵무기를 가리키는
것일 수 있었다.

이제 미국이 북한의 핵 개발을 문제 삼았다. 1991년부터 북한 핵
문제가 본격적으로 논란이 되기 시작했다. 미국이 보기에, 소련의 통
제를 벗어난 북한의 핵 개발은 위험했다. 미국은 흑연감속로 같은
북한의 영변 핵 시설들이 모두 핵무기 개발을 위한 것이라고 의심했
다. 그리고 북한 핵의 "위협"을 크게 과장해 북한을 궁지에 몰았다.
이 "위협"을 과장하는 것은 미국만이 이것을 다스릴 수 있다는 점을
보여 주는 이점이 있었다. 핵무기 개발 의혹을 이유로 북한을 옥죄
는 것은 일본 등이 핵무장 유혹에 빠지는 것을 견제하는 효과도 낼

---

[*]　돈 오버도퍼, 로버트 칼린, 《두 개의 한국》, 길산, 2014, 331~332쪽.

수 있었다.[*]

그러나 당시 북한이 핵발전소를 건설하면서 핵무기 개발로 바로 내달린 것은 아니었다. 오히려 북한 관료들은 미국 주도의 세계 질서에 합류하려고 애썼다. 냉전 구도가 무너지고 의지할 곳이 없어진 북한은 서방과의 관계 개선이 절실했다. 일본과의 수교 노력도 기울였다. 남북 대화도 진전돼, 1992년 남북기본합의서와 비핵화공동선언이 채택됐다. 이 과정에서 북한은 미국과의 관계 개선을 원한다는 분명한 메시지를 미국에 보냈다. 만약 북한이 핵무기 개발에 착수한다면, 그것은 "모든 것이 실패했을 때 평양이 선택할 수 있는 마지막 카드"였다.[**]

그러나 미국은 북한이 내민 손을 뿌리쳤다. 오히려 북한과 일본의 수교를 가로막았다. 미국이 북한의 핵무기 개발 의혹을 제기하고 북한에 핵 사찰을 받으라고 집요하게 요구하자, 한반도 정세는 얼어붙기 시작했다. 미국은 북한에 국제원자력기구IAEA 안전조치협정에 서명하라고 압박했다.

---

[*] 이때나 지금이나 미국은 북한의 핵무기 개발 그 자체보다 북한의 핵무기 개발이 동아시아의 다른 국가들, 특히 일본의 핵무장 염원을 자극할 것을 더 우려해 왔다. 전 외교통상부 장관 송민순은 자신의 회고록 《빙하는 움직인다》, 창작과비평사, 2016에서 이와 관련한 흥미로운 관찰을 기록했다. "2006년 10월 북한이 1차 핵실험을 한 직후 조지 W 부시 대통령이 하노이 APEC 정상회담에서 노무현 대통령에게 보인 반응이 지금도 눈에 선하다. 그는 자리에 앉자마자 북한의 핵실험에 대한 대응책을 거론하기 전에 먼저 일본의 핵무장 주장이 왜 급속히 대두되는지 이해하기 어렵다면서 어깨를 들썩였다"(33쪽). 부시는 당면한 북한 핵실험 문제보다 그것이 영향을 미칠 일본의 핵무장 의욕 문제에 관심을 더 기울였던 것이다.

[**] 존 페퍼, 《남한 북한》, 모색, 2005, 89쪽.

처음에는 완강히 저항했지만, 북한은 미국의 요구를 모두 받아들였다. 1992년 1월 북한은 IAEA 안전조치협정에 서명했다. 그러자 그해 미국과 한국은 팀스피리트 훈련(키리졸브의 전신)을 취소했다. 그후에 북한은 IAEA의 임시 사찰도 수용했고, 플루토늄 90그램과 핵시설 16곳을 IAEA에 신고했다.

그러나 북한의 IAEA 사찰 수용도 미국을 완전히 만족시킬 수 없었다. 1992년 5월 IAEA는 영변 핵 시설을 사찰했고, 사찰 결과 보고에 "북한이 핵무기를 개발하고 있다는 명확한 증거는 없다"고 밝혔다. 그러나 미국이 IAEA에 제출된 북한의 최초 보고서와 IAEA의 사찰 결과 사이에 "심각한 불일치"가 있다고 주장해 사태는 다시 악화됐다.[*] 결국 IAEA는 북한이 다량의 무기급 플루토늄과 핵 시설을 신고하지 않고 은폐했다는 의혹이 있다며, 신고하지 않은 시설 2곳을 특별 사찰하겠다고 북한에 요구했다. IAEA 역사에서 전례가 없던 특별 사찰 요구였다.

북한은 IAEA가 특별 사찰을 요구한 시설들이 군사시설이라며 특별 사찰 요구를 거부했다. 북한은 1991년 걸프전 당시 유엔 무기사찰단이 미국의 이라크 공습을 위해 스파이 활동을 한 바 있다는 것을 알고 있었다. 미국은 이라크의 폭격 목표를 정할 때 사찰단원들이 넘겨준 정보를 이용했었다.

북한이 사찰을 거부하자, 1993년 미국은 팀스피리트 훈련 중단 약속을 파기했다. 그러자 3월 북한은 핵확산금지조약NPT 탈퇴를 선언

---

[*]   임동원, 《피스메이커》, 창작과비평사, 2015, 188쪽.

했다. 북·미 회담이 열려 그해 6월 미국의 북한 안전보장과 북한의 NPT 탈퇴 유보에 합의하는 공동성명이 나오기도 했지만, 미국이 새로운 의혹과 요구를 제기하면서 합의는 곧 휴지 조각이 됐다. 협상이 안 되자, 1994년 6월 미국은 유엔 안보리에서 대북 제재를 논의하겠다고 나섰다. 북한은 다시 IAEA와 NPT 탈퇴 카드를 꺼냈다.

미국의 강경한 대북 압박으로 위기가 고조됐다. 이즈음 미국은 북한의 영변 핵 시설을 폭격할 계획을 검토하고 있었다. 영변 핵단지를 타깃으로 해서 "외과수술적 공격"을 감행하는 안을 구체적으로 검토한 것이다. 국방 장관 윌리엄 페리와 국방부 차관보 애슈턴 카터 등이 군사적 공격을 검토해 미국 대통령 빌 클린턴에게 공격의 장단점을 보고했다.[*]

국방 장관 윌리엄 페리는 "금지선을 넘은 북한의 핵 활동을 즉각 저지하려면 영변 핵 시설을 공격해야 한다"며 "3단계 작전계획"을 상정했다.[**] 백악관은 한반도에 병력과 무기를 증강하기로 결정했다. 병력은 2만 3000명을 증원하고, 항공기 30~40대와 항공모함도 배치하기로 했다.[***] 그러나 영변 폭격으로 한반도에서 전면전이 일어나면, 미국의 동맹국인 남한은 물론이고 미군도 커다란 인명 손실을 감수해야 했다.

끔찍한 재앙 일보 직전까지 갔던 이 위기는 1994년 10월 제네바

---

[*]　안문석, 《북한 현대사 산책 4》, 인물과사상사, 2016, 216쪽.

[**]　임동원, 앞의 책, 307쪽.

[***] 안문석, 앞의 책, 216쪽.

합의로 가까스로 봉합됐다. 북한이 미국의 핵심 요구를 받아들였다. 북한이 흑연감속로를 포기하는 대신, 미국은 핵무기로 전용이 어려운 경수로를 북한에 건설해 주기로 약속했다. 명백히 북한에 불리한 협정이었다. 고故 리영희 선생도 1994년 위기가 "북한의 군사적·정치적 후퇴로 끝났다"고 평가했다.[*]

친민주당 성향의 이데올로그들은 1994년 6월 전前 미국 대통령 카터가 방북해 북·미 고위급회담을 재개한다는 김일성의 동의를 이끌어 낸 것이 제네바 합의라는 결정적 변화를 가져온 계기였다고 평가한다. 그러나 당시 카터의 방북으로 국면이 완전히 전환된 것이 아니었다. 클린턴의 백악관은 카터의 방북 성과를 회의적 시각으로 바라봤다. 훗날 카터는 "백악관은, 내가 하던 일이 잘못되길 원했다"고 술회했다.[**]

그럼에도 긴 협상 끝에 제네바 합의가 가능했던 배경에는 한반도 전쟁 발발 시 미군과 동맹국 한국이 큰 손실을 입을 수 있다는 점, 북한이 미국의 요구를 수용한 점과 더불어, 그해 7월 김일성의 죽음이 있었다. 미국은 김일성의 급작스런 죽음으로 북한이 격변에 휘말릴까 봐 걱정했다. 그럴 경우, 그 파장이 어디까지 미칠지 예측하기 어려웠기 때문이다.

대북 전쟁 위협과 제네바 합의에 이르는 과정에서 미국은 냉전 종

---

[*] 리영희, "북한-미국 핵과 미사일 위기의 군사정치학", 《반세기의 신화》, 한길사, 2006.

[**] 존 페퍼, 앞의 책, 90~91쪽.

식 후에도 동아시아에서 손 뗄 생각이 전혀 없음을 보여 줬다. 그리고 동아시아의 안정은 미국에 달려 있음을 기억하라고 동아시아의 다른 강대국들(중국, 러시아, 일본)에게 천명한 셈이었다. 미국은 패권을 지키려고 전쟁 위기도 불사하는 그런 행위를 "전쟁 억지력", "지역적 균형자"라고 불렀다.*

당시 김영삼 정부는 북핵 위기를 해결하는 데 기여하기는커녕 상황이 악화하는 데 일조했다. 김영삼 정부는 미국의 동맹국 정부 중에 북한에 가장 적대적이었고, 심지어 미국의 대북 협상을 방해하기도 했다. 오죽하면 미국 정부조차 "한반도의 골칫거리는 북한이 아니라 남한"이라고 했을 정도였다. 결국 김영삼 정부는 합의 과정에서 대화에 끼지도 못했다.

제네바 합의 이후, 북한은 합의 이행에 협조적이었다. 미국 국무부조차 "전체적으로 북한의 협력은 양호하다"고 평가했다.

그러나 문제는 미국이었다. 미국이 북한에 요구하는 목록은 끝이 없었다. 북한 미사일 개발과 그 수출 문제, 인권 문제, 비자금 조성 문제, 심지어 재래식 무기 감축 문제 등. 이는 북한을 완전히 발가벗길 때까지 지속될 것이었다. 그러면서 정작 자신들의 약속 이행은 계속 지연시켰다. 1996년에는 제네바 합의와 전혀 무관한 북한의 미사일 수출 문제를 꺼내 들어, 경제제재를 풀 수 없다고 말을 바꾸기도 했다.

---

* 김하영, 《국제주의 시각에서 본 한반도》, 책벌레, 2002, 92쪽.

금창리의 "빈 터널"

1998년 미국이 북한을 또다시 몰아붙이기 시작했다. 당시 동아시아는 경제 위기에 빠져 있었고, 이와 함께 인도네시아에서 혁명이 일어나 독재자 수하르토가 축출되는 등 정치적 불안정성도 커지고 있었다. 게다가 1998년 5월 인도가 핵실험을 감행했는데, 이는 중국의 핵전력 증강이나 일본의 핵무장 시도를 자극할 만한 일이었다. 미국으로선 동아시아에 대한 자신의 통제력이 약해질까 봐 우려할 만한 상황이었다.

이때 미국 클린턴 정부는 다시 북한 핵무기 개발 의혹 카드를 꺼내 들었다. 미국의 패권을 재천명할 수단이 필요했기 때문이다. 1998년 8월 미국은 별 근거도 보여 주지 않고 북한 금창리에 지하 핵 시설이 존재한다는 의혹을 제기하며 북한에 사찰 압력을 가했다.

8월 31일 북한이 로켓을 발사해, 위기가 더욱더 고조됐다. 로켓은 1500킬로미터를 날아가 일본열도를 넘어서 떨어졌다. 당황한 일본 지배자들은 대책을 마련해야 한다고 목소리를 높이기 시작했다. 북한은 로켓에 인공위성을 탑재했다고 밝혔고 미국도 그 점을 부인하지 못했지만, 미국과 그 동맹국들은 북한의 로켓 발사를 군사적 위협이라고 규정했다.

우여곡절 끝에 이듬해인 1999년 북한이 금창리 시설 사찰을 수용했고, 5월 미국 대표단이 금창리 시설을 방문했다. 그러나 미국 대표단은 금창리에서 "빈 터널과 동굴을 발견한 것 말고는 어떠한 설비 흔적도 발견하지 못했다." 이후 미국은 또 다른 핵 시설 예상 지역을 지목했지만, 그곳도 핵 개발과는 전혀 무관한 곳으로 밝혀졌다. 당시 전직 미국 국무부 관리는 다음과 같이 결론 내렸다. "우리가 북한에 대해 가지고 있는 것은 엄청나게 왜곡된 정보뿐이다."*

북한이 금창리 시설을 미국에 공개했지만, 긴장은 가라앉지 않았다. 미국은 대북 압박의 끈을 풀지 않았다. 그 무렵 미국 클린턴 정부는 북핵 문제의 '포괄적 해결 방안', 이른바 "페리 구상"을 내놓는다. 널리 알려진 바와 달리, 페리 구상은 북한에 클린턴 정부가 손을 내민 제안이 아니었다. 페리 구상은 '핵과 미사일 문제에서 완전히 무릎을 꿇으면 보상이 뒤따를 것이고 그러지 않으면 모종의 제재가 있을 텐데, 어떻게 할지 생각해 보고 이른 시일 안에 답변하라'는 통보였다.**

그런 가운데 1999년 미국이 코소보 문제로 유고에 군사개입까지 하자, 북한은 유고 다음 차례는 자신이 될 수 있다고 우려한 듯하다. 결국 높아진 긴장 속에 1999년 6월 서해 북방한계선NLL에서 남북 경비정 간에 교전이 벌어져(1차 연평해전), 많은 북한 병사들이 희생됐다.

'금창리 위기' 당시 김대중 정부(1998~2003년)는 전임 김영삼 정부와는 다른 방향의 대북 정책인 햇볕정책을 추구하고 있었다. 평화 공존과 화해·협력을 표방하며 한반도를 평화 상태로 만들고 북한의 (시장경제로의) 점진적 변화를 도모하고자 했다. 이를 위해 김대중

---

* 존 페퍼, 앞의 책, 153~154쪽.
** 김하영, 앞의 책, 28~29쪽.

정부는 경제를 정치에서 분리한다는 '정경분리' 원칙 하에 경제협력(정주영의 소 떼 방북, 금강산 관광 등)부터 진전시키면서 남북 대화를 추진했다. IMF 위기 이후 경제 회복이 절실했던 김대중은 한반도에 긴장이 고조돼 경제 회복에 차질을 빚는 상황은 피하고 싶었다.

그러나 '금창리 위기'는 김대중 정부의 햇볕정책이 얼마나 모순투성이인지를 드러냈다. 햇볕정책에는 한미 동맹을 계속 중시한다는 전제가 깔려 있었다. 김대중은 한반도에 긴장을 높일 미국의 제국주의적 동아시아 정책에 근본적으로 반대하지 않고 타협했다. 한·미·일 3국의 공조로 북한을 압박한다는 미국의 구상에 협력한 것이다. 그래서 1998년 11월 김대중은 클린턴과의 공동 기자회견에서 미국의 주장에 동조해 북한에 의혹 규명을 위한 금창리 현장 접근을 허용하라고 요구했다.

이때 김대중 정부는 자신들이 얼마든지 군사력 행사를 포함한 대북 강경책을 휘두를 수 있음을 보여 줬는데, 서해교전에서의 대응이 그 대표적 사례였다. 1999년 6월 서해 북방한계선에서[*] 남북 간 교전이 벌어지는 데는, 김대중 정부가 세운 "북한의 도발 불용"이라는 원칙이 영향을 줬다. 그리고 남북 경비정들이 해상에서 대치하는 긴박한 상황에서, 청와대는 "북측 함정들을 북방한계선 이북으로 밀어내

---

[*] 한국 지배자들은 서해 5도 수역을 두고 '피와 죽음으로 지킨 바다'라며 NLL이 남북의 합법적 군사분계선이라고 주장한다. 그러나 1999년 고故 리영희 선생이 정전협정과 미국 정부의 극비 문서들을 꼼꼼히 검토해 남북 사이의 서해 수역은 어느 쪽도 배타적 관할권을 주장하기 어려운, 정전협정상 공백으로 남아 있는 곳임을 입증했다(리영희, "'북방한계선'은 합법적 군사분계선인가?", 《통일시론》 통권 3호, 1999).

기 위해 진해 해군기지로부터 대형 함정들을 증강 투입하겠다"는 국방부의 작전 구상을 승인하는 등 잇단 호전적 조처로 상황을 악화시켰다. 그럼에도 당시 통일부 장관 임동원은 1차 연평해전 승리가 햇볕정책이 '강자의 정책'임을 국내외에 과시하는 기회가 됐다고 자평한다.[*]

그러나 1999년의 교전은 이후 서해를 피와 죽음의 바다로 만드는 일련의 남북 군사 충돌의 시작이었다. 정경분리 하에 소 떼를 보내고 경제협력을 활성화했지만, 그게 남북 간 군사 충돌 방지와 한반도 긴장 완화에 도움이 되지 않은 것이다. 동쪽에서는 여행객들이 금강산을 관광하는데, 서쪽에서는 남북이 서로 총질하는 상황이 된 것이다. 오히려 '금창리 위기'나 미사일 위기 같은 지정학적 긴장이 경제협력과 남북 협력 사업의 전진을 방해했다.

'금창리 위기'에서 북한의 핵·미사일 개발을 문제 삼은 것은 미국에 한 가지 분명한 이익을 가져다줬다. 미국이 금창리 핵 시설 의혹을 제기하고, 미사일 문제를 제기한 것은 미사일방어체계MD 구축을 추진하는 데 도움이 됐다. 금창리 의혹이 제기된 후 북한이 로켓까지 발사하자, 한 공화당 의원은 백악관 관리에게 이렇게 말했다. "상황이 이 지경이 됐으니 이제 국가미사일방어체계NMD는 확정된 것이나 다름없다."[**]

북한의 장거리 로켓 발사는 럼스펠드 보고서가 주목을 받는 계기

---

[*]   임동원, 앞의 책, 342~347쪽.

[**]   돈 오버도퍼, 로버트 칼린, 앞의 책, 600쪽.

가 됐다. 럼스펠드가 위원장을 맡은 미국 의회의 '미국에 대한 탄도 미사일 위협 평가 위원회'는 북한의 로켓 발사 한 달여 전에 '럼스펠드 보고서'를 내놓았다. 이 보고서는 "북한을 비롯한 불량 국가들이 5년 이내에 미국 본토까지 다다를 수 있는 대륙간탄도미사일ICBM 개발에 성공할 것"이란 추정을 담고 있었다. 북한의 장거리 로켓 발사는 미국 의회가 럼스펠드 보고서를 정당화하고 MD 구축을 촉구하는 데 도움이 됐다.

무엇보다 미국은 북한의 핵·미사일 소동을 이용해 1999년 일본을 전역미사일방어체계TMD에 끌어들일 수 있었다. 일본이 미국과 공동으로 TMD 중 해상배치 상층방어체계의 기술 개발에 착수하기로 결정한 것이다. 이 결정은 미·일 MD 협력의 분수령으로 평가된다.[*] 이는 수년 동안 미국이 일본에 촉구해 온 일이었다. 그리고 냉전 해체 이후 1990년대 중반까지 삐거덕거렸던 미·일 동맹이 다시 안정됐음을 의미했다. 이제 미국은 동아시아 패권 유지 문제에서 한시름을 놓을 수 있었다.

금창리 위기가 봉합되고 일본이 TMD에 참여하기로 결정하면서, 긴장은 점차 완화됐다. 그리고 이런 유화적 분위기 속에서 2000년 최초의 남북 정상회담이 열렸다. 북·미 관계도 진전됐다. 같은 해 북한 총정치국장 조명록이 워싱턴을, 미국 국무 장관 올브라이트가 평양을 방문했고, 양국은 북·미 공동 코뮈니케에 합의했다.

햇볕정책론자들은 이 국면에서 대통령 빌 클린턴이 방북하는 등

———
* 고영대, 《사드 배치: 거짓과 진실》, 나무와숲, 2017, 48쪽.

북·미 관계가 정상화됐다면 한반도에 평화를 정착할 적기였는데 때를 놓쳤다고 아쉬워한다. 그해 미국 대선에서 민주당이 패배하고, 공화당 후보 조지 W 부시가 새 대통령이 되면서 그 기회를 잃었다는 것이다.

그러나 북·미 갈등이 그리 쉽게 해결될 일이었다면, 왜 그 이전의 많은 대화와 합의들이 매번 얼마 안 가 무용지물이 됐겠는가.

당시 클린턴 정부한테 북한 문제는 중동 문제에 견줘 우선순위에서 한참 밀려 있었다. 이후에도 미국 지배자들에게 북한 문제는 우선순위의 문제가 아니었다. 그것은 언제나 중국, 러시아, 일본 등 주요 강대국들에 대한 대외 정책에 종속된 문제였다.

유화 국면은 근본적으로 불안정하고 일시적인 것이었다. 이 지역의 불안정은 미국과 한국의 어느 당이 집권하느냐로 풀릴 수 있는 성질의 문제가 아니었다. 열강의 세력균형은 고정불변하지 않고 시간이 지나면 변하기 마련이다. 이에 대응해 미국이 자신의 패권을 재천명하려 애쓸수록 한반도의 일시적 유화 국면은 언제든 새로운 긴장 국면으로 뒤집어질 수 있었다. 당장 MD로 미·일 동맹을 다지고 동아시아에서 미국의 패권을 재확인하는 미국의 노력은 장차 중국·러시아와의 새로운 갈등을 예고하는 것이었다.

"악의 축" 선언에서 2006년 핵실험까지

2000년 미국 대선에서 조지 W 부시가 승리하면서, 부시의 선거운동을 지원한 신보수주의자들(네오콘)은 자신들의 대외 정책 구상을 실행할 기회를 잡게 됐다.

신보수주의자들의 전략은 미국 자본주의가 직면한 장기적인 경제적·지정학적 위협에 대한 이해에 기초해 있었고, 그들은 미국의 군사적 우위를 이용해 세계의 경제적·정치적 권력 분포를 자국에 유리하게 변화시키려고 했다. 즉, 다른 경쟁 제국주의 국가들이 갖지 못한 우월한 군사력을 이용하면 시장 경쟁에서 잃고 있는 것을 만회하고도 남으리라 기대한 것이다.*

2001년 9·11 사건을 계기로, 부시 정부는 군비 지출을 대폭 증액했고, 아프가니스탄 전쟁을 감행했다. 그리고 2003년 이라크 전쟁을 벌였고 이를 통해 중동 질서를 재편하는 데 군사적 역량을 쏟아 부었다. 중동 재편에 성공한다면 세계에서 가장 중요한 자원(석유)에 대한 지배력을 강화할 수 있다고 본 것이다.

그러면서 부시 정부는 중국·러시아 등을 겨냥해 MD 프로그램도 급속도로 추진했다. 부시 정부는 전임 클린턴 정부가 MD 정책을 과감하게 밀어붙이지 못했다고 여겨 불만이 컸다. 그래서 부시는 러시아와 중국의 반발을 무릅쓰고 미국과 러시아 양국의 탄도미사일 요격 시스템 개발을 제한하는 탄도미사일방어ABM 조약에서 탈퇴했다. 이때 부시 정부는 북한·이란 같은 국가들의 '위협'을 MD 추진의 명분으로 삼았다.

동아시아에서 미국 지배자들은 중국의 경제성장을 우려스런 눈으로 바라보고 있었다. 중국의 경제성장이 군사력 증강으로 이어지는

---

* 크리스 하먼,《크리스 하먼의 새로운 제국주의론》, 책갈피, 2009, 107~115쪽.

것을 보면서 동아시아에서 미국의 지위가 흔들릴까 봐 걱정했다. 그래서 중국의 도전을 방지하고자 부시 정부는 동맹을 강화하고 전략적 유연성 도입 등 미군의 전략도 개편하고 나섰다.

그러나 이때만 해도 중국을 공공연하게 적으로 규정해 견제할지를 놓고 미국 지배자들의 견해가 통일돼 있지 않았다. 미국 다국적 기업들이 중국 정부와 깊은 관계를 맺고 있고, 더욱이 중국 정부가 9·11 이후 "테러와의 전쟁"을 적극 지지한 상황에서, 미국 정부가 중국을 상대로 무기를 증강하고 동맹을 다진다고 대놓고 얘기할 수는 없었다. 이 점에서 북한은 부시 정부에게 매우 유용한 존재였다. 중국보다는 동아시아 최빈국의 '위협'을 들먹이는 게 훨씬 더 쉬운 일이었다.*

이런 상황은 한반도에 긴장을 높였다. 미국은 '북한 위협'을 해소하지 않고 이를 미군이 동아시아에 남아 있어야 할 명분과 동맹 관계를 강화하는 데 이용했다. 2001년 부시 정부는 모든 대북 협상을 중단시켰다. 부시는 1994년 제네바 합의를 모두 부정하고 싶어 했다. 2001년 12월 "핵태세검토보고서"에 북한을 핵무기 선제공격 대상으로 올려놨다. 마침내 2002년 1월 대통령 부시는 연두교서에서 이라크·이란·북한을 "악의 축"으로 지정하고 "선제공격으로 정권을 교체시켜야 할 대상"이라고 선언했다. 물론 부시의 눈은 이라크와 중동 전쟁을 바라보고 있었지만, 이 연설은 북한을 크게 긴장시키기에 충분했다. 긴장이 고조되는 분위기 속에 그해 여름 또다시 서해교전(2

---

* 김하영, "냉전 해체 이후의 동북아 질서와 북한 핵문제", 〈맞불〉 26호, 2007년 1월 5일.

차 연평해전)이 벌어져, 많은 사람들이 희생됐다.

2002년 10월 부시는 새로운 대북 압박 카드로 '고농축 우라늄 계획HEU' 의혹을 공개적으로 제기했다. 명확한 근거도 공개하지 않은 채, 북한이 비밀리에 고농축 우라늄 계획으로 핵무기 개발을 하고 있다는 것이었다. 북한에 간 대북 특사 제임스 켈리는 북한 측에 "고농축 우라늄 계획을 폐기하라"고 "통보"했다.

북한은 대화를 하러 온 줄 알았던 제임스 켈리 측의 도발에 크게 반발했다. 북한 외무성 제1부상 강석주는 제임스 켈리에게 이렇게 항변했다. "미국이 핵무기로 우리를 '선제공격'하겠다고 위협하는 마당에 우리도 국가안보를 위한 억제력으로 핵무기는 물론 그보다 더 강력한 것도 가질 수밖에 없지 않느냐." 그러나 부시 정부는 강석주의 발언을 고농축 우라늄 계획의 존재를 시인한 것이라고 단정해 버렸다.* 이제 제네바 합의는 완전히 휴지 조각이 됐고, 이로써 "2차 북핵 위기"가 시작됐다.

부시의 새로운 의혹 제기는 두 가지 성과를 거뒀다. 우선, 이라크 침략에 대한 의회 동의를 앞두고 '대량살상무기 색출 필요성'을 환기했다. 그리고 그해 9월 평양에서 북·일 정상회담이 열리는 등 북한에 접근하던 일본에 미국은 대북 접근 금지 신호를 보낸 것이었다.

———

* 당시 고농축 우라늄 계획의 진위 여부는 아직도 밝혀지지 않았다. 물론 2011년 11월 북한은 핵 전문가 시그프리드 헤커 박사 일행에게 영변에 설치한 우라늄 농축 시설을 공개한다. 그러나 2009년 4월 IAEA의 영변 핵 시설 사찰 때는 시그프리드 헤커가 본 시설은 존재하지 않았다. 그 이후에 건설된 시설인 것이다. 따라서 북한이 현재 우라늄 농축 시설을 보유하고 있다는 사실로는 2002년에도 북한에 고농축 우라늄 계획이 존재했다는 확신을 주지는 못한다.

미국은 대북 압박을 다시 강화하려는 상황에서 일본이 북한에 접근하는 것을 경계했는데, 새로운 북핵 위기는 북·일 관계 개선 분위기에 찬물을 제대로 끼얹었다. 당연히 남한에도 일본과 같은 경고가 전달됐다.

부시의 대북 압박 강화에 반발한 북한은 12월 제네바 합의에 따른 핵 활동 동결을 해제한다고 선언하고, 2003년 1월 NPT를 다시 탈퇴했다. 그리고 영변 원자로를 재가동하기 시작했다. 미국의 제국주의적 압박과 위협에 대응해 북한이 본격적으로 핵무기 개발에 나서게 된 것이다.

2003년 미국이 이라크를 침공해 점령했다. 북한이 보기에 이라크 전쟁의 교훈은 명백했다. 2003년 6월 북한 관리들은 북한을 방문한 미국 의회 대표단한테 이렇게 말했다. "우리가 핵무기를 제조하는 것은 사담 후세인의 이라크 신세가 되지 않기 위해서다."

얼마 안 가 대화가 재개됐다. 이라크 전쟁에 집중하기 위해 부시 정부는 북핵 문제가 더 악화하지 않게 관리할 필요가 있었다. 그러나 부시 정부는 클린턴 정부 때의 북·미 양자 회담 형태는 극구 피하고 싶었다. 그래서 2003년 8월 남한, 북한, 미국, 중국, 일본, 러시아 6개국이 참석한 6자회담이 열리게 됐다.

6자회담을 여는 데 동의한 부시 정부의 의도는 협상을 통한 북핵 문제 해결이 아니었다. 부시 정부는 '완전하고 검증 가능하고 돌이킬 수 없는 핵폐기CVID'를 고집해 협상을 어렵게 했다. 엄포를 놓았다가 북한의 반발이 있으면 양보할 듯한 태세를 보이고 협상장에 나와 시간을 끄는 게 부시 정부의 패턴이었다.

미국이 6자회담 같은 다자 회담 형식을 원한 데는 다른 의도도 있었다.

미국은 이번 사태를 북한과 미국 간 대립이 아닌 북한과 '평화를 애호하는 국제사회'가 대립하는 양상으로 끌고 가고 싶어 했다. 그래서 2003년 초에 접어들자 미국 쪽에서 '북한이 핵을 개발하는 게 왜 미국만의 문제인가? 중국도 이 문제를 풀어야 할 책임을 지고 있다'는 얘기가 흘러나왔다. … 따라서 부시 정부가 6자회담을 통해서 노린 것은 서로 주고받는 협상을 통한 북핵 문제의 해결이 아니라 '5(미·중·한·일·러) 대 1(북한)' 구도를 만들어 북한을 압박하는 것이었다.*

5대 1 구도는 미국이 북핵 문제의 책임을 분산시키는 데 유용해 보였다.

이라크 전쟁에 집중하느라 북한에 전면적 공세를 펼칠 수도, 그렇다고 북한의 요구를 수용할 수도 없는 미국으로선 다자 회담의 복잡한 논의 과정과 합의의 어려움을 이용해 시간을 벌 수 있을 것 같았다. 이런 구도와 의도가 반영된 회담이 처음부터 잘 굴러갈 리가 없었다. 그리고 부시 정부의 시간 끌기를 타개하고자 북한은 점차 강도 높은 대응을 하게 됐다.

김대중 정부의 대북 정책을 계승한 노무현 정부(2003~2008년)는 대화를 통한 북핵 문제 해결을 강조했다. 그리고 2005년 "동북아균

---

* 이종석, 《칼날 위의 평화: 노무현 시대 통일외교안보 비망록》, 개마고원, 2014, 257쪽.

형자론"을 내놓는 등 균형 외교를 표방하며 기존의 친미 일변도 외교 노선에서 변화를 추구했고, 때때로 부시 정부의 대북 정책에 공개적으로 불만을 드러내기도 했다.

그러나 노무현이 말한 "평등하고 수평적인 한미 관계"와 "동북아균형자"는 "미·일 등 전통적 우방과의 협력 강화"를 바탕으로 하는 것이지, 그 자체의 변화를 뜻하는 게 아니었다. 그래서 노무현은 전략적 유연성 합의, 평택 미군 기지 확장 등 한미 동맹 강화에 협력했다. 물론 "평등", "수평", "균형" 같은 표현을 노무현 정부가 꺼낸 것만으로도 미국 지배자들은 불편한 심기를 감추지 않으며 청와대 안에 있는 "탈레반"들이 문제라고 힐난했지만 말이다.

노무현의 "친미적 자주"는 미국의 대북 압박 앞에서 대화와 제재 병행이라는 모순에 빠지며 일찌감치 한계를 드러냈다. 노무현 정부는 미국에 협조함으로써 북핵 문제 해결에 대한 발언력을 높이고 미국의 유연성을 이끌어 내겠다는 기본 구상을 세워 갔다. 그러다 보니 노무현 정부는 남북 관계 개선도 북핵 문제 해결 뒤로 미뤄 버렸다.

노무현은 이런 논리로 이라크에 파병해 부시의 이라크 전쟁을 지원했다. 2003년 부시 정부가 이라크에 전투부대를 파병해 달라고 노무현 정부한테 요구하자, 노무현의 외교안보 참모인 이종석을 중심으로 한 국가안전보장회의NSC 사무처는 다음과 같은 주장으로 파병을 정당화했다. "이라크에 파병하는 대가로 북한 핵문제에 대한 미국의 협조를 받아낼 수 있다고 봤[다.] … 이것이 북핵을 평화적으로 해결하는 데 한국의 이라크 파병이 도움이 된다는 시각, 즉 '평화 교환론'

이다.”* 그래서 이종석은 2004년 노무현 정부의 자이툰 부대 파병이 “‘평화를 증진하는 파병’이라는 새로운 역사를 썼다”고 강변한다.**

2004년 당시 청와대 시민사회수석이었던 문재인도 파병 결정을 옹호하며 그 결정이 한반도 평화에 도움이 됐다고 주장한다. “파병을 계기로 북핵 문제는 [노무현] 대통령이 바라던 대로 갔다. … 한때 북폭까지 주장했던 네오콘의 강경론을 누그러뜨리면서 위기관리를 해 나갈 수도 있었다.” 심지어 파병을 반대한 진보 진영에 이런 것을 결정할 줄 아는 게 “국가경영”이라며 훈계한다.***

그러나 노무현 정부의 구상은 한 번도 작동한 적이 없었다. 2003년 미국 국무 장관 콜린 파월은 노무현 정부의 “북한 핵문제의 평화적 해결과 이라크 파병을 연계할 수 있음”을 듣자마자, 그 구상을 단칼에 거절했다. 미국은 노무현이 이라크 파병 여부를 북핵 문제 해결과 연결하는 것 자체에 불편한 심경을 숨기지 않았다.**** 노무현이 파병을 결정하자 부시는 이에 화답하듯 ‘북핵 문제 해결에 노력하겠다’고 말했지만, 그 말은 어디까지나 ‘립 서비스’ 수준을 넘지 않았다.

이라크인들을 희생시켜 한반도의 평화를 얻는다는 구상은 처음부터 매우 역겨운 구상이자 어불성설이었다. 미국이 이라크에서 최종적으로 승리한다면, 부시는 얼마든지 그 여세를 몰아 북한에 대한

---

* 김종대, 《노무현, 시대의 문턱을 넘다》, 나무와숲, 2010, 101쪽.

** 이종석, 앞의 책, 242쪽.

*** 문재인, 《문재인의 운명》, 가교출판, 2011, 269~270쪽.

**** 김종대, 앞의 책, 102~105쪽.

공세를 강화할 수 있었다. 따라서 셋째로 많은 군대를 파병해 미국의 이라크 전쟁을 돕기로 한 노무현의 결정은 궁극적으로 한반도 평화에 역행하는 짓이었다. 결국, 노무현 정부의 '평화 교환론'은 2006년 북한 핵실험을 통해 완전한 파산으로 드러났다.

미국이 이라크 전쟁에 전념하는 사이에, 북한은 핵 기술 강화에 주력했다. 2005년 북한은 핵무기 보유 선언까지 하게 됐다. 이 때문에 열린 4차 6자회담에서는 9·19 공동성명이 발표돼 다시금 대화 국면으로 이행하는 것 같았다. 일각에서는 9·19 합의가 한반도에 항구적 평화 체제를 실현할 수 있는 중요한 성과라고 평가했다.

그러나 9·19 합의서의 잉크가 채 마르기도 전에 미국은 새로운 의혹을 제기하고 대북 금융 제재를 단행해 합의를 무용지물로 만들어 버렸다. 마카오 방코델타아시아BDA 은행의 북한 계좌의 거래를 동결시켜 버린 것인데, 북한은 이에 크게 반발했다. 단지 BDA의 북한 자금 2500만 달러가 동결돼서가 아니라, 이런 조처가 북한의 국제 금융거래 전반을 옥죄는 효과를 낳았기 때문이다. 6자회담 북한 측 대표인 김계관은 이렇게 말했다. "금융은 피와 같다. 이것이 멈추면 심장이 멈춘다."[*]

결국 북한은 2006년 탄도미사일을 발사했고, 10월 1차 핵실험까지 강행했다. 북한은 미국이 이라크에 발목이 잡혀 있는 상황을 이용해 강도 높은 반작용을 한 것이다. 북한의 1차 핵실험은 부시 정부의 대북 정책이 총체적으로 실패했음을 보여 줬다.

---

[*]   송민순, 《빙하는 움직인다》, 창작과비평사, 2016, 205쪽.

북한이 미사일을 발사하고 핵실험을 할 때마다 미국은 유엔 제재를 강화해 왔다. 노무현 정부는 이에 협력했고, 유엔 제재 수준을 뛰어넘어 미사일 발사와 핵실험을 이유로 대북 인도적 지원을 중단하기도 했다. 노무현 정부도 대북 상호주의 문제에서 예외가 아니었다.

그러나 당시 미국은 이라크 전쟁의 깊은 수렁에 빠져들고 있었다. 이라크 수렁에서 헤어나지 못하는 부시 정부는 핵실험을 감행한 북한을 상대로 호통을 치는 것 외에는 딱히 할 수 있는 게 없었다. 미국의 힘이 한계를 드러내고 있었고, 이는 동아시아에서 미국의 통제력이 약화했음을 의미했다.

이라크 전쟁에 협력해야 한반도 평화에 도움이 된다는 노무현 정부의 생각과 달리, 북한 핵무기가 미국의 후퇴를 강제하는 수단이라는 진보 일각의 생각과 달리, 미국이 이라크에서 실패한 게 한반도 긴장을 더 높이지 않고 미국을 대화에 나서게 강제한 셈이었다. 즉, 이라크 민중의 저항과 국제 반전운동이 미국 제국주의에 타격을 준 점이 당시 한반도 긴장이 더 악화하지 않게 막은 것이었다. 이게 이라크 전쟁의 경험에서 우리가 얻어야 할 교훈이자, 문재인 등 친노 인사들이 철저하게 외면하고 왜곡한 진실이다.

그 뒤 부시 정부는 2007년 2·13 합의, 10·3 합의를 거쳐 상황을 봉합할 수밖에 없었다. 부시 정부는 결국 돌고 돌아 그토록 부정해온 제네바 합의와 유사한 합의 틀에 동의해야 했다. 애초에 문제 삼았던 고농축 우라늄 문제는 합의에 포함되지도 못했다. 그만큼 미국은 한반도에 힘을 쓸 여력이 없었던 것이다.

오바마의 "아시아 재균형"과 전략적 인내

2008년 민주당 후보 오바마가 미국 대선에서 승리하자, 한반도 평화와 남북 화해를 바라는 사람들은 미국의 새 정부에 기대를 걸었다. 이런 기대에 부응하는 듯, 오바마는 취임사에서 불량 국가들을 향해 "당신이 주먹을 펴면 우리도 손을 내밀 것이다" 하고 말했다.

그러나 기대는 곧 실망으로 바뀌고 말았다.

오바마는 이라크 전쟁의 실패라는 "대재앙"과 경제 위기 속에 미국 패권을 지켜야 하는 과제에 직면해 있었다. 이라크 전쟁은 미국의 패권을 강화하려는 부시 정부의 도박이었는데, 결국 이 도박의 실패는 미국을 깊은 수렁에 빠뜨렸다. 미국의 패권은 타격을 입었고, 그 새 다른 국가와 자본들은 미국의 약점을 이용해 자신의 지위를 강화할 수 있었다. 특히, 동아시아에서 중국이 영향력 확대의 기회를 잡았다.

2008년 경제 위기는 미국의 패권을 더욱 약화시켰다. 미국은 경제 위기의 진원지인 반면, 중국은 경제 위기에서 빨리 탈출하면서 다른 나라 경제도 함께 회복시켰다. 세계경제에서 중국 경제의 영향력은 더욱 커졌고, 그만큼 미국과의 격차는 줄어들었다.[*]

중국의 성장이 매우 도드라지는 상황을 맞자, 미국 지배자들은 자국의 패권 유지를 위해 중국의 경제적·정치적 부상에 적극 대처하려 했다. 특히 오바마 정부는 미국이 계속 중동 전쟁의 수렁에 빠져

---

[*] 김하영, "오늘의 제국주의와 동아시아의 불안정", 〈레프트21〉 96호, 2013년 1월 17일.

있어서는 경쟁자로 떠오른 중국에 제대로 대처할 수 없고, 세계 패권을 유지하는 것도 어렵다고 여겼다.

그래서 중동에 과잉 투여돼 있던 역량을 조정해 아시아·태평양 지역에서 중국의 부상에 대응하려 했다. 오바마 정부는 중국의 부상에 경계심을 품게 된 중국의 주변 국가들에 접근하고, 일본을 계속 미국의 지정학적 영향력 하에 묶어 두며, 동아시아 역내 국가들이 중국 주도의 동아시아 공동체에 끌리지 않도록 이간질하고 견제하려고 노력했다.

물론 미국은 패배의 상처를 안고 유럽과 중동 문제까지 신경 쓰면서 어쩔 수 없이 아시아로 중심축을 이동해야 했지만, 미국의 새 정책은 동아시아에서 불안정 수준을 높이기에 충분했다.

오바마는 전임 정부들과 마찬가지로 북한 '위협'을 자신의 동아시아 정책에 이용했다. 이미 6자회담은 핵 시설 신고 검증 문제가 북·미 간에 합의가 안 된 후 더는 열리지 않고 있었다. 오바마는 자신의 대북 정책을 "전략적 인내"라고 불렀는데, 이는 황당하게도 '문제 해결을 위해 나는 아무것도 하지 않겠다'는 태도를 전략이라는 이름으로 번드레하게 포장한 셈이었다. 오바마 정부한테 북핵 문제는 우선순위가 아니었다. 오바마가 보기에도 미국의 통제를 벗어나지만 않는다면, 기존 동맹을 강화하고 중국을 겨냥한 군사행동을 정당화하는 데 북한 '위협'을 이용하는 게 더 효과적이었다. 2011년 위키리크스가 폭로한 미국 국무부 문건에도 "최근 북한의 도발은 미·일 동맹의 중요성을 강조하는 기제로 작용하고 있다"며 "이를 통해 동맹의 기반을 강화하고 지역 안정성에 기여할 수 있을 것"이라고 쓰여 있었다.

즉, 오바마도 북한 핵 문제를 '활용'하는 데 관심이 있었다.

오바마의 외면과 대북 압박에 자극을 받은 북한은 자신들이 굴복하지 않을 것임을 보여 주고 핵과 미사일을 지렛대 삼아 미국을 다시 협상 테이블로 불러들이고 싶었다. 2009년 오바마 정부가 북한이 인공위성을 발사했다는 이유로 경제제재를 강화하자, 북한은 영변에 우라늄 농축 시설을 짓기 시작했다. 그리고 2011년 핵 전문가 시그프리드 헤커한테 이 시설을 보여 줬다. "부시의 핵폭탄"에 이어 "오바마의 우라늄 농축 시설"이었다.

이런 상황이 2009~2010년 서해 북방한계선에서 또다시 연이은 군사적 충돌과 사건이 벌어지는 배경이 됐다. 2009년 11월 대청도 앞 수역에서 남북 간 교전이 벌어졌다(대청해전). 그리고 2010년 3월 천안함이 침몰했고, 그해 11월 연평도 상호 포격 사태까지 있었다.

남북이 서해상에서 이렇게 연달아 충돌한 데는 이명박의 대북 강경 노선도 한몫했다. 그는 철저한 상호주의를 표방하며 정경분리 원칙을 폐기하고 인도적 지원이나 남북 교류의 전제 조건으로 '선先 북핵 폐기'를 내세웠다.

일각에서는 서해상의 위기를 계기로 이명박 정부가 새 대북 정책을 모색하던 오바마 정부를 대북 강경 노선으로 끌고 들어갔다고 본다. 그러나 오바마 정부는 이명박에 이용된 게 아니라 천안함 침몰과 연평도 포격 사태를 적극적으로 자국의 전략적 이익을 관철할 기회로 삼은 것이다. 2010년 여름 오바마는 서해로 핵항공모함을 투입하려 했다. 누가 봐도 중국을 겨냥한 것이었는데, 중국의 근해인 서해까지 핵항모가 진출한다는 소식에 중국이 크게 반발했다. 어느새 서해는 미국과 중국이 힘겨루기를 하는 바다로 변모해 버린 것이다(미국이 벼르던 핵항모의 서해 진출은 결국 연평도 포격 사태 직후에 실현됐다).*

2010년 전후로 한반도와 그 인근에서 벌어지는 한·미 연합 군사훈련은 매년 그 규모가 확연히 커지고, 미국의 주요 전략 자산들이 공공연하게 한반도에 투입됐다. 전술핵을 탑재할 수 있는 미군 전략폭격기가 수도권 상공을 오가는 것은 비단 평양만이 아니라 가까운 베이징도 긴장하게 만드는 일이었다.

그리고 미국은 천안함 사건을 이용해 주일미군의 후텐마 기지를 오키나와현 밖으로 이전하려던 당시 일본 하토야마 정부의 시도도 좌절시킬 수 있었다.

오바마는 북한 '위협'을 부풀려 동아시아 지역 MD를 구축하고 한·미·일 삼각동맹을 강화하는 데도 이용했다. 예컨대, 2013년 북한이 3차 핵실험을 하자 미국은 이를 명분 삼아 사드를 괌에 전진 배치할 수 있었다. 그리고 2016년 북한의 4차 핵실험과 로켓 발사를 계기로 사드 배치 합의 등 한국의 MD 참여에 급진전을 이뤘다. 한동안 중국과의 경제적 관계를 의식하던 박근혜도 한미 동맹 강화에 확실히 무게중심을 두면서 사태 악화에 일조했다.

이 때문에 한반도는 반복적으로 긴장이 높아져 왔다. 오바마는 북한의 여러 진지한 대화 제안을 묵살하기 일쑤였다. 오바마 정부 8년 동안 북·미 대화는 비공식 접촉 수준을 넘지 못했다. 결국 오바마

---

* 김종대, 앞의 책, 258~268쪽.

임기 동안 북한은 네 차례나 핵실험을 감행하기에 이르렀고, 핵과 미사일 능력을 계속 강화해 왔다. 그리고 최근 사드 배치 소동에서 드러나듯이, 한반도를 둘러싼 제국주의 간 갈등이 더 악화했다.

북한의 핵 개발은 불가피했는가?

이렇게 미국의 행적을 살펴보면, 과연 미국이 북한의 핵과 미사일 문제를 해결하고 한반도 긴장을 완화하려 하느냐는 물음이 제기된다. 2010년 한 토론회에서 임동원은 "북한 핵 문제가 정말로 심각하다고 본다면 미국이 그걸 해결하는 건 어렵지 않다"며 "[그렇게 하지 않는 것은] 한반도의 긴장이 좀 더 계속되는 게 미국의 국익이라는 판단에 토대하고 있기 때문이 아닌가 묻고 싶다"고 날카롭게 지적했다.[*] 임동원 같은 인사도 미국의 의도에 의구심을 드러낼 만큼, 오늘날의 북핵 문제에서 미국의 책임이 그 무엇보다 훨씬 더 크다.

그럼에도 한 가지 물음을 더 던져야 한다. 과연 북한에게 핵무기 개발 외에 다른 선택은 없었는가? 북한의 핵무기 개발은 자위적 조처로서 불가피한 것이었을까?

북한 국가가 노동자 국가이거나 적어도 북한 정권이 북한 노동계급의 지지를 받는 모종의 좌파적 정권이었다면, 그 국가와 지도자들은 제국주의와 자본주의에 맞선 국제 노동계급과 민중의 저항을 고무하고 그들의 연대를 호소하려고 노력하는 게 효과적이었을 것이

---

[*]   김하영, "동아시아의 불안정과 한반도", 〈노동자 연대〉 167호, 2016년 2월 17일.

다. 그것이 제국주의에 맞서 싸울 가장 확실한 대안이기 때문이다. 2000년대 초반 미국의 제국주의적 압박에 직면한 베네수엘라 차베스 정권이 바로 전 세계 반자본주의 운동과 반전운동의 지지와 연대를 호소한 바 있다.

그러나 북한은 이것을 선택하지 않았다. 아니, 못했다고 표현하는 게 맞을 것이다. 북한 지배 관료들은 국내에서 노동계급을 무진장 착취하고 억압하고 있고 이 때문에 북한 안팎에서 악명과 혐오감만 높여 왔다. 그러므로 대외적으로 노동계급의 아래로부터의 저항과 연대를 호소할 만한 권위가 김정은을 비롯한 북한 지배 관료들에게는 조금치도 없다. 설사 대외적으로 연대를 호소할 수 있더라도, 이는 자칫 국내에서 노동계급의 저항을 부추길 위험도 있었다.

따라서 북한 지배자들은 제국주의의 압박에 맞서 가장 효과적인 수단을 선택할 수가 없었다. 그 대신에, 비효과적 방식(핵무기 개발)을 선택한 것이다. 북한의 핵무기 개발이 북한 사회의 성격이 무엇인지 명확히 보여 주는 증거인 까닭이다.

북한은 핵무기 개발로 제국주의의 압력에 저항할 자위적 수단을 갖추려 한다. 적어도 미국의 동맹국인 남한·일본, 또는 괌(미군의 서태평양 거점)을 핵미사일로 타격할 수 있음을 미국에 보여 주려는 것이다. 그리고 언뜻 모순돼 보이지만, 핵무기 개발을 대미 협상의 지렛대로도 삼고자 한다.

그러나 북한은 핵무기 개발로 이런 목표를 성취할 수 없으며, 북한 핵무기는 반제국주의·반자본주의 저항을 건설하는 데 좋은 영향을 주지 않는다. 가령 2015년 12월 박근혜의 한일 '위안부' 합의에 대한 대중적 반감이 높아지는 와중에 북한은 2016년 1월 4차 핵실험을 감행했다. 2017년 2월 북한은 하필, 수도 서울에 75만 명이 모인 정권 퇴진 촛불 시위 직후에 '북극성-2' 미사일을 발사했다. 북한 지배 관료들은 자국의 외교적 이익 극대화만을 보지, 아래로부터의 운동은 전혀 고려하지 않는 것이다. 게다가 이런 일은 남한의 노동자 운동을 분열시키거나 혼란을 가져다줄 수 있다.

지난 사반세기의 경험을 보면, 북한의 핵무기 개발은 한반도의 평화를 담보하는 것으로 귀결되지 않았다. 세계경제의 불균등성 때문에 북한 같은 중간 규모 국가가 미국 같은 초강대국에 맞서 자체의 군사력을 증대해 자위한다는 것은 엄청난 부담이 따르는 일이다. 애당초 요르단 규모의 경제력을 가진 북한이 미국을 상대할 만한 핵무기와 미사일 프로그램을 가동·유지한다는 것 자체가 불가능하다. 이를 부분적으로라도 구현하려면 국내 가용 자원의 막대한 부분을 군사 부문에 쏟아야 한다. 그리고 그 과정에서 내부 모순도 커지고 그만큼 북한 노동계급은 착취와 빈곤 증대 등 엄청난 희생을 강요받는다.

북한이 핵탄두 수십 기를 보유하거나 대륙간탄도미사일 개발에 성공한다 한들 이 상황이 달라지는 건 아니다. 진보 일각의 주장과 달리, 북한의 핵무기 개발이 미국 제국주의의 후퇴를 강제하지도 못하고 한반도 평화 체제 실현을 위한 수단도 되지 못한다. 그 반대로, 위험만 키운다. 북한의 미사일이 아니었다면 1999년 미국이 일본을 MD에 끌어들이는 건 더 어려웠을 것이다. 북한의 4차, 5차 핵실험은 미국이 중국을 겨냥한 한·미·일 MD에 한국을 끌어들이는 데 유용한 기회였다. 그리고 한일 '위안부' 합의도, 한·일 군사협정 체결도 모두 북한의 핵무기 '위협'이 명분이었다.

김정은은 '핵무력·경제 병진노선'을 선언하며 핵무력의 증대가 재래식 군비에 대한 투자를 줄여 줄 수 있고 그로 인해 생긴 여력을 경제 발전에 쓸 수 있다고 주장했다. 그러나 현실은 정반대로 귀결될 공산이 크다. 북한이 핵무력을 증대할수록 미국과 그 주변 동맹국들의 제재와 압력도 커질 테니 말이다.

북한의 핵무기 개발은 불가피하다는 일각의 주장과 달리, 철저한 평화주의자들은 북한의 핵무기 개발이 평화에 전혀 도움이 되지 않는다고 반대한다. 핵무기 자체가 전쟁의 성격을 근본적으로 바꿀 만한 성질의 문제이고, 따라서 인류를 "절멸주의"의 위험으로 모는 모든 핵무기에 반대해야 한다는 것이다. 모든 핵무기에 반대한다는 점에서 이 주장은 진보 일각의 북한 핵무기 변호론보다는 나은 측면이 있다.

그러나 몇 가지 약점이 있다. 우선, "절멸주의"를 강조하다 보면 공멸을 우려하는 모든 합리적 대중은 계급을 초월해 단결할 수 있다는 특정한 종류의 정치로 연결되기 쉽다. 즉, "핵무기를 거부하도록 광범한 사회계층을 설득하고 정치인들에게 입법을 촉구하면 핵무기 없는 자본주의가 가능하다"는 주장으로 이어질 수 있다.[*] 실제로 절멸주의의 관점에서 유럽의 핵무장해제운동CND을 주도했던 신좌파 지식인 E P 톰슨은 핵폭탄이 계급 문제와 관계없다고 주장했다. 그러나 이

---

[*] 샐리 캠벨, "왜 자본주의는 전쟁을 낳는가?",《마르크스21》18호(2017년 1~2월).

런 관점으로는 전쟁과 제국주의의 위협을 없애는 데서 노동계급 투쟁이 갖는 핵심적 구실을 놓치게 될 수밖에 없다.

또 북한이 핵실험을 거듭하고 이게 남한의 민중운동에 부정적 영향을 주다 보니, 평화주의자들은 "한반도 비핵화"를 운동의 요구로 채택하자는 데 동의할 뿐 아니라 사드 배치 반대 운동에서도 "사드 반대! 핵무기 반대!"를 구호나 요구로 채택해야 한다고 생각한다.

'핵 없는 한반도'는 혁명적 마르크스주의자와 평화주의자 모두 궁극으로 바라는 공통된 목표다. 그러나 오늘날 제국주의 경쟁에 휘말린 한반도라는 구체적 맥락 속에서 북한 핵무장을 비판하는 수준을 넘어 "한반도 비핵화"를 반전·평화 운동의 요구로 채택하는 것은 의도와는 사뭇 다른 효과를 낼 수 있다. "한반도 비핵화"는 미국이 북한에 핵무기 폐기를 요구할 때 사용하는 전문용어이기 때문이다.[*] 이 요구는 미국의 제국주의적 압박이 한반도 불안정의 근본 원인이라는 점을 흐려 효과적으로 운동을 건설할 수 없게 만든다.

"한반도 비핵화" 요구는 비현실적이기도 하다. 되풀이되는 미국의 합의 폐기와 악의적 무시 속에서 핵 개발에 매달려 온 북한이 핵을 쉽게 포기하지 않을 것이기 때문이다. 그러면 "한반도 비핵화"를 요구

---

*   정욱식은 "한반도 비핵화"라는 용어가 오늘날 외교 무대에서 어떤 의미로 쓰이는지를 이렇게 설명한다. "한반도 비핵화는, 미국이 남한에 배치한 핵무기를 1991년 모두 철수했고 9·19 공동성명을 통해 '핵무기 또는 재래식 무기로 조선민주주의인민공화국을 공격 또는 침공할 의사가 없다는 것을 확인'했으며 한국이 비핵화 의무를 준수하기로 했기 때문에, 북한이 '모든 핵무기와 현존하는 핵 프로그램을 포기'하면 달성될 수 있는 목표다."(정욱식, 《글로벌 아마겟돈: 핵무기와 NPT》, 책세상, 2010, 319~320쪽)

한 운동은 결국 마비될 것이다. 또, 이 요구는 진보·좌파를 분열시킨다. 북한 핵에 대한 서로 다른 견해들 때문에 운동은 힘을 모아서 전진하기 어려울 것이다.

"[모든] 핵무기 반대"라는 구호(또는 요구)도 미·소가 핵무기 경쟁을 하던 냉전 때와 달리 "미국과 북한의 핵무기들이 똑같이 문제다"라는 대칭적 양비론에 뒷문을 열어 줄 수 있다.

사반세기의 교훈

25년 전만 해도, 북한은 핵무기도 중거리 미사일도 없었다. 그러나 오늘날 북한은 핵실험을 거듭 실시하고 장거리 탄도미사일 발사 능력이 있는 국가로 변모해 있다. 전후 맥락을 잘 모른다면, 북한의 핵·로켓·군사 도발이 동북아의 평화와 안정을 위협하는 주범이라고 여기기 쉽다.

그러나 오늘날 한반도 주변에서 세계 1위·2위·3위의 경제 대국들과 핵무기 강국(미·중·일·러)이 대립하고 군비경쟁을 벌이는 현실에 비춰 보면, 북한의 '도발'은 사뭇 달리 보일 것이다. 그리고 지난 사반세기의 경험을 돌아본다면, 북핵 문제는 결국 미국의 동아시아 정책과 북한 '악마화'가 낳은 괴물이라는 점도 확인할 수 있다. 따라서 이런 맥락 하에서 한국의 진보·좌파는 타깃을 미국 제국주의에 맞추고 제국주의적 대북 압박에 반대해야 한다.

미국의 북한 '악마화'는 결국 점증하는 제국주의 간 경쟁에서 우위를 유지하려는 미국의 패권 전략과 맞물려 있었다. 미국은 언제나 북핵 문제를 그 자체의 해결을 넘어 동북아에서 자국의 영향력과 주도권을 유지·향상시키는 문제와 연계해 생각했다. 그리고 이 점에서는 주변의 다른 제국주의 국가들(중국·러시아·일본)도 마찬가지다. 즉, 오늘날 한반도의 불안정과 북핵 문제는 제국주의 세계 체제의 문제다.

미국과 그 동맹국들은 그동안 기회가 될 때마다 대북 제재를 강화해 왔다. 오늘날 북한은 세계에서 가장 강도 높은 국제 제재를 받고 있다. 그러나 제재 강도를 높이는 것과 그 효과의 제고는 별개의 문제다. 북한이 교역을 중국에 거의 전적으로 의존하기 때문에, 중국의 제재 동참 없는 '북한의 핵 포기'를 목표로 한 국제 대북 제재의 효과는 매우 제한적일 수밖에 없다. 그런데 중국은 제재가 낳을 북한 내 불안정이 국경이나 동북3성 불안으로 이어지는 것을 원하지 않기 때문에 대북 제재를 강화하는 데 한계가 있다.

북한 지배자들이 핵무기를 포기하게 압박하는 데는 효과가 제한적인 대북 제재는, 그러나 북한 민중의 고통을 가중시키는 데는 효과를 발휘한다. 북한에서 오랫동안 사업을 벌였던 스위스인 펠릭스 아브트는 유엔과 미국의 대북 제재가 북한 민중한테 어떤 영향을 끼치는지를 기록했다.

나는 평양 상하수도 시설을 복구하는 수백만 달러짜리 프로젝트와 관련하여, 큰 손실을 입은 적이 있다. … 프로젝트를 추진하는 과정에서 한 가지 문제가 발생했다. 그것은 프로젝트 실행에 필요한 일부 소프트웨어가 미국의 대북한 제재항목에 포함되어 있었던 것이다. … 결국 다국적기

업들이 이 프로젝트에 참여하기를 주저했[다.]

2000년대 중반 북한 핵실험에 대한 응징으로 가해진 유엔 대북 제재가 위력을 떨치던 시기에, 나는 제약회사 '펑스'의 관리책임자였다. 유엔 제재로 인해, 약품 실험에 필요한 특정 화학물질을 더 이상 수입할 수 없었다. 이 약품 실험은 농촌마을 주민들의 보건을 향상시키기 위해서 계획된 것이었다.[*]

진보·좌파는 북핵 문제를 해결하는 데 도움이 되기는커녕 북한 민중의 고통만 가중시키는 대북 제재에 반대해야 한다.

그동안 진보 진영의 주된 대응은 6자회담이나 북·미 대화 같은 국가 간 협상을 촉구하는 것이었다. 지금도 협상을 재개해 한반도 평화협정과 한반도 비핵화를 병행 추진하는 게 현 불안정 상황에 대한 대안이라고 보는 시각이 많다.

그렇지만 지난 사반세기의 경험을 보면, 국가 간 협상으로 한반도 불안정을 해결하고 항구적 평화 체제를 수립하자는 전략은 거듭 좌절돼 왔다. "행동 대 행동" 원칙 등을 세우고 안정된 합의에 이르기까지의 단계들을 설정해 이를 한 단계씩 밟아 가는 노력이 있었으나, 미국의 약속 불이행과 합의 파기로 그 모든 시도와 노력이 번번이 수포로 돌아갔다.

이는 기존 제국주의 체제가 온존해 제국주의 국가들의 경제적·지

---

[*]   펠릭스 아브트, 《평양 자본주의: 스위스 사업가의 평양생활 7년》, 한국외국어대학교 출판부, 2015, 10~11쪽.

정학적 경쟁이 지속되는 한, 국가 간 대화로는 현실이 근본에서 바뀌지 않기 때문이다. 한반도가 제국주의 체제와 항구적으로 "평화 공존"하는 것은 실현되기 어려운 공상이다.

그래서 1993~1994년에 고조된 한반도 긴장과 전쟁 위기 앞에서 기본합의서와 비핵화선언은 아무 구실도 하지 못했다. 2005년 9·19 합의는 미국의 독자 금융 제재 실시와 북한의 핵실험을 막지 못했다.

게다가 2008년 경제 위기 이후 6자회담 참가국들의 갈등은 커져 왔다. 미국은 자신이 주도하는 제도화된 협력 구조 속에 역내의 다른 제국주의 국가들이 따르기를 바라지만, 이는 갈수록 어려운 일이 되고 있다. 중국은 많은 경우 독자적 이해관계를 추구하는데, 북한 문제도 그중 하나다.

트럼프 정부 하에서 어떤 형태일지 모르겠으나 북·미 대화가 진전될 수는 있다. 심지어 훗날 트럼프와 김정은이 함께 햄버거를 먹는 장면을 보게 될지도 모른다. 그러나 그것은 안정된 평화 실현과는 거리가 멀 것이다. 대화 과정에는 온갖 우여곡절이 놓여 있을 것이다. 북·미 대화든 6자회담이든 모종의 대화가 시작되더라도, 한반도를 둘러싼 제국주의 갈등과 경쟁이 지속되는 한 그것은 결국 새로운 긴장 국면 이전의 막간극에 그칠 공산이 크다.

제국주의는 주요 자본주의 강대국들이 경쟁하는 체제이고, 자본주의 동역학을 바탕으로 한다. 오늘날 세계 자본주의의 새로운 심장부이자 점증하는 제국주의 경쟁의 한복판에 살고 있는 마르크스주의자들은 이 점에서 출발해야 한다.

국가 간 협상이나 중국 같은 또 다른 제국주의 국가와 북한 지배자들에 대한 잘못된 환상에 기대지 않은 채, 마르크스주의자들은 제국주의에 가장 효과적으로 도전할 수 있는 노동계급의 반제국주의·반자본주의 운동을 건설하기 위한 발판을 놓아야 한다.

김영익, 《마르크스21》 19호(2017년 3~4월)를 개정.

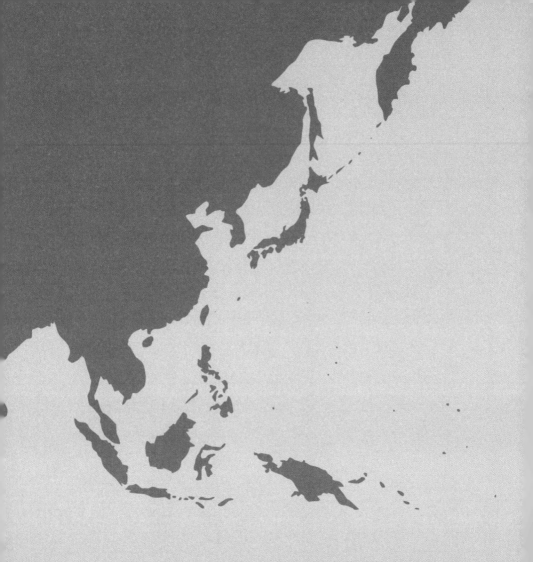

6장
동아시아의 발화점들

사드는 중국 견제용이다

[2016년 8월] 한·미 당국의 사드 성주 배치 발표 이후, 성주 현지의 주민들은 강하게 반발하고 있다. 인구 4만 5000명의 고장에서 매일 저녁 촛불 집회에 2000여 명이나 참가하고 있다.

성주 주민들의 강한 반발은 자칫 사드 배치 일정에 차질을 빚게 만들 수 있는 데다, 박근혜의 정치적 근거지인 대구·경북 지역에 미칠 정치적 파장도 만만치 않다. 그리고 기성 정치권 내에서도 이런 식의 한미 동맹 '올인'이 맞는지를 놓고 이견이 계속 제기되고 있다. 8월 2일 박근혜가 "사드 배치를 둘러싼 갈등이 멈추지 않고 있어서 속이 타들어가는 심정"이라고 말한 까닭이다.

물론 박근혜는 결코 물러서지 않고 정면 돌파할 것이다. 8월 15일 박근혜는 광복절 경축사에서 사드 문제는 "정쟁의 대상이 될 수 없다"고 못 박았다. 언제나 그랬듯이, 국가안보 문제를 놓고 자신이 한 결정에 토 달지 말라는 것이다.

박근혜 정부는 사드 배치가 '북한의 무모한 도발 때문에 선택한

자위권적 조처'라고 강변해 왔다. 사드 배치는 중국을 겨냥한 것이
아니라 대북용이라는 주장이다.

한반도에서 사드를 포함한 미사일방어체계MD가 북한 미사일을 막
는 데 쓸모가 없다는 점은 미국 의회조사국 보고서가 두 차례나 인
정한 바 있다. 사드한국배치반대전국대책회의(준)도 "한반도는 남북
간 거리가 매우 짧고 산악 지형이 70퍼센트에 달해 북한 탄도미사일
을 조기에 탐지하기 어려워" 북한 탄도미사일을 겨냥한 요격 체계의
유용성이 떨어진다고 지적했다. 성주 사드는 수도권 등 주요 인구 밀
집 지역 방어에 아무런 쓸모가 없다.

북한의 핵과 미사일을 명분으로 한 사드 배치가 사실 중국을 겨
냥한다는 점은 복잡한 군사 전문 지식이 없어도 한반도 문제를 관심

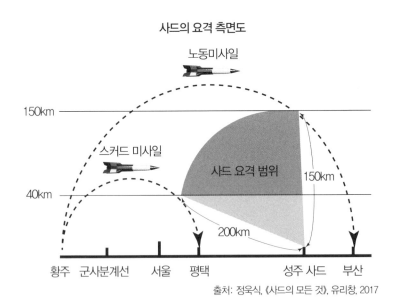

사드의 요격 측면도

출처: 정욱식, 《사드의 모든 것》, 유리창, 2017

있게 지켜본 사람이라면 다 알 수 있다.

　MD 계획은 미국 정부가 냉전 시대에 추진했다가 중단한 스타워즈 계획을 1990년대에 되살려 낸 것이다. 그 명분은 바로 북한 등 소위 '불량 국가'들이 머지않아 미국 본토를 타격할 대륙간탄도미사일을 개발할 수 있다는 것이었다. 미국은 북한 미사일 위협을 강조해 가장 바랐던 바, 즉 일본을 MD 계획에 끌어들이는 데 성공했다.

　그러나 20년 가까이 지난 지금까지 대륙간탄도미사일 개발에 성공한 '불량 국가'는 없다. 미국이 자신의 정책을 추진하려고 북한의 군사적 위협을 과장한 것이다. 미국이 MD를 추진하면서 진정 겨냥한 것은 중국·러시아 등 경쟁 제국주의 국가들이었다.

　지난 사반세기의 경험을 돌아보면, 1990년대 초 핵무기는커녕 중거리 미사일조차 만들지 못하던 북한 지배자들이 미국이 주도한 대북 압박 강화에 위협을 느끼며 점차 핵과 미사일에 집착하게 되는 악순환이 계속됐다. 2002년 당시 미국 대통령 조지 W 부시는 이라크 침공을 앞두고 전술의 일환으로 북한을 이라크·이란과 함께 "악의 축"으로 지목하고 대북 압박을 강화했다. 그리고 2003년 3월 미국은 이라크를 침공해 점령했다. 그해 북한을 방문한 미국 의회 대표단한테 북한 관리들은 이렇게 말했다. "우리가 핵무기를 제조하는 것은 사담 후세인의 이라크 신세가 되지 않기 위해서다."

　이후에도 미국은 북한 핵실험과 로켓 발사나 남·북한 간 국지적 충돌 같은 긴장을 이용해 동아시아에서 동맹과 군사력 강화 같은 전략적 이익을 추구했다. 예컨대 2010년 연평도 상호 포격 사태를 이용해 미 항공모함을 중국의 코앞에 들이민 적이 있다.

박근혜는 한반도를 "핵과 미사일, 전쟁의 공포" 속에 놓이게 한 원인이 북한의 핵무기에 있다고 강변한다. 그렇지만 실상은 제국주의에서 비롯한 미국의 동아시아 패권 정책이라는 맥락에서 봐야 한다. 그래야 현재 한반도 주변 정세 긴장 증대의 진정한 원인과 성격을 알 수 있다.

박근혜 정부는 사드 한국 배치가 한국의 미국 MD 편입과 무관하다고 주장한다. 얼마 전 방한한 미국 미사일방어청장 제임스 시링도 박근혜 정부의 주장을 뒷받침해 주기 위한 말을 했다. "한반도 사드는 [북한 핵미사일 요격 목적의] 종말 모드로, 중국을 겨냥하는 일은 없을 것[이다.]" 그리고 "미군이 운용하는 범세계적 미사일방어체계에는 포함되지 않는다." 한국과 미국 정부가 이렇게 공조하는 것은 사드가 '북한 도발에 대비하는 자위적 조처'라는 거짓말을 계속하기 위해서다.

그러나 사드는 미사일방어체계의 일부로 운용하려고 고안한 것이다. 사드가 전체 MD 체계와 연동되지 않는다면 그 유용성은 매우 낮아진다. 사드는 다른 MD 자산들과 연동돼 MD 체계의 '눈' 구실을 해야 한다. 즉, 중국 등의 미사일 발사를 사드 레이더가 탐지하고 그 궤적을 추적하면 미국 미사일방어체계를 따라 미국과 일본의 이지스함 등에 요격을 위한 정보가 제공돼야 하는 것이다. 한국에 사드가 배치되고 한·미·일 통합 MD가 구축되면 미국은 미사일 조기 탐지와 다층 방어에서 큰 이점을 얻게 된다. 그게 아니라면 그 비싼 무기를 한반도에 들일 까닭이 없다.

제임스 시링도 사드 레이더가 중국 미사일을 탐지하는 데 이용될 수 있음을 부인하지 못했다. "순수하게 물리적인 측면에서 [사드 레이더가] 단기간에 [중국을 레이더로 탐지할 수 있는 전방배치 모드로] 전환하는 것은 가능하다."

정의당 김종대 의원이 잘 지적했듯, 미국은 "사드가 다른 미사일 자산과 통합되어 동북아에서 한·미·일이 하나의 미사일방어체계를 완성"하는 것을 목표로 삼고 있다. 따라서 사드 한국 배치는 끝이 아니고, 더 위험한 후속 조처들이 이어질 게 분명하다.

MD를 추진하면서 미국 정부는 동맹국들을 끌어들이려고 애썼다. 미국의 경제적 지위가 상대적으로 하락하면서 미국은 동맹국들에게 부담을 더 지우려 한 것이다. 이 점에서 오늘날의 MD 계획은 1980년대 스타워즈 계획에 견줘 미국에 이점을 안겨 줬다. 이삼성 한림대

MD의 단계별 구성 요소. 사드는 명백히 미국 MD 체계의 일부다.

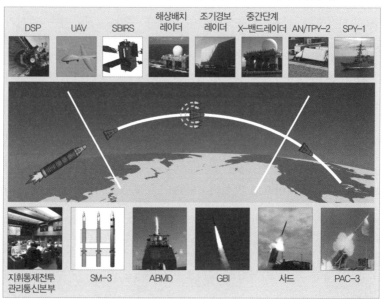

출처: 미국 미사일방어청

교수는 이렇게 지적한 바 있다. "스타워즈는 동맹국들의 재정적 참여를 유도하기 쉽지 않았지만 미국의 동맹 지역에 전역미사일방어체계를 설치할 때는 그 관련 동맹국들의 비용 분담을 이끌어 내기가 훨씬 용이해진다. 아울러 일본과 같은 동맹국의 군사기술을 미국 자신의 새로운 방위전력체제 건설에 더 광범하게 활용할 수 있는 이점도 [있다.]"《세계와 미국》, 한길사, 2001.)

그래서 미국은 동북아에서 미사일방어체계를 구축하면서 동맹국들의 재정적 기여와 참여를 이끌어 내기 위해 노력해 왔다. 그리하여 일본은 일찌감치 MD 구축에 가담해, SM-3 미사일 등 MD 체계 구축을 위한 기술 개발·연구에 동참해 왔다. 한국도 점차 MD 협력 정도를 높여 왔고, 미국 미사일방어청은 한국이 MD의 국제적 협력 국가에 포함돼 있다고 밝혀 왔다. 사드 배치는 한국의 MD 협력 수준을 획기적으로 바꿔 놓을 것이고, 상당한 부담도 짊어지는 계기가 될 것이다.

얼마 전 주한미군 사령관 빈센트 브룩스는 한국국방연구원 포럼에 참석해서 사드가 "다층적인 [미사일방어]체계의 일부"라고 강조했다. 그러면서 또한, 요격 미사일인 PAC-3 미사일을 지속적으로 조달하는 것과 해상 기반 요격 능력을 추구하는 것도 다층적인 미사일방어 체계에 기여할 것이라고 밝혔다. 이 발언은 한국이 이런 방향으로 전력을 강화해 줄 것을 바라는 것으로 해석될 수밖에 없었다.

실제로 한국은 2018년 PAC-3를 다수 도입할 예정이다. 그리고 한국군이 해상 요격 미사일인 SM-3 미사일을 구입해 새 이지스함에 탑재한다는 얘기가 미국과 한국 정부 내에서 계속 언급되고 있다.

SM-3 미사일을 도입하면, 한국 이지스함은 (사드 레이더가 탐지한 정보를 포함해) 미군이 제공한 정보를 받아 중국의 탄도미사일을 요격할 수 있게 된다. 향후 한국 정부가 직접 사드를 구입해 운용할 가능성도 있다. 그에 따른 막대한 비용 부담(SM-3 미사일은 대당 가격만 300억 원을 웃돌 수 있다)은 고스란히 한국 노동계급과 서민이 짊어지게 될 것이다.

6월 말 하와이 인근에서 한·미·일 MD 연합훈련에 한국 이지스함이 참여하는 등 한·미·일 간 통합 미사일방어체계를 구축하기 위한 움직임이 착착 진행되고 있다.

미국의 구상이 끝내 실현된다면, 우리는 가까운 미래에 한·미·일 3국이 공동의 작전 상황판을 공유하면서 작전을 펼치는 모습을 목도하게 될지 모른다. 자연히 동아시아 전반의 긴장이 더욱 악화하면서 한반도는 제국주의 간 갈등의 주요 무대가 될 것이다. 우리가 한국과 미국 정부의 (사드가 평화를 위해서라는) '괴담' 유포에 분노하는 까닭이다.

김영익, 〈노동자 연대〉 179호(2016년 8월 17일).

사드 문제:
중국의 군사적 대응도 제국주의 경쟁의 일부

중국은 미국의 사드 배치 강행에 적극 대응하고 있다. [2017년 4월 현재] 중국의 경제 보복으로 일부 한국 기업들의 피해는 계속 커지고 있다. 4월 26일 미국이 성주에 전격적으로 사드 장비를 반입하자 중국의 반발은 더 커질 조짐이다.

중국은 적극적인 군사적 대응을 공언해 왔다. 최근 중국 동북 지역에 탐지 거리 3000킬로미터의 첨단 레이더를 설치했다. 중국은 새 미사일 부대들을 창설해 왔는데, 그 부대들은 사드의 방어를 뚫고 공격이 가능한 차세대 탄도미사일을 운용한다고 알려졌다.

3월 초 중국 관영 〈환구시보〉는 사드 대응책으로 경제적 대응을 넘어 군사적 대응책도 제안했다. 유사시 성주의 사드를 '외과수술'식으로 타격, 대레이더 미사일 신속 배치, 미사일 증강 배치, 미사일방어체계MD 돌파 능력 향상 등이 그것이다. 최근 중국 정부의 움직임을 보면, 〈환구시보〉의 주장이 허튼소리가 아닌 듯하다. 4월 26일(사드 성주 배치 당일) 중국은 최초의 자체 제작 항공모함의 진수식을 열었다. 27일에는 중국 국방부 대변인이 사드 배치를 비판하며 앞으로 신형 무기로 사드 대응 훈련을 하겠다고 말했다.

중국의 이런 움직임은 미국의 공세에 따른 불가피한 방어책이라는 말이 맞다. 그러나 중국의 대응이 사드 배치를 저지할 동력의 하나라는 건 틀린 말이다. 이런 생각의 바탕에는 제국주의를 그저 서방의 "군함외교"나 서세동점西勢東漸, 즉 미국을 중심으로 한 서방의 약소국 지배로만 보는 시각이 깔려 있다.

그러나 이는 제국주의를 식민주의로 환원하는 것으로, 협소하고 일면적인 이해다. 제국주의는 자본주의 강대국들이 경쟁하는 체제다. 중국도 제국주의 간 경쟁의 한 당사자다. 제국주의 체제 안에서 미국, 중국, 일본, 러시아 등 강대국 지배자들은 자신들조차 근본적으로 통제할 수 없는 경쟁을 벌인다.

사드를 둘러싼 미국과 중국의 공방도 그 경쟁의 일환이다. 중국이 폐쇄적 국가자본주의 상태에서 벗어나 "개혁·개방"으로 세계시장과 밀접한 관계를 맺으면서 오늘날 중국은 "세계의 공장"이자 세계 2위의 대외투자 국가로 거듭났다.

그래서 중국 지배자들은 세계시장에서 얻은 이익을 보호하고자 노력해 왔다. 중국 정부가 군비 증강에 박차를 가하고 2013년 국방 백서에 "해외 이익 수호"를 명시하기 시작한 것은 바로 이런 이해관계의 반영이었다.

중국은 유사시 미군을 서태평양 너머로 밀어내어 중국의 근해와 서태평양에서 자국의 이익을 보호하고자 한다. 그러나 이는 미국 제

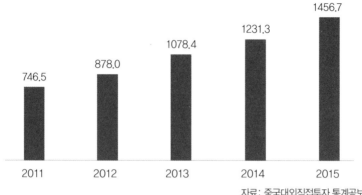

중국대외직접투자 규모 (단위: 억 달러)

746.5 | 878.0 | 1078.4 | 1231.3 | 1456.7
2011 | 2012 | 2013 | 2014 | 2015

자료: 중국대외직접투자 통계공보

국주의가 패권을 유지하는 핵심 전초기지 하나를 건드리는 조처이기에, 미국 지배자들이 대응을 고심한 것이다. 사드 배치는 바로 동아시아 주둔 미군과 미국 항공모함을 노리는 중국 미사일을 견제하고 역내 동맹을 강화하려는 미국의 대응 시도다.

미국의 사드 배치와 중국의 반발은 동아시아의 군사적 경쟁을 더욱 악화시키면서 이 지역을 더 불안정하게 할 것이다.

미국과 중국의 경쟁 속에 오늘날 오늘날 동아시아는 전 세계에서 군비가 가장 빠르게 증가하는 지역이 됐다. 최근 스톡홀름국제평화문제연구소가 공개한 자료를 보면, 동아시아에서 지난 10년간 군사비는 무려 74퍼센트나 늘었다. 미국, 중국, 일본, 한국, 호주는 모두 전 세계 군사비 지출 15위 안에 포함된다.

물론 중국을 포함한 동아시아 국가들 모두와 미국 사이의 힘의 격차는 여전히 매우 크다. 중국이 현 시점에 미국의 세계적 패권 전

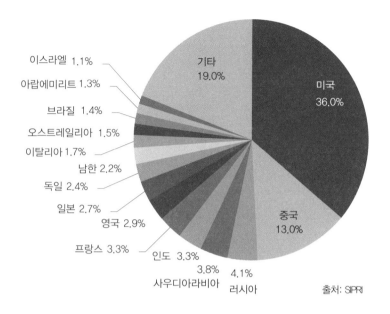

전 세계 군비 지출 상위 15개국

이스라엘 1.1%
아랍에미리트 1.3%
브라질 1.4%
오스트레일리아 1.5%
이탈리아 1.7%
남한 2.2%
독일 2.4%
일본 2.7%
영국 2.9%
프랑스 3.3%
인도 3.3%
3.8%
사우디아라비아
4.1%
러시아
기타 19.0%
미국 36.0%
중국 13.0%
출처: SIPRI

체에 도전한다고 볼 수는 없을 것이다. 그러나 미국과 중국 등 주요 강대국들은 불균등 발전으로 점철되고 모순된 세계경제를 기반으로 이해관계의 갈등을 겪고 있다. 이 갈등은 훗날 커다란 지정학적 충돌로 이어질지도 모른다.

그렇기에 제국주의를 체제(시스템)로서 이해하는 게 중요하다. 1941년 당시 일본은 미국에 견줘 경제적으로 약자였고 심지어 미국의 경제제재를 겪고 있었다. 그러나 당시 일본은 제국주의 국가였고, 태평양전쟁은 미국과 일본이 충돌한 제국주의 간 전쟁이었다. 오늘날 미국과 중국의 대립도 본질적으로 제국주의 세계 체제를 반영하는 것이다.

중국의 군사적 사드 대응을 제국주의 경쟁의 일부로 보는 것은 한국 좌파들에게 중요하다. 제국주의를 체제로 이해하지 않는 좌파들 중에는 박노자 교수처럼 한국이 "미국과 거리를 둔 지역 안보"를* 추구하는 것에 기대를 거는 사람들이 있다. 그러나 지역 안보든 지역 협력체든 동아시아 국가들의 협력 구조를 만들더라도, 자본주의의 동역학 때문에 그 안에서 경쟁과 이해관계의 충돌이 재연될 것이다. 또는 그 협력체는 기껏해야 한두 제국주의 국가들의 이익에 봉사하는 제국주의적 기구(나토와 유럽연합처럼)로 전락할 공산이 크다.

오늘날 한국 지배계급의 소수도 지역 안보를 지향하며 중국에 한쪽 다리를 걸치고자 한다. 이 점에서 좌파가 중국에 기대를 거는 것은 노동운동이 지배계급의 그 소수와 동맹을 추구하는 것으로 이어질 수 있다. 그 결과는 노동계급의 계급투쟁이 (투쟁성과 급진성 면에서) 희석되는 것이다.

고전적 마르크스주의자들은 한국에서 미국 제국주의에 반대하며 사드 배치 등 한국 지배자들의 친미 협력 정책에 맞서야 한다. 그러나 그렇다고 해서 중국의 대응에 기대를 걸어선 안 된다.

자본주의에 맞서 노동계급의 아래로부터 투쟁을 고무해야 한다. 그리고 미·중 노동계급을 포함한 국제 노동계급과 국제주의적으로 단결해야 한다.

김영익, 〈노동자 연대〉 206호(2017년 4월 28일).

---

* 박노자, "군함외교, 142년 만에 돌아오다", 〈한겨레〉, 2017년 4월 10일.

'하나의 중국' 원칙, 어떻게 볼 것인가?

　2016년 12월 16일 중국의 최신형 전략폭격기 훙-6K가 대만 주변 상공을 비행하는 모습이 공개되면서 양안 관계가 전례 없는 긴장 상태에 빠져들고 있다. 중국 폭격기의 대만 주변 상공 비행은 도널드 트럼프가 '하나의 중국' 원칙을* 무시하는 듯한 발언을 하고 미국 대통령 당선자로서 대만 총통 차이잉원과 전화 통화한 것이 발단이 됐다.

　1978년 미국 대통령 지미 카터가 중국을 공식 승인하고 이듬해 대만과 단교한 이래 38년 동안 미국은 '하나의 중국' 원칙을 인정해왔다. 그런데 트럼프가 이 원칙을 협상의 카드로 사용할 수 있음을 내비쳤고, 중국은 대만에 대한 군사적 위협 가능성을 보였다.

　사실 2016년 1월 대만 총통 선거에서 민진당 차이잉원이 당선하면

---

* 　'하나의 **중국**' '중국과 홍콩, 마카오, 대만은 모두 하나의 국가이며 분리될 수 없다'는 중국 정부의 기조다. 대체로 대만의 독립을 부정하는 논리로 이용되지만, 중국 내 소수민족의 분리 독립을 허용하지 않는 원칙을 뜻하기도 한다.

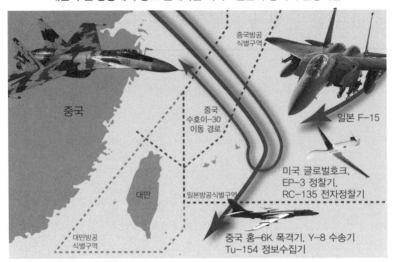

대만 주변 상공에서 상호 견제하는 미국 · 일본과 중국의 군용기들

서 양안 관계가 불안정해질 것이라는 전망이 많았다. 민진당이 내부 분파별로 차이가 있긴 하지만 대체로 대만 독립을 주장하고 있기 때문이다. 그래서 중국 정부는 차이잉원에게 '92공식'(1992년 '하나의 중국'을 인정하되, 각자 국가 명칭을 사용하기로 한 중국과 대만의 합의)을 수용하라며 압박을 가했다.

1949년 내전에서 패배한 국민당이 대만으로 도피한 이래, 오랫동안 중국과 대만은 군사적으로 대립해 왔다. 중국 공산당은 대만을 아직 '해방'되지 못한 '조국'의 일부분으로 규정했다. 비록 양안 간에 전면전이 벌어질 뻔한 위기는 넘겼지만, 1950년 한국전쟁 발발 후 미국이 대만 국민당 정권에 군사 · 재정 지원에 나서면서 중국과 대만의 대립이 고착됐다.

물론 냉전의 긴장이 이완되면서 두 나라의 경제적 관계는 점차 가까워졌다. 1978년 개혁·개방 이후 중국은 홍콩을 반환받을 때 일국 양제를 수용하고 대만 자본가의 중국 투자를 장려했다. 1980~2000년에 양안 무역은 연평균 30퍼센트씩 증가했고, 중국에 대한 대만의 투자도 연평균 12~13퍼센트씩 증가했다. 양안 경제 관계의 변화와 교류 증대가 바로 92공식 합의의 배경이 됐다.

2000년 민진당 천수이볜이 총통에 당선했지만, 양안 사이의 교역 증가세는 꺾이지 않았다. 포모사플라스틱, 홍하이 등의 대만 기업들이 중국에 투자하면서 중국 노동자 1000만 명을 고용했고, 양안 교역액이 대만 무역의 10퍼센트를 넘어섰다. 2001년에 중국과 대만 양국이 WTO에 가입하면서 양안의 자본 투자도 더 늘어났고, 2010년에는 양안경제협력구조협의ECFA라는 자유무역협정이 체결되기에 이르렀다.

그러나 긴밀해진 경제적 관계가 양안의 군사적 긴장을 완화해 주지는 않았다. 오히려 긴장이 더 첨예해진 적도 있었다.

중국은 대만이 공식적 독립을 선언하면 침공하겠다는 태도를 고수하고 있다. 중국 지배자들은 대만 독립선언과 '하나의 중국' 원칙 후퇴가 자신들의 위신에 엄청난 상처를 입힐 것이라고 본다. 더 나아가 자신들이 지배해 온 소수민족들의 분리 독립도 자극하게 될 것이다. 중국 지배자들은 소련이 여러 민족 공화국으로 분열해 해체된 일이 중국에서 재현되는 것을 몹시 경계한다. 그래서 중국 지배자들이 '하나의 중국' 원칙을 군사행동까지 불사할 핵심 이익의 하나로 꼽는 것이다.

미국은 대만과 단교는 했지만 대만을 자국 영향력 아래에 두는 것을 중요한 전략의 일부로 유지하고 있다. 미국은 대만에 대한 방위공약을 거두지 않고 군사적 지원도 유지했다. 근본적으로 미국과 중국의 대립이 양안 관계를 계속 불안정하게 만들어 왔다.

지난 수년간 미·중 갈등이 점증해 온 데 이어 트럼프가 '하나의 중국' 원칙마저 재고할 것을 시사하는 것이 양안 관계에 새로운 긴장을 낳고 있다. 따라서 먼저 트럼프의 주장과 행보에 반대해야 한다. 즉, 양안 관계를 불안정하게 만드는 핵심 주체 하나가 바로 미국임을 분명히 밝혀야 한다.

그러나 고전적 마르크스주의자들은 중국 정부의 주장인 '하나의 중국' 원칙을 지지하지 않는다. '하나의 중국' 원칙의 이면에는 한족 제국주의가 자리 잡고 있다. 수많은 소수민족을 중국에 강제로 묶어 두고 지배하려고 중국 지배자들은 이 원칙을 내세웠다. 양안 관계에서 중국은 '하나의 중국' 원칙을 대만에게 강요하고 심지어 군사적 위협까지 서슴지 않는 제국주의 국가로 등장한다. 중국 지배자들은 대만과의 평화통일을 지향하지만 무력 사용도 결코 배제하지 않는다고 밝히고 있다. 따라서 대만이 중국과 통일해야 한다는 주장은 모종의 사회주의 중국에 통합되는 것이 아니라 중국 제국주의 강화에 일조하는 셈이다.

그렇다고 대만이 중국에게서 분리 독립을 추구하는 것도 대안이 아니다. 일반적으로 제국주의적 압력에 맞서 민족자결권은 옹호돼야 하겠지만, 오늘날의 대만은 중간 규모의 산업국이자 미국 제국주의의 파트너. 대만 독립 문제는, 미국 제국주의가 자신의 패권을 공고히 하려고 노력하는 구체적 맥락 속에서 제기될 것이다. 이런 상황에서 대만의 독립선언은 미국이나 대만이 중국에 선전포고 하는 것으로 받아들여질 공산마저 있다. 따라서 대만의 독립선언 그 자체가 진보적이지는 않다. 민진당 차이잉원처럼 자신의 통치 명분을 세우고 지지 세력을 결집하는 수단으로 독립을 주장하는 것에 휘둘리지 말아야 한다.

현재 대만 운동에서는 중국과의 통일을 지지하는 세력과 대만의 분리 독립을 원하는 세력이 다 있다. 그렇지만 현 상태를 유지하자는 입장이 대체로 다수다. 이런 상황에서 중국과의 통일이나 대만의 독립을 내세우는 것은 운동을 분열시키는 태도가 될 것이다.

양안 관계에서 두 국가가 통일하든 아니면 현 상태를 유지하든 양국의 노동자 대중이 얻을 것은 거의 없을 것이다. 현재의 양안 관계에서 마르크스주의자들은 통일 또는 독립을 제기할 것이 아니라 중국과 미국 두 제국주의에 반대하는 정치적 지향 속에서 양안의 노동자 대중이 단결을 추구하기를 바라야 할 것이다.

이정구, 〈노동자 연대〉 191호(2016년 12월 23일).

중국의 민족문제

약 150년 전 카를 마르크스는 "다른 민족을 노예로 삼는 민족은 자신이 찰 족쇄를 만드는 것"이기 때문에, "영국 노동계급 해방의 전제 조건"은 아일랜드가 영국 식민 지배에서 해방되는 것이라고 지적했다. 즉, 영국 노동자들이 자력 해방을 성취하려면 지배계급의 이데올로기에서 벗어나 아일랜드 독립을 지지하는 것이 매우 중요했다.

마르크스의 주장은 오늘날의 중국과 부상하는 중국 노동운동에도 비슷하게 적용된다. 중국이 세계 자본주의에 통합되면서 중국 정권은 사회주의에 대한 주장을 대부분 폐기했고, 티베트와 다른 비한족 지역에 대한 억압적 통치를 의미하는 조야한 민족주의에서 체제의 정당성을 찾고 있다.

내몽골, 티베트, 광시, 닝샤, 신장 같은 소수민족 지역들은 공식적

이 글의 원문은 Simon Gilbert, "Focus on China: Workers and the national question", *Socialist Review* Sept. 2018이다. 김지혜 옮김.

으로는 자치구다. 그러나 진정한 자유는 거의 없다. 특히 독립을 열망하는 국경 지역을 지배하려고, [중국은] 비한족 집단을 다채롭지만 다소 후진적인 사촌처럼 여기는 잘난 체하는 온정주의와 억압을 결합했다. 공식 분류에 따르면 중국 인구는 56개 민족으로 이루어져 있으며, 한족은 [전체 인구의] 약 98퍼센트로 단연 가장 많다. 중국의 다민족 구성은 주로 제국의 역사, 특히 중국 본토를 넘어 광범한 지역을 정복한 마지막 왕조인 청나라(1644~1911년) 시절의 유산이다.

역사적으로, 북쪽과 서쪽 지역 민족들과의 관계는 중국 농경인과 스텝 지대[유라시아 온대 초원 지대] 유목민 간의 갈등에 달려 있었다. 만리장성은 집약적 농업이 적합한 영토와 유목에만 적합한 영토의 경계를 대략적으로 보여 준다. 그렇지만 미국인 중국학자 오언 라티모어가 지적했듯이, 이들 지역 사이에는 농업과 유목이 모두 가능한 중간 지역이 있었는데, 이 지역이 종종 분쟁의 장소가 됐다.

청나라는 초기 수십 년 동안 중국과 카자흐스탄의 현대 국경을 아우르는 영토를 두고, 서부 또는 중가르 [제국의] 몽골인들과 대량 학살에 가까운 장기전을 벌였다. 청 왕조는 지금의 중국 둥베이東北지방에 해당하는 곳에서 온, 반쯤은 유목민인 만주족에 의해 세워졌다. 지금의 몽골과 거의 같은 곳에 살던 동몽골인들이 오랫동안 만주족과 동맹을 맺었다. 그리고 [만주족이] 청 왕조를 세우고 중가르 제국을 멸망시키는 것을 도왔다.

티베트 불교가 모든 몽골인에게 영향력을 행사하자 양측[중가르 제국과 청]은 티베트를 장악하기 위해 싸웠다. 청나라가 전투에서 승리했지만, 제국의 통치는 오늘날 강요되는 것보다 훨씬 가벼웠다. [오늘날에는] 중국 군대 약 20만 명이 티베트에 주둔해 있다. [반면에] 당시 청 왕조의 대리인인 암반은 병력 2000명을 이끌었는데, 이것은 경호병 수준에 불과했다. 더 많은 병력은 돈이 많이 들고 불필요했을 것이다. 티베트를 통치했던 봉건귀족들에게 중국의 통치 방식은 대체로 적절했다. 부족한 경작지를 둘러싼 귀족들 간의 충돌을 제한할 수 있었기 때문이다. 이를 위해 청 왕조는 최고 종교 지도자 달라이 라마를 세속 권력의 자리에 올려 놓고, 본래 분권화된 사회에서 중앙 집권적인 세력 구실을 하게 했다.

청 왕조는 전투에서 승리한 결과로 신장, 즉 "새로운 영토"라고 부르는 거대한 지역을 통치했다. 여전히 이 명칭으로 알려져 있는 신장은 현재 중국의 북서 지방이다. 옛 실크로드 길에 위치한 이 지역에는 투르크계 무슬림들이 많이 살고 그중에 위구르인이 제일 많지만, 카자흐인, 타지크인, 키르기스인처럼 인접한 옛 소련 공화국 사람들과 같은 민족들도 있다.

남쪽에서 중국의 영토 확장은 [서쪽보다] 더 오래 걸렸다. 한족 농민들이 비옥한 골짜기로 이주하면서 시작됐다. 중국의 농업 방식을 받아들인 토착민들은 이주자들에게 동화됐으며, 그러지 않은 사람들은 그곳을 떠나 산악 지대에서 더 원시적 형태로 농사를 지었다. 결과적으로 오늘날 윈난성, 구이저우성 및 광시좡족자치구 지역은 한족과 다른 민족들이 조각보처럼 얽혀 있다.

현대 중국 민족주의는 유럽(이후 일본) 제국주의의 폭력적 침입에 대한 반작용으로 19세기 말에야 등장했다. 최초의 민족주의자 일부는 중국 한족만을 기반으로, 유럽과 일본 모델인 인종적 민족주의를 옹호했다. 그러나 이것은 비한족인들이 살고 있는 청나라의 거대한 영토를 포기하는 것을 의미했기 때문에 다민족 형태의 민족주의에 찬성하며 인종적 민족주의는 빠르게 폐기됐다. 현대 중국의 다양한 민족은 수천 년에 걸쳐 함께 모여 살았다. 그래서 민족주의 신화는 "대융합"을 통해 단일 민족이 형성됐다고 주장한다. 그렇지만 이런 신화는 가장 "선진적인 문화"를 지닌 한족이 더 후진적인 동포들을 이끌었다는 것을 내포한다. 이는 영토 대부분을 청나라에게서 물려받은 것과 거의 전적으로 한족으로 이뤄진 지배계급의 지배라는 두 가지 점을 정당화한다.

에릭 홉스봄이 말한 것처럼, 모든 민족주의는 이런 종류의 "만들어진 전통"에 의존한다. 이런 전통에서 보면, 근대 국가는 역사 발전의 자연스런 결과로 출현했다. 중국은 역사적 전례를 바탕으로 어느 누구보다 더 그럴듯한 주장을 펼 수 있다. 최초의 통일국가인 진나라는 기원전 221년에 세워졌고, 중국의 문화적 요소들은 훨씬 더 거슬러 올라가기 때문이다. 그러나 제국은 [근대 국가와는] 매우 다른 기반 위에서 통치됐다. (특정 민족주의가 아니라) 보편주의적 유교 윤리관에 따라, 충성은 왕조와 황제에게 향했다. 지배 관료층만이 대체로 국가라는 실질적 개념을 가지고 있었으며, 당연히 대다수 농민의 시야는 훨씬 더 지역적이었다. 그리고 현대 국민국가와는 달리, 제국의 국경은 명확히 정해지지 않았다. 중앙의 영향력은 변방으로 가면 사라지는 경향이 있었다.

1890년대에 제국주의에 대한 대응으로 중국 민족주의 발전을 주장한 최초의 사람 중 한 명인 개혁파 관료 량치차오는 다음과 같이 말했다. "지금 우리가 열강의 민족적 제국주의에 반대하고 중국과 우리 인민을 재앙에서 구하길 원한다면, 우리만의 민족주의를 추진하는 정책을 채택해야 한다."

그렇지만 청 제국을 개혁하는 것은 불가능했다. 다음 세대는 쑨원이 이끄는 혁명적 민족주의로 발전했다. 이들은 쑨원 자신이 속해 있던 좌절한 지식인 계층에 호소했다. 이전 세대들은 과거科擧를 통과해서 공직에 오르는 것을 희망할 수 있었다. 그렇지만 과거제는 점차 부패해, 1905년 폐지되기 전에 이미 관직의 문은 굳게 닫혔다. 이런 좌절감 외에도 청 제국이 외세의 지배에 저항할 수 없다는 굴욕감이 더해졌다.

이런 협소한 기반을 넘어 민족주의가 대중화되는 것은 더 어렵다는 게 드러났다. 쑨원은 다음과 같이 설명했다. "중국 인민이 숭배하는 것은 가족과 씨족이다. 그러니 중국은 국민국가가 아니라, 가족과 씨족이라는 신념만을 고수한다." [그러나] 제2차세계대전 당시 일본의 잔혹한 통치를 경험하면서 중국 민족에 대한 대중적 감정이 일어났다. 공산당이 권력을 잡은 1949년 혁명은 마르크스주의적 수사에도 불구하고 본질적으로는 민족주의 성격을 띠었다. 처음으로 중국은 외세의 지배에 저항할 수 있는 정부를 세웠다. 그리고 근대 산업발전에 전념했다.

1930년대 중국 공산당은 국민당 정부와의 악전고투 속에서 지지를 이끌어 내려고 소수민족의 민족자결권을 인정했다. 그렇지만 권력 장악이 가까워지자, 모든 민족 집단을 아우르는 단일국가를 선호하면서 민족자결권을 조용히 버렸다. 혁명 이후 티베트, 신장, 다른 국경 지역을 철저히 통제하기 위해 인민해방군이 투입됐다. 이 지역 사람들은 이 문제에 대해 어떤 주장도 할 수 없었다.

1960년대 중반 문화혁명 기간은 특히 티베트에 고통을 안겨 줬다. '4구四舊'(낡은 사상, 낡은 문화, 낡은 풍속, 낡은 관습)를 타파하자는 요구는 티베트 문화에 대한 광범한 공격의 구실이 됐다. 당시 다수 불교 사원이 파괴됐다. 1980년대 중국 정권은 사원을 더 크게 복구하고 다시 문을 열면서, 과거 범죄들을 속죄하려 했다. 그렇지만 쓰라림과 분노의 감정은 쉽게 지워지지 않았다. 정부는 저항이 일어날 때마다 사원이 저항의 중심이 되는 것 아닌가 하고 의심한다.

공식 통계에 따르면 티베트 국내총생산은 24년 연속 10퍼센트 이상 성장했다. 이것은 막대한 정부 보조금 덕분이다. 이 보조금에는 인도와 국경을 접한 티베트에 대한 중국의 전략적 이해관계가 반영돼 있다. 그렇지만 그 혜택은 티베트인과 무관하다. 사회 기반 시설에 많은 투자가 이뤄진다. 그러나 계약을 체결하는 회사는 다른 지역에 있고, 그 기업들은 자기 지역 출신 노동자들을 데려오는 경향이 있다. 티베트인들은 보통 미숙련 저임금 일자리만 구할 수 있다. 더 일반적으로, 한족 이민자들이 도시 고용의 압도적 부분을 차지하고, 현재 티베트 성도인 라싸 인구의 절반을 차지한다. 대다수 티베트인들은 중국 전역에서 가장 빈곤한 농촌 인구로 남아 있다.

티베트 북쪽에 있는 신장은 8개 국가와 국경을 접하고 있어, 중국 정권에게 전략적으로도 중요하지만 경제적으로는 훨씬 더 중요하다. 중국 지역의 약 6분의 1을 차지하는 이른바 "자치구"는 원자재, 특히 석유와 가스의 핵심 공급원이다. 경제의 중심에는 특이하게도 신장생산건설병단新疆生産建設兵團이 있다. 마오쩌둥 시대의 유산인 이 거대한 조직은 공산당 국가의 군사 노선에 따라 운영되며, 경제·정치적 역할을 한다. 신장생산건설병단은 지역 경작지의 3분의 1을 차지하며, 광범한 산업 분야에도 관여하고 있다. 지역 인구의 13퍼센트인 약 250만 명이 신장생산건설병단의 관할 하에 있다. 이들의 86퍼센트가 한족이다. 이 지역 전체 인구의 약 49퍼센트가 한족이다. 또 신장생산건설병단은 내부 치안 목적으로 10만 명이 넘는 민병대를 유지하고 있다.

정권은 신장생산건설병단의 도움으로 최근 몇 년 동안 한족 이주를 적극적으로 권장했다. 적대적인 토착민이 "분리주의"적 경향이 있다며 통제를 강화하기 위해서였다. 한족 이주는 더 개발되고 도시화된 북부 지역에 집중됐다. 압도적으로 위구르인이 많은 남부는 여전히 시골이다. 그래서 더 가난하고 상당히 뒤처져 있다. 주로 무슬림인 위구르인은 극심한 탄압을 받는다. 최근 유엔 보고서에 따르면, 100만 명에 이르는 위구르인이 고문이 만연한 "재교육 수용소"에 구금돼 있다고 한다. 다른 소수민족 또한 〔한족보다〕 더 가난한 편이다.

현대 중국이 청나라 영토에서 물려받지 못한 핵심 지역 한 곳은 외몽골이다. 1920년대 〔중국〕 공화주의 정부의 취약함을 이용해서 중국 지배에서 해방된 외몽골은 현재 몽골 국가를 형성하고 있다. 내몽골은 여전히 중국 통제 아래에 있다. 내몽골 땅 일부는 농업에 적합했다. 청나라가 금지했음에도, 18세기부터 중국 농민들이 이주해서 왕조가 무너질 때까지 인구의 대다수를 차지했다. 게다가 철로가 들어오면서 중국과의 통합이 강화됐다. 오늘날 몽골인들은 내몽골 인구의 20퍼센트도 되지 않는다.

신장처럼 몽골도 광물자원이 풍부하지만, 중국의 산업 호황을 위한 집중 개발 때문에 환경이 파괴되고 전통적인 목초지가 사라지고 있다. 목축민들도 강제적인 재정착 정책의 대상이었다. 2011년 한 목축민이 새로운 광산 개발에 항의하다가 중국 트럭 운전사 차에 치여 사망하자, 분노가 들끓었다. 수천 명이 항의하며 거리로 나왔다.

[소수민족에 대한] 지배를 굳힌 후에 공산당은 중국의 민족 집단을 체계적으로 분류하기 시작했고, 마침내 56개 민족을 인정했다. 그렇지만 이 분류는 상당히 자의적일 수 있다. 예를 들어, 좡족으로 분류된 사람들은 광시와 인근 남부 지역에 거주하며, 1800만 명으로 중국 소수민족 중 가장 큰 규모다. 그렇지만 그들은 이전에는 스스로 [좡족이 아니라] 지역적으로 더 구분되는 여러 집단에 속해 있다고 여겼다. 이것을 두고 논쟁이 있다. [공산당이 이 사람들을 좡족으로 묶은 이유가] 위구르와 티베트보다 인구는 더 많지만 독립을 위해 노력할 잠재력은 없는 집단을 만들기 위한 목적이었는지, 또는 중앙 통제에서 벗어난 집단을 새로운 국가에 통합하기 위한 것이었는지가 쟁점이다.

그렇지만 정권의 목적이 소수민족을 한족 지배 국가로 통합하는 것이었다면, 그리고 그것이 동화로 가는 첫째 단계였다면, 이것은 어느 정도 역효과를 냈다. 지방을 관리하는 소수민족 출신의 하급 간부층은 [공산당이] 규정한 민족성을 사람들이 받아들이도록 하는 데 이해관계가 있다. 그래서 이 분류가 현실에서는 근거가 거의 없어도 그 자체만으로 자생력을 가질 수 있다.

이는 문화적 결과도 낳을 수 있다. 예를 들어, 무슬림인 후이족은 신체적으로 한족과 구분이 안 되며, 중국 전역에 분포돼 있다. 그들은 여러 세대를 거쳐 종교적 관행 일부를 수정하거나 없애며 지역 환경에 적응했다. 예를 들어, 한족이 많이 사는 남동부 지역에서 돼지고기를 먹는 것을 금기하는 [후이족] 습속은 대부분 사라졌었다. 그러나 전국적인 무슬림 집단의 구성원으로 지정되면서 종교 의식을 회복할 수 있었다.

중국의 급속한 경제 발전은 한족과 소수민족 사이의 격차를 악화시키는 경향이 있다. 소수민족은 대부분 농촌에 거주하며, 가장 가난한 농촌 지역에 살고 있기도 하다. 반면 발전은 한족이 우세한 도시에 집중돼 있다. 일부 소수민족 사람들은 일자리를 구하려고 도시로 가지만, 가장 낮은 임금을 받는 직업을 구하거나 실업자가 된다.

중국어의 우세와 종교 박해는 [소수민족이] 분노하는 다른 이유다. 중국 정부는 공식적으로는 토착어를 인정하고, 초등학교에서 이를 가르치도록 한다. 그렇지만 중등교육, 특히 대학 교육은 중국어로 진행되기 때문에 중국어가 제2언어인 사람들에게는 불리하다. 이와 비슷하게 종교적 관례도 공식적으로는 용인되지만, 현실에선 심각하게 제한된다. 그래서 티베트 사원은 국가가 면밀히 감시하며, 정부 기구에 고용된 위구르인들은 모스크 출입을 꺼리게 된다.

제국주의 경험이 중국 민족주의 탄생을 도운 것처럼, 억압적인 공산당 통치는 소수민족들이 민족의식을 형성하는 것을 도왔다. 티베트와 신장에서 이것은 독립을 요구하는 형태를 취하며, 주되게 망명자들을 통해 표현된다. [소수민족] 사람들이 분산돼 사는 다른 지역에서는 중국 내에서의 평등 확대와 존중이 강조된다.

2009년 광둥성의 한 공장에서 위구르 이주민 2명이 한족 여성을 강간했다는 거짓 혐의로 기소된 후 살해됐다. 일주일 뒤 신장 자치구의 구도인 우루무치에서 폭동이 일어나 적어도 197명이 죽었는데, 대부분 한족인 것으로 밝혀졌다. 이 사건들은 노동계급 내 민족 간 분열 가능성을 끔찍하게 드러냈다. 그렇지만 단결의 가능성도 있다. 1989년 베이징에서 벌어진 민주주의 운동에서 학생 지도자 중 한 명은 위구르인인 우얼카이시였다. 최근에 부상하는 중국 노동운동은 소수민족의 진정한 자결권을 지지하며 지배계급의 민족주의에 도전해야 한다.

사이먼 길버트, 《마르크스21》 29호(2019년 1~4월).

남중국해: 미·중 갈등이 낳은 화약고

2013년 중국 선박들이 황옌다오(스카버러섬)는 중국의 배타적 경제수역에 포함된다고 주장하며 철수를 거부하자, 필리핀은 남중국해 영유권 분쟁을 국제중재재판소PCA에 제소했다. 필리핀은 중국이 영해를 주장하려고 임의로 설정한 '남중국해 9단선'(1947년 장제스가 처음 발표한 이후 1949년 공산당 정권도 수용했다)이 남중국해의 80퍼센트 이상을 포함한다며 유엔해양법협약UNCLOS 위반이라고 주장한다. 국제중재재판소의 남중국해 분쟁 중재 재판에서 중국이 패소할 것으로 예상되는 가운데 최근[2016년 6월] 남중국해에서 제국주의 열강 사이의 갈등이 고조되고 있다

해마다 세계 해상 운송의 3분의 1 이상이 남중국해를 거쳐 간다. 남중국해 주요 군도 중 난사(스프래틀리, 베트남명 쯔엉사)와 시사(패러셀, 베트남명 호엉사)는 중국 정부가 호시탐탐 노리는 곳으로, 가장 첨예한 분쟁 지역이다. 이 지역에는 석유와 천연가스 같은 천연자원이 어마어마하게 매장돼 있고, 세계 어류 자원의 10분의 1이 몰

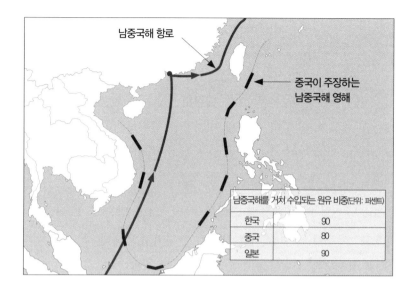

남중국해를 거쳐 수입되는 원유 비중(단위: 퍼센트)	
한국	90
중국	80
일본	90

려 있어 그 가치가 매우 크다.

요즘 들어 남중국해에서 군사적인 충돌이 격화하고 있다. 2012년 4월 초 황옌다오에서 중국과 필리핀 함정이 두 달 동안 대치했고, 미국과 필리핀은 인근에서 연합 군사훈련을 벌였다. 중국은 영토 분쟁에서 우위를 차지하려고 남중국해 곳곳에 인공섬을 건설해 왔고 미국은 이에 예민하게 반응했다. 미국과 필리핀은 주기적으로 대규모 연합훈련을 벌이고 있다.

2016년 6월 23일 인도네시아 대통령 조코 위도도가 남중국해의 나투나제도를 전격 방문했는데, 그동안 영유권 분쟁에서 한발 비켜서 있던 동남아시아의 강국 인도네시아가 가세하면서 긴장이 고조되고 있다. 인도네시아는 이미 6월 9일부터 역대 최대 규모의 해상 훈련을 나투나제도 부근에서 진행한 바 있다.

인도도 이 경쟁에 뛰어들었다. 인도 동부함대 사령관은 인도 해군이 남중국해에서 자유롭게 항해할 수 있어야 한다고 주장했다. 인도 국방 장관도 2016년 6월 초 열린 지역 안보 회의에서 "역내 한 국가의 공격적 행동이 이 지역 공동 번영의 길을 위협할 수 있다는 점을 깨달을 필요가 있다"며 중국에 직격탄을 날렸다. 미국과 일본 그리고 인도는 군사 협력의 수준을 차츰 높이고 있고, 6월 15일 남중국해에서 대규모 합동 군사훈련을 실시했다.

2016년 5월 미국 대통령 오바마는 베트남을 방문해, 1984년부터 지속해 온 무기 금수 조처를 해제하고 경비정, 잠수함, 폭격기, 미사일, 레이더 등을 베트남에 수출할 길을 텄다. 〈타임〉은 이 행보가 "모두 중국을 겨냥한 것"이라 꼬집었다. 겉으로는 "과거와의 화해"를 부르짖었지만, 대중국 포위망을 넓혀 가려는 의도가 다분했기 때문이다. 이에 따라 미국 군함이 남중국해 서쪽의 군사 거점인 깜라인만(베트남전쟁 당시 미 해군기지)을 이용할 수 있을 것이란 전망이 나왔으며, 베트남 정부의 환태평양경제동반자협정TPP 비준 처리도 속도를 낼 것으로 보인다.

오바마의 베트남 방문 이전인 2016년 1월 12일 필리핀에서는 미국과 맺은 방위협력확대협정EDCA이 합헌으로 결정 났고, 그 결과 1990년대 초에 쫓겨난 미군이 다시금 필리핀에 병력을 배치할 수 있게 됐다. 남중국해에서 미국이 중국을 더욱 압박할 태세를 갖추는 것이다.

미국과 필리핀의 군사 협력은 중국이 특별히 우려하는 일이다. 남중국해에서 분쟁이 가장 치열한 곳인 필리핀 주변을 미군이 훤히 들여다볼 수 있게 되기 때문이다. 난사군도를 둘러싼 갈등이 심각해지자, 필리핀 정부는 2012년 남중국해 일부 해역의 명칭을 '서필리핀해'로 공식 변경했다. 일본도 올해 협정을 맺어 필리핀에 무기와 기술을 수출하기 시작했다.

국제중재재판소의 판결을 앞두고, 중국은 남중국해가 중국 영해라는 주장을 펴려고 제3국의 문헌을 발굴하는 데 열을 올리고 있다. 이른바 '역사 공정' 작업에 나서서 남중국해가 자국 영해임을 뒷받침하겠다는 것이다. 그러나 지금껏 중국이 '역사상의 권리'라고 주장하며 근거로 댄 옛 문서들에서는 난사와 시사 관련 내용을 단 한 줄도 찾아볼 수가 없다. 사실 남중국해의 섬들은 사람이 살지 않은 곳으로, 역사적 증거를 대는 것이 거의 불가능하다. 예부터 여러 나라가 남중국해를 함께 이용했다는 것만이 유일한 진실이다.

참고로 미국 공화당 대선 후보인 도널드 트럼프의 행보도 꽤 의미심장하다. 트럼프는 중국의 엄청난 대미 무역 흑자를 비판하며 "더는 중국이 미국을 강간하도록 놔둘 수 없다"고 주장했다. 트럼프가 집권하면 동아시아의 패권 다툼도 더 거세질 수 있다. 물론 오바마의 정책들을 이어받을 민주당의 힐러리 클린턴도 갈등 유발자라는 비판에서 전혀 자유롭지 못하다.

과거에도 남중국해에서는 갈등과 소규모 군사 대결이 있었지만, 최근에는 두 제국주의 강대국(미국, 중국)의 힘겨루기 양상을 띠는 것이 특징이다. 그리고 세계경제가 위기를 거듭하면서, 무역과 경제 문제를 놓고 서로 험악해진 미국과 중국 사이의 갈등도 남중국해 충돌의 배경에 있다.

2011년 오바마 정부는 아시아·태평양 지역으로 '중심축'을 이동시켜 군사 자원을 재배치하겠다고 밝혔다. 2015년 미국은 중국을 뺀 11개국과 TPP를 타결해 아시아에서 영향력을 확대하는 데 힘을 싣기도 했다. 오바마는 2016년 5월 2일 〈워싱턴 포스트〉에 이렇게 썼다. "미국이 규칙을 만들어야 한다. 미국은 사태 변화를 앞질러 가야 한다. 다른 나라는 미국과 우리 우방이 정해 놓은 규칙을 따르면 된다. 거꾸로 우리가 규칙을 따르는 일은 없어야 한다."

세계적 군사정보업체인 IHS제인스가 내다본 바에 따르면, 미국이 아시아·태평양 지역에서 쓰는 군사비는 해마다 23퍼센트씩 늘어 2020년에는 5330억 달러에 이를 것이다. 일본의 아베 정부도 여기에 동참하며 군사 대국화를 모색하고 있고, 대만 총통으로 새로 뽑힌 민진당의 차이잉원도 TPP 가입을 추진하고 있다. 박근혜 정부도 사드 배치 등에서 미국 제국주의에 협력한다.

미국의 제국주의 전략 이면에는 중국의 부상이 있다. 이제 중국은 미국의 동맹인 일본, 호주, 한국, 인도 등의 최대 무역 파트너가 됐다. 중국의 동남아시아국가연합ASEAN 소속 10개국과의 무역 규모는 2014년 4800억 달러를 넘어섰는데, 이는 ASEAN의 일본·미국 교역량을 더한 것보다 많다. 10개국 가운데는 남중국해를 둘러싸고 중국과 분쟁을 벌이고 있는 4개국이 있다. 최근 ASEAN이 중국을 겨냥해 작성한 남중국해 성명서가 채택됐다가 느닷없이 철회된 배경에는 중국에 대한 ASEAN 국가들의 입장 차이가 있었다.

중국의 남중국해 전략은 해군력 증강과 더불어 인공섬 매립도 포함한다. 중국은 남중국해에 항구, 활주로, 레이더 기지 등 군사시설을 건립해 통제력을 공고화하려 한다. 이를 두고 미군 태평양함대 사령관은 중국이 바다에 "만리장성을 쌓고 있다"고 비난했다. 중국 정부는 앞으로 대만과 충돌이 벌어질 때를 대비해 미리 남중국해에서 미국의 힘을 억제하고자 한다. 중국은 남중국해에서 이른바 '살라미 썰기' 전술(이탈리아식 소시지인 살라미를 통째로 훔치기보다는 얇게 썰어 조금씩 훔친다는 뜻의 전술)을 쓰고 있다.

그렇지만 중국이 해군력을 아무리 빠르게 증강한다 할지라도, 미국의 군사력을 따라가기는 멀었다는 것이 분명한 사실이다. 미국이 보유한 항공모함은 10척으로 나머지 국가들이 보유한 항공모함을 모두 합한 것보다 많다. 중국은 겨우 1척을 갖고 있다. 군사력 면에서도 중국이 세계 2위의 군사비 지출국이 됐지만, 미국은 중국 군사비의 거의 3배를 지출한다.

동아시아 불안정이 격화되는 것을 막으려면 미국과 중국 사이에서 어느 편도 들어선 안 된다. 이 지역의 노동계급과 좌파는 자국 정부와는 독립적인 위치에 서서, 서로 으르렁대는 정부들의 정책에 일체 반대해야 한다. 사회주의자들은 노동계급과 보통사람들의 이익이라는 관점에서 국적이 아닌 국제주의를 지향해야 한다.

사회주의자들은 무기 경쟁과 군사화를 반대한다. 군사비 증대는 보통 사람들에게 하등 도움이 안 된다. 그런데 지난해 미국과 중국은 말할 것도 없고 인도네시아(16퍼센트), 필리핀(25퍼센트), 베트남(7.6퍼센트)도 모두 군사비 지출을 대폭 늘렸다. 굶주리는 자국민이 여전히 많은데도 말이다.

남중국해 분쟁의 본질은 미국과 중국이 군사적·경제적 경쟁을 통해 아시아 패권을 추구하는 것이다. 사회주의자들은 미국의 중심축 이동 같은 군사정책과 TPP 같은 신자유주의 경제블록을 반대하고, 아시아에서 미군의 철수를 요구해야 한다. 이와 더불어 군사·경제 정책으로 노동자와 서민을 더욱 피폐하게 만드는 중국 지배자들도 반대해야 한다.

이렇듯, 사회주의자들은 아래로부터의 반제국주의 운동에 기대야 한다. 지금 당장 남중국해 분쟁이 미국과 중국의 전면전으로 번지지는 않을지라도, 자본주의 동역학에 기초한 제국주의에 일관되게 반대하며 미래 운동을 위한 토대를 쌓아 나아가야 한다.

이재권, 〈노동자 연대〉 177호(2016년 6월 28일).

댜오위다오(센카쿠) 분쟁의 진정한 성격

댜오위다오(일본명 센카쿠열도)에서 중국과 일본 간의 영토 분쟁이 첨예하게 벌어지고 있다. 중국과 일본의 순시선, 함정이 댜오위다오 주변에서 대치하는 모습은 동아시아 전체에 심각한 긴장을 낳고 있다.

그렇다면 현재 이 섬들에 양측이 영유권을 주장하는 근거들은 모두 합당한가? 중국 지배자들은 역사적 근거를 동원해 이 지역이 자국에 속한다고 주장한다.

반면 일본은 1895년 자신들이 먼저 이 섬을 일본 영토로 편입시켰기 때문에, 댜오위다오는 일본 영토라고 주장한다.

그러나 일본의 주장은 사실이 아니다. 1879년 일본이 류큐 왕국(지금의 오키나와)을 강제로 복속시키기 전에는 댜오위다오는 일본과 중국을 가르는 경계가 아니었다. 1879년 이전까지 이곳은 중국과 조공·책봉 관계였던 류큐 왕국과 대만을 가르는 경계에 위치한 섬들이었다.

이 섬들이 당시에 류큐 왕국에 속했는지, 대만의 "부속 도서"였는지가 쟁점일 수 있으나, 적어도 동아시아가 제국주의 열강에 의해 강제로 자본주의 체제에 편입되기 전, 즉 부르주아지의 만국공법(국제법) 체계 하에 놓이기 전까지는 양 지역 지배자들한테 그게 지금처럼 그렇게 중요한 문제는 아니었다.

따라서 오늘날 댜오위다오를 일본이 지배하게 된 것은 19세기 후반 일본이 아시아에서 유일하게 근대 제국주의 국가로 발돋움에 성공한 데서 그 배경을 찾을 수 있다. 일본 제국주의는 본격적으로 대륙 진출과 해양 확장을 추진하면서, 그 길목에 있는 섬들을 우선 '처리'하려 했다. 그 과정에서 댜오위다오는 일본의 섬으로 일방적으로 선포됐을 뿐이다. 1895년 청일전쟁에서 일본의 승리가 확실해지자 일본 정부는 댜오위다오를 자국 영토로 편입시켰다.

그 이후 일본이 청일전쟁에서 승리하고 청나라와 맺은 시모노세키 조약에서 "대만과 그 모든 부속 도서"를 할양받았다. 그리고 일본이 대만과 주변 섬들의 지배권을 확립해 나가는 과정은 수많은 대만 주민이 희생된 유혈 낭자한 과정이었다. 일본이 대만 주민들의 저항을 분쇄하는 과정에서, 1898~1902년에 대만 주민 1만 950명이 처형·살해된 것으로 알려졌다.[*] 이런 역사적 경험 때문에 중국인들에게 대만 강탈과 더불어 댜오위다오의 일본 편입도 민족적 수치의 상징이 된 것이다.

---

* 한중일3국공동역사편찬위원회,《한중일이 함께 쓴 동아시아 근현대사1》, 휴머니스트, 2012, 93쪽.

일본이 영유권을 제기하는 핵심 근거는 이른바 "무주지 선점의 원칙"이다. 즉, 주인 없는 땅은 깃발을 먼저 꽂는 사람이 임자라는 식이다.

이는 당시 서구 제국주의 국가들이 아시아와 아프리카에서 식민지 지배를 합리화하는 여러 명분 중 하나였다. 문명개화론과 더불어 무주지 선점의 원칙은 제국주의 지배를 합리적 행위로 포장하는 데 중요했다. '주인 없는 땅'에 깃발 꽂고 자국의 영토라고 우길 수 있으니까 말이다(그러나 서구 열강이 그런 논리로 차지한 땅엔 대체로 선주민이 수 대에 걸쳐 터전을 잡고 있었다).

이 문제를 더 꼬이게 만든 건 제2차세계대전 종전 후 오키나와와 일본 본토를 점령한 미국 제국주의 때문이었다. 원칙대로라면, 과거 일본이 부당하게 차지한 영토는 일본이 포기하게 해야 마땅했다.

그러나 미국은 오키나와제도를 미국의 동아시아 지배를 위해 지정학적으로 매우 중요한 요충지로 간주했다. 그래서 무려 1972년까지 오키나와를 직접 지배하면서 이곳을 주일미군의 집결지로 바꿔 놨다. 당연히 댜오위다오는 오키나와제도의 일부로 규정해 미국이 지배했고, 섬 5곳 중 일부 섬들을 미군 사격장으로 이용했다. 나중에 오키나와를 일본 정부에 반환하면서 댜오위다오도 일본에 반환됐다.

그런데 지금 이 지역에서 긴장이 고조되는 건 비단 이런 역사적 상흔 때문만이 아니다. 이 지역에 매장된 막대한 양의 지하자원 문제, 중국과 일본 등의 배타적 경제수역EEZ의 획정 문제 등이 걸려 있기도 하다. 그리고 무엇보다도 최근의 분쟁은 중국과 미국 간의 새로운 '그레이트 게임'이 격화하면서, 이 지역의 지정학적 중요성이 새삼 부각되는 것과 관련이 깊다.

　중국의 부상과 해양 확장을 견제하기 위해 미국과 일본은 군사적으로 중국을 견제할 수 있는 조처들을 강화하고 있다. 그중에서 오키나와를 포함한 일본 난세이南西제도에서의 군사적 조처들은 매우 중요하다.

　일본은 2010년 신방위대강에서 "동적 방위"로의 전환을 천명하면서 평화헌법에 구애받지 않는 "'싸우는 자위대'로의 변모"를 선포했다. 그러면서 미국과의 기존 안보 협력을 강화하며 난세이제도의 이시가키섬, 미야코섬, 요나구니섬 등에 자위대를 증강하거나 새로 배치하고 있다. 대만에서 겨우 100킬로미터 남짓 떨어진 요나구니섬까지 일본 자위대가 촘촘한 방어선을 치고 있는 것이다. 미국도 오키나와에 미 해병대의 신형 수직 이착륙기 오스프리를 배치하려 하고,

일본 난세이제도의 자위대와 주일미군 배치 현황

MD 체계의 핵심인 X밴드 레이더를 일본 남부에 추가 배치하기로 일본과 합의하는 등 일본 규슈에서 일본 최남단의 요나구니섬까지 이르는 지역에 군사력을 강화하고 있다.

또한 일본과 미국은 이 도서 방어선을 후방에서 뒷받침해 줄 괌기지를 공동으로 사용할 것을 검토하고 있다. 즉, 미국과 일본의 최근 군사 동향을 보면, 일본 난세이제도를 중국을 견제할 최전선으로 바라보는 미일 양국 지배자들의 시각이 보인다.

당연히 중국 지배자들도 이를 모를 리 없다. 중국 본토에서 태평양

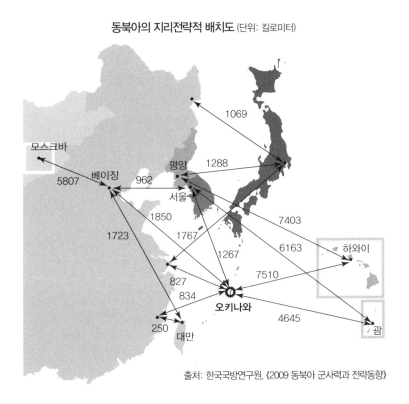

동북아의 지리전략적 배치도 (단위: 킬로미터)

출처: 한국국방연구원, 《2009 동북아 군사력과 전략동향》

으로 나아가려면 이 난세이제도를 반드시 통과해야 한다. 그렇기 때문에 개번 매코맥 교수가 지적했듯이, 중국 지배자들은 난세이제도의 군사기지들을 자국의 태평양 진출을 가로막는 '만리장성'으로 보고 있다. 또 오키나와의 지정학적 위치상, 유사시 미국이 중국 본토를 타격할 핵심 전진기지 구실을 할 곳도 바로 여기다.

그래서 중국 지배자들은 일본 정부의 댜오위댜오 국유화 조처를 그저 소유권 이전으로만 보지 않는 것이다. 중국 지배자들은 댜오위댜오에서 일본의 실효적 지배가 강화되는 것은 바로 자신들을 잠재적으로 괴롭힐 '만리장성'이 강화되는 것의 일환으로 간주한다.

따라서 지금 이 지역을 둘러싼 충돌과 갈등도 사실 미국과 중국의 새로운 그레이트 게임의 일부다. 미국과 일본 지배자들의 대중국 포위망 구축에 대해 중국 지배자들이 맞대응하면서 동아시아 전역에서 긴장이 쌓이고 갈등이 빈번해지는 것이다.

사회주의자들은 미·일 지배자들의 행태뿐 아니라, 댜오위댜오 영유권을 주장하며 인근에서 무력시위를 벌이는 중국 지배자들의 행위도 결코 지지할 수 없다.

오늘날 중국은 더는 과거 일본한테 짓밟히던 반#식민지 국가가 아니다. 지금의 중국은 세계 2위의 경제 대국이며, 경제성장을 바탕으로 최근 군사력을 급격히 증강하는 제국주의 국가다. 중국은 세계에서 군비 증강 속도가 가장 빠른 국가이며, 최근 신형 대륙간탄도미사일 실험과 항공모함 배치 등으로 자신의 힘을 과시하고 나섰다. 게다가 티베트와 신장 위구르를 비롯한 여러 소수민족의 민족자결권을 무시하며 이들을 폭력적으로 억압하고 있는 당사자이기도 하다.

따라서 사회주의자들은 댜오위다오를 둘러싼 중국과 일본(미국)의 갈등에서 양 지배자들 중에 어느 한편을 지지해서는 안 된다. 중국 제국주의가 댜오위다오에서 승리한다고 해서, 이것이 저항적 민족주의의 승리인 것은 아니다. 오히려 제국주의 경쟁의 격화를 의미할 뿐이다. 반대도 마찬가지다.

우리는 중국과 일본(미국) 중 어느 한쪽 지배자들의 편이 아니라, 양쪽 지배자들 모두에 맞서야 한다.

김영익, 〈레프트21〉 89호(2012년 9월 24일).

제국주의론으로 본 동아시아와 한반도

지은이 | 김영익, 김하영 외

펴낸곳 | 도서출판 책갈피
등록 | 1992년 2월 14일(제2014-000019호)
주소 | 서울 성동구 무학봉15길 12 2층
전화 | 02) 2265-6354
팩스 | 02) 2265-6395
이메일 | bookmarx@naver.com
홈페이지 | http://chaekgalpi.com
페이스북 | http://facebook.com/chaekgalpi

첫 번째 찍은 날 2019년 8월 31일

값 16,000원
ISBN 978-89-7966-166-8
잘못된 책은 바꿔 드립니다.